Study on Reform for Information Quality Characteristic
from Conceptual Framework and Accounting Standards in the Post-Financial Crisis Era

后危机时代概念框架信息质量特征与准则变革研究

董盈厚 著

图书在版编目（CIP）数据

后危机时代概念框架信息质量特征与准则变革研究/董盈厚著. —北京：经济管理出版社，2016.7
ISBN 978-7-5096-4342-6

Ⅰ. ①后… Ⅱ. ①董… Ⅲ. ①会计准则—研究 Ⅳ. ①F233

中国版本图书馆 CIP 数据核字（2016）第 074902 号

组稿编辑：张永美
责任编辑：杨国强 张瑞军
责任印制：黄章平
责任校对：超 凡

出版发行：经济管理出版社
（北京市海淀区北蜂窝 8 号中雅大厦 A 座 11 层 100038）
网 址：www. E-mp. com. cn
电 话：（010）51915602
印 刷：北京九州迅驰传媒文化有限公司
经 销：新华书店
开 本：720mm×1000mm/16
印 张：16.75
字 数：263 千字
版 次：2016 年 7 月第 1 版 2016 年 7 月第 1 次印刷
书 号：ISBN 978-7-5096-4342-6
定 价：55.00 元

前言

2008年发生的金融危机不仅引发了人们对经济本身的思考，同时也对现存会计准则提出了质疑。会计在金融危机中究竟充当了何种角色？为给予现行会计实务提供如会计学者利特尔顿所定义的理论辩解，针对金融危机，美国证券交易委员会（SEC）于2008年底发布“关于市价会计研究”报告，对公允价值会计进行论证与反思，认为“不稳定性”与“有用信息”分别反映了公允价值信息的劣势与优势。金融危机后，国际概念框架与会计准则发生变革。二十国集团（G20）峰会和金融稳定理事会（FSB）在系统研究金融危机成因和应对策略后，倡议建立全球统一的高质量会计准则。国际会计准则理事会启动了系列准则项目的紧急制定与重大修改，并加快了与美国会计准则的趋同进程。国际会计准则理事会对概念框架进行了修订，发布了《财务报告概念框架》的第1章“通用财务报告的目标”和第3章“有用财务信息的质量特征”。国际会计准则理事会先后制定、修订了公允价值计量、合营安排、合并财务报表、金融工具、财务报表列报、雇员福利以及IAS10号、IAS11号、IAS12号、IAS27号、IAS28号等若干会计准则。

目前，我国会计准则国际趋同已经由实质性阶段进入持续性的纵深阶段。2010年我国发布“中国企业会计准则与国际财务报告准则持续趋同路线图”，路线图明确与国际持续趋同的方向、策略与时间，指出要结合我国新兴市场和转型经济国家实际情况，更加深入地参与国际会计准则制定。为跟踪国际会计准则变革、与国际会计准则保持同步，我国近期也制定、修订了公允价值计量、财务报表列报等 8 个相关会计准则。基于此背景，本书透视金融危机后国际概念框架变革与会计准则变革动机，分析现行会计准则变革陷入困境的“替代均衡”经济学特征，采用“非替代均衡”的拓展思路设计后危机时代会计准则变革路径，在坚持可靠性前提下增加相关性，使可靠性与相关性获得同步增长，从而为我国会计准则的未来有效变革提供微薄的理论参考。

本书内容共包括 16 章。第一章至第四章由鹿坪完成，第五章至第十六章由笔者独立完成。第一章至第六章为后危机时代概念框架信息质量特征变革研究，第七章至第十六章为后危机时代会计准则变革研究。在后危机时代概念框架信息质量特征变革研究中，主要对财务会计概念框架信息质量特征进行概述，阐述后危机时代联合概念框架信息质量特征变革内容，对后危机时代会计信息基本质量特征进行经济学分析，并对后危机时代相关性与可靠性进行实证检验，提出理性认识后危机时代可靠性质量特征的研究观点，以及后危机时代可靠性与相关性的非替代均衡变革思路。在后危机时代会计准则变革研究中，主要研究后危机时代准则变革中财务会计有效边界、国际趋同中的会计模式、存货准则变革、会计准则、金融监管与顺周期性矫正、公允价值计量、贷款损失准备与资本监管问题，以及税务会计准则的若干问题。本书研究认为，我国应该谨慎面对国际概念框架与准则变革，理性评价国际概念框架与准则变革的优势与缺陷，立足我国实际情况，不盲目跟随国际变化，对于国际变革保持独立思考，以实现与国际会计准则平稳、有序、渐进、有差别的趋同目标。

目录

第一章　财务会计概念框架会计信息质量特征概述 …… 001

一、概念框架会计信息质量特征的含义 …… 001

二、概念框架会计信息质量特征的缘起 …… 002

三、概念框架会计信息质量特征的发展历程 …… 003

第二章　后危机时代联合概念框架信息质量特征变革 …… 005

一、后危机时代联合概念框架产生的原因 …… 005

二、联合概念框架会计信息质量特征的内容 …… 006

三、相关性与可靠性问题 …… 008

四、可比性问题 …… 020

五、可理解性问题 …… 022

六、联合概念框架变革综述 …… 024

第三章　后危机时代会计信息基本质量特征的经济学分析 …… 027

一、相关性与可靠性的关系 …… 027

二、相关性与可靠性关系的边际分析 …… 032

第四章 后危机时代相关性与可靠性的实证检验 …… 039

一、如实反映替代可靠性问题分析 …… 039

二、可靠性问题实证检验 …… 043

第五章 后危机时代可靠性质量特征之认识理性 …… 051

一、可靠性质量特征的均衡地位变迁 …… 052

二、可靠性质量特征之认识理性 …… 057

三、基于可靠性认识理性的 IASB 修订概念框架意图与后果的讨论 …… 061

第六章 后危机时代可靠性与相关性的非替代均衡变革思路 …… 067

一、金融危机后国际概念框架与会计准则变革动机 …… 068

二、现行国际准则变革陷入替代均衡困境的经济学特征分析 …… 071

三、非替代均衡的经济学特征：一个价值发现的拓展思路 …… 075

四、“非替代均衡”经济学特征下后危机时代会计准则变革路径 …… 077

第七章 后危机时代会计准则变革中财务会计有效边界研究 …… 081

一、财务会计信息与税务会计信息比较 …… 082

二、财务会计信息与税务会计信息比较的启示 …… 088

三、基于财务会计有效边界的未来准则变革路径的理论构建 …… 092

第八章 后危机时代会计准则国际趋同中会计模式研究 …… 095

一、会计模式视角的研究线索 …… 097

二、现存理论表述的回顾与论题的展开 …… 098

三、法德与英美会计模式的差别研究：文化维度解析 …… 103

四、法德与英美会计模式的无差别研究：经济学效率比较 …… 116

五、我国会计模式选择的内生性路径参照及其甄别 …… 133

六、结束语 …… 138

第九章 后危机时代存货准则变革研究 …… 141

一、后进先出法对税收管理与盈余管理的诱发性 …… 141
二、基于循环效应的先进先出法与后进先出法的一项实验逻辑 …… 145
三、基于实验逻辑的后进先出法信息报告价值的重新审视 …… 147
四、契约成本约束下报告主体对先进先出法与后进先出法的实际选择 … 151
五、先进先出法与后进先出法会计准则安排的总体讨论 …… 154

第十章 后危机时代会计准则、金融监管与顺周期性矫正研究 … 157

一、综述 …… 157
二、资本监管下会计准则对商业银行顺周期性的强化机制 …… 160
三、只有会计准则与金融监管规定分离才能从根本上消除顺周期性 …… 162
四、我国会计准则与金融监管规定分离的对策与建议 …… 166

第十一章 后危机时代公允价值计量、贷款损失准备与资本监管研究 …… 169

一、商业银行顺周期性的生成机制剖析 …… 171
二、顺周期性影响因素的简要实证分析 …… 174
三、顺周期性的矫正对策构建 …… 176

第十二章 后危机时代税务会计准则问题综述 …… 179

一、税务会计准则研究的现状 …… 179
二、美国税务会计准则理论的贡献与不足 …… 181
三、中国税务会计准则理论的研究现状 …… 185
四、中美税务会计准则理论成因的推断 …… 186
五、税务会计准则研究问题的提出 …… 192

第十三章　后危机时代税务会计准则的交易费用研究 …………… 195

一、税务会计准则交易费用的经济学原理 ………………… 196

二、税务会计准则的交易费用性质 ………………………… 202

三、税务会计准则的交易费用评价 ………………………… 205

第十四章　后危机时代税务会计准则的会计报告视角研究 ………… 211

一、财务会计与税务会计报告目标的比较 ………………… 211

二、税务会计信息假定性的税法规则个案研究 …………… 213

三、财务会计与税务会计报告比较的两个案例研究 ……… 220

第十五章　后危机时代税务会计准则的所得税处理研究 ………… 225

一、所得税会计处理中计量观的演化 ……………………… 226

二、递延税款的计量属性及所得税会计信息质量的探讨 … 231

三、所得税会计质量层次框架下税务会计产权 …………… 234

第十六章　后危机时代税务会计准则的增值税处理研究 ………… 237

一、反机会主义税法规则的经济学释义 …………………… 238

二、反机会主义税法规则的会计视角研究 ………………… 243

参考文献 …………………………………………………… 249

第一章　财务会计概念框架会计信息质量特征概述

一、概念框架会计信息质量特征的含义

会计信息质量特征是财务会计概念框架中的一部分。因此，若要理解会计信息质量特征的内涵，必须将其置于整个概念框架当中。按照美国财务会计准则委员会在第 2 号概念公告中给出的定义，概念框架是一个由目标以及与目标相关联的基本概念所组成的连贯的体系。它能导致前后一致的会计准则，并指出财务会计与财务报告的性质、作用和局限性。目前各国的概念框架都以目标为导向，目标主要回答了财务会计和财务报告有哪些使用者，他们有什么样的信息需求以及财务报告应当为他们的决策提供哪些有用信息。然而，财务报告的目标并不会自动实现，只有通过恰当的会计准则、程序和方法进行必要的确认、计量和报告才能实现。会计信息质量特征是选择或评价可供取舍的会计准则、程序和方法的标准，是对财务报告目标的具体化。它主要回答：什么样的会计信息才是有用或有助于决策的。比如说我们计划修建一座体育馆，而不是办公楼、住宅楼或其他的建筑物，这是我们的目标。但究竟什么样的体育馆才能符合我们的使用需要呢?例如，是露天式还是全封闭式的，要容纳多少位观众，需要多少辅助设施等，这

些都是体育馆的质量特征。体育馆只有具备了要求的质量特征，才能实现预期的目标。因此，质量特征对体育馆的修建具有更加具体的指导作用。同样的道理，在财务会计和财务报告中，会计信息质量特征比目标更能具体地指导财务会计的确认、计量和报告，它是连接财务报告目标与其他基本概念之间的“桥梁”。

二、概念框架会计信息质量特征的缘起

回顾会计理论研究史，会计信息质量特征的研究时间虽然不长，但却已取得了巨大的成绩。在美国，会计信息质量的研究是伴随着会计目标的研究而同时进行的，甚至被视为会计目标的一个部分。直到 20 世纪 80 年代，才成为一个独立的研究课题。下面简要论述美国会计信息质量特征研究的历程。

会计信息质量特征这一概念在早期的会计文献中时有出现，但当时的会计学术界并没有给予其太多的关注。例如，利特尔顿在《会计理论结构》中曾提出，充分披露是会计信息的一项要求。此后 1966 年发表的《基本会计理论说明书》（ASOBAT）中列出了四项评价会计信息的标准：①相关性；②可验证性；③不偏不倚；④可定量性。

1970 年，美国会计原则委员会（APB）在第四号报告书中将财务报表的目标区分为一般目标和质的目标，并指出财务会计信息的质的目标包括：①相关性；②可理解性；③可验证性；④中立性；⑤及时性；⑥可比性；⑦完整性。

1971 年，美国注册会计师协会（AICPA）设立了以罗伯特·M. 特鲁伯罗德为首的研究小组，旨在对财务会计目标展开研究，该小组于 1973 年提交的研究报告中列出了 12 项财务报表目标，提出了“财务报告的质量特征”（Qualitative Characteristics of Financial Information）的概念，并指出有助于财务报表目标实现的信息质量特征有相关性与重要性、形式与实质、可靠性、不偏不倚、可比性、一致性和可理解性。

以上几个不同时间信息质量特征的研究互有异同，分别具有各自研究的独创

性。这些研究对后来会计信息质量特征的研究具有很大的开拓作用。尽管未能严格区分财务会计信息质量特征和财务报表的目标，但把质量特征作为会计目标的一部分（质的目标）进行研究。

三、概念框架会计信息质量特征的发展历程

1980 年 5 月，FASB 发布了第 2 号财务会计概念公告：《会计信息的质量特征》（SFAC No.2：Qualitative Characteristics of Accounting Information），第一次将会计信息质量特征作为一个专门的研究项目系统地加以论述。SFAC No.2 创造性地提出了会计信息质量特征的层次图，给人耳目一新之感。该层次图提出“决策有用性”是会计信息的总体和核心质量，其他所有的质量特征都将服务于这一核心质量。相关性和可靠性是两个主要的质量特征，同时指明相关性的构成要素包括预测价值、反馈价值和及时性，可靠性的构成要素包括如实反映、可验证性和中立性。可比性（包括一致性）是次要质量，效用大于成本是会计信息的普遍性约束条件，而重要性则是确认的起点。

FASB 提出的质量特征体系对会计信息质量特征的研究和发展有巨大的影响。在 FASB 之后，许多国家的准则制定机构纷纷制定概念框架，其中对会计信息质量特征的界定，总体上都效仿了 SFAC No.2 的思路，但也都有各自的特点。例如国际会计准则理事会（IASB）和英国会计准则理事会（ASB）的概念框架在沿袭了 FASB 的基础上，都提出了各自的独特观点。

1989 年 7 月，国际会计准则委员会发布了《编制财务报表的框架》（IASC Framework）。在该框架中，IASC 提出了可理解性、相关性、可靠性和可比性 4 项主要质量特征，这与 FASB 仅将相关性和可靠性列为主要质量特征有所不同。IASC 关于相关性和可靠性的构成要素也与 FASB 有所不同。IASC 所界定的相关性不仅包括“预测价值”和“确证价值”，还包括“重要性”。IASC 认为，会计信息的相关性要受到其性质和重要性的影响。IASC 所界定的可靠性包括“如实

反映”、“中立性”、“实质重于形式”、“谨慎性”和“完整性”，其中后三项要素是 FASB 未包含的，而 IASC 的可靠性中却没有包括“可验证性”。此外，IASC 的会计信息质量特征体系并未对各个质量特征划分层次，或者说各个质量特征并不分主次。

1999 年，英国会计准则理事会（ASB）发布了《财务报告原则公告》(Statement of Principles for Financial Reporting，SOP)。该公告在借鉴吸收 FASB 和 IASC 等概念框架的基础上，在会计信息质量特征部分提出了一些独特的见解。首先，ASB 提出会计信息最基本的质量要求是真实与公允（True and Fair）。其次，将 4 项基本质量特征划分为“与内容有关”和“与表述有关”两类。“相关性”和“可靠性”属于“与内容有关”的质量特征，而“可比性”和“可理解性”则属于“与表述有关”的质量特征。

从美国会计信息质量特征研究的发展历程看，会计信息质量特征大体上经历了如下几个阶段：首先将其作为“评价会计信息的标准”；其次又将其与财务报告目标的研究紧密结合在一起，称之为“质的目标”、“财务报告的质量特征”；最后提出“会计信息质量特征”的概念，并形成完整的概念体系。

在 FASB 的第 2 号概念公告之后，以 IASC 和 ASB 为代表的准则制定机构纷纷发布了各自的会计信息质量特征体系，并提出了不少独特的见解。可以说，在 20 世纪末，会计信息质量特征的研究已走向了成熟。但从各国所制定的会计信息质量特征体系看，关于质量特征领域的研究仍然存在着不少分歧和尚未解决的难题。例如，可靠性究竟应该包括哪些要素？可理解性应该被列为一项主要的质量特征吗？重要性是只与相关性有关还是与所有的质量特征都有关？可比性与一贯性的含义相同吗？若不相同，两者之间的关系是怎样的？相关性和可靠性是各国准则制定机构都认可的主要质量特征，但当两者之间发生冲突时，应该优先考虑相关性还是优先考虑可靠性呢？因此，会计信息质量特征的研究并未因概念框架的出台而终止，相反，许多悬而未决的问题给质量特征领域的研究提供了巨大的空间。

但步入 21 世纪以来，会计环境经历了巨大的变化，特别是美国爆发了安然等一系列财务欺诈丑闻。FASB 出于多方面的考虑，决定与 IASB 合作，实现概念框架和会计准则的全面趋同。至此，会计信息质量特征的研究也翻开了新的一页。

第二章 后危机时代联合概念框架信息质量特征变革

一、后危机时代联合概念框架产生的原因

21世纪初，美国相继爆发了安然、世通等会计造假案，令世人震惊。事后美国国内舆论界分析认为，规则导向的会计准则是导致这些会计造假案的重要原因。为了从制度上杜绝类似财务舞弊案件的再次发生，美国国会迅速行动，于2002年7月通过了《萨班斯—奥克斯利法案》。按照该法案的要求，美国证券交易委员会（SEC）责成财务会计准则委员会（FASB）提交一份"关于美国财务报告采用以原则为导向的会计准则"的研究报告。由于原则导向的会计准则要由内在一致的概念框架衍生而来，因此FASB对现有概念框架的修订不可避免。当人们对美国会计准则体系产生怀疑时，国际会计准则的地位却迅速上升。包括澳大利亚和欧盟等国家和地区纷纷宣布，拟采用或拟趋同于国际会计准则。为了扭转美国会计准则在世界上的声望和地位，也为了控制会计准则制定的国际主导权，美国财务会计准则委员会（FASB）决定与国际会计准则理事会（IASB）展开全面合作，实现概念框架和会计准则的全面趋同。

在FASB与IASB合作之初，双方决定将联合概念框架项目分为如下8个阶段进行：

Phase-A：目标与质量特征（Objectives and Qualitative Characteristics）。

Phase-B：要素与确认（Elements and Recognition）。

Phase-C：计量（Measurements）。

Phase-D：报告主体（Reporting Entity）。

Phase-E：列报与披露，包括财务报告边界（Presentation and Disclosure，Including Financial Reporting Boundaries）。

Phase-F：框架目标以及概念框架在 GAAP 层次中的定位（Framework Purpose and Status in GAAP Hierarchy）。

Phase-G：对非营利组织的适用性（Applicability to the Not-for-profit Sector）。

Phase-H：完整的框架（Entire Framework）。

目前，整个概念框架的研究工作仍在进行当中。鉴于要素的定义、计量、列报等项目的复杂性，这些项目目前尚存在较大的争议，最终稿的形成尚需时日。2008 年金融危机后，A 阶段《目标与质量特征》在经过讨论稿和征求意见稿之后，FASB 与 IASB 于 2010 年发布了最终稿。本书将就该稿中的会计信息质量特征部分展开分析与讨论。

二、联合概念框架会计信息质量特征的内容

（一）会计信息质量特征的变革历程

在会计信息质量特征的早期研究中，并没有提出质量特征层次的概念。例如，美国会计学会在《论基本会计理论》中提出了 4 项会计信息质量特征：相关性、可验证性、不偏不倚和可定量性。美国会计原则委员会（APB）在第 4 号报告书中则提出了 7 项会计信息质量特征：相关性、可理解性、可验证性、中立性、及时性、可比性和完整性。这些研究仅仅是对不同的质量特征进行简单的罗

列和分析，并没有指明各个质量特征之间的关系，或者说各个质量特征并没有组成一个逻辑体系。可以说，这些对会计信息质量特征的早期研究，对于不同质量特征对会计信息有用性的影响方式和影响程度都缺乏深层次的认识。

美国财务会计准则委员会在 1980 年 5 月发布了第 2 号财务会计概念公告：《会计信息的质量特征》（SFAC No.2：Qualitative Characteristics of Accounting Information）。该公告做出了一项重大创新，它提出了会计信息质量特征的层次图。该层次图以清晰直观的形式说明了各个质量特征之间的关系。例如，相关性和可靠性是两个并列的主要质量特征，它们共同决定了会计信息的决策有用性；而可比性（包括一致性）则是次要的质量特征。

可以说，为各个质量特征划分层次是质量特征研究历史上的一个重大突破，因为它明确了质量特征之间的关系。但 SFAC No.2 提出的质量特征层次图也存在一些重要的局限性：①没有说明不同层次的质量特征如何影响会计信息的决策有用性；②当不同的质量特征发生冲突时，没有指明应该如何权衡。

（二）联合概念框架会计信息质量特征的变革

联合概念框架明确区分了基本的质量特征和增进的质量特征。事实上，讨论稿并没有区分这些质量特征。虽然讨论稿也将质量特征划分为基本质量特征和次要质量特征，但次要质量特征实际上是基本质量特征的构成要素，依靠这一层次结构很难弄清各个质量特征之间的相互关系。

征求意见稿和最终稿在这一点上做出了改进，明确规定基本的质量特征决定了会计信息的决策有用性。如果在具备相关性和如实反映的基础上，会计信息再具备可比性、可验证性、及时性和可理解性，则其决策有用性会得到进一步的提高。但如果一项财务信息是不相关或不是如实反映的，则无论增进几项质量特征，也不能使该信息有助于决策。可见，基本的质量特征决定了会计信息是否有用，而增进的质量特征决定了有用的会计信息是否更加有用。

应该说，明确区分基本的质量特征和增进的质量特征是一个进步。因为它从概念上清楚地界定了不同的质量特征对会计信息质量的影响方式，深化了人们对质量特征的理解和认识。

三、相关性与可靠性问题

各国准则制定机构普遍将相关性和可靠性列为基本（主要）的质量特征，并指出会计信息的决策有用性主要依赖于这两个质量。应该说，这一界定是会计信息质量特征研究中的又一大进步。然而，令人遗憾的是，相关性和可靠性并不总是统一的，两者在有些情况下往往是冲突的。例如，当采用历史成本计量一项资产时，由于历史成本具有可供稽核的原始凭证，因此可靠性高；但是当该资产的价格发生变化时，历史成本却无法反映资产的现时价值，从而相关性差。而当采用公允价值计量一项资产时，由于公允价值可以反映持有资产期间的价值变动，因此相关性高；但是当该资产以及该资产的类似资产都不存在活跃交易市场时，该资产的公允价值只能用三级估计，例如现值法，而这种方法在未来现金流量和折现率的估计上都存在较大的主观性，因此可靠性差。当相关性与可靠性之间发生冲突时应该首先考虑哪个质量特征呢？包括 FASB 和 IASB 在内的许多准则制定机构对这一重要问题都采取了回避的态度。

联合概念框架是借助于相关性和如实反映与经济现象之间的关系界定两者的逻辑顺序。联合概念框架指出，经济现象是指经济资源、对这些经济资源的要求权，以及使它们发生变动的交易、事项和情况。相关性解决的问题是：将经济现象与财务报告使用者的决策联系起来，运用相关性确定哪些经济现象应当在财务报告中予以描述。如实反映解决的问题是采用何种方法描述经济现象。

联合概念框架根据上述关系得出结论，相关性应当是首先予以考虑的质量特征。因为，如果一个经济现象与使用者的决策是无关的，那么在此情况下考虑其他的质量特征是毫无意义的。而一旦确定了哪些经济现象与决策相关，就要运用如实反映来决定采用何种方法描述这些经济现象。因此，如实反映应排在相关性之后。

在 2010 年的最终稿中，联合概念框架指出，运用基本质量特征最有效的方式是遵循如下的程序：步骤一，确定信息是否对会计信息使用者有用。如果答案是肯定的，进入步骤二，确定该信息最为相关且能如实反映的信息类型。步骤三，若存在这样的信息，则基本质量特征就达到了令人满意的结果；若不存在这样的信息，则运用次级最相关的信息重复步聚二至步骤三。

明确界定基本质量特征的逻辑顺序是联合概念框架会计信息质量特征中的一个重要变化，它明确回答了会计基础理论研究中一个颇具争议的问题，即当相关性与可靠性发生冲突时，应当优先考虑哪个质量特征。但关于联合概念框架所界定的相关性优先于如实反映的逻辑顺序，至少有两个问题值得深入探讨：①界定相关性优先于如实反映的意图是什么？②界定相关性优先于如实反映对会计信息质量会产生怎样的影响？

（一）相关性问题

1. 相关性概念发展历程

相关性是各国准则制定机构普遍采纳的一项主要质量特征。世界两大准则制定机构 FASB 和 IASB 对相关性的理解基本上是一致的。FASB 认为相关性的构成要素包括预测价值、反馈价值和及时性。IASB 认为相关性的构成要素包括预测价值、确认价值和重要性。下面将分别进行分析。

FASB 在 SFAC No.2 中给相关性下的定义是：为了实现对投资者、债权人和其他使用者的决策相关性，会计信息必须能够通过帮助使用者形成对过去、现在和将来事件结果的预期，或证实或修正先前的预期，从而导致决策的差异。FASB 指出，一项相关的信息应具备预测价值、反馈价值和及时性。

预测价值是指会计信息能够帮助使用者预测过去、现在和将来事件的结果。反馈价值是指会计信息能够帮助使用者证实或修正先前的预期。那么预测价值与反馈价值之间有什么样的关系呢？通常而言，两者之间是相互促进的。原因在于：知道某一事件的结果会有助于提高决策者预测相似未来事件的能力。不了解过去，预测就会失去其基础；对未来不关心，了解过去就是毫无意义的。

应当指出，FASB 反复强调的一点：会计信息具有预测价值并不是说它本身是预测性的。而且 FASB 还举了一个例子说明这一点。FASB 认为，如果将分析师和其他使用者用来预测财务状况和经营业绩的财务信息与气象学家预测天气所用的信息相比较，会有助于理解这一点。气象学家收集温度、气压和风速等信息，并通过图表和数学模型分析数据以得出未来天气的预测结果。预测天气和预测财务业绩的相似之处在于气象信息和财务报告信息在预测未来之前都必须输入预测模型。财务预测与天气预测一样，都是模型和数据的共同产物。因此，这里的预测价值是指作为预测过程输入元素的价值，而非直接预测的价值。

及时性是相关性的另一个构成要素。FASB 对及时性的定义是：在一项信息失去影响决策能力之前提供给决策者。通俗的解释就是，当决策者需要某项信息时，如果无法得到该信息或在相关经济现象发生很长时间之后才得到该信息，则该信息对于决策是没有价值的，因为它缺乏相关性。关于及时性的含义，应该阐明如下三点：

（1）仅仅具有及时性并不能使信息相关，但是缺少及时性会削弱信息的相关性。

（2）及时性存在程度问题。在某些情况下，信息影响决策的能力会迅速消失。例如，在一些快速变化的环境中，例如收购报价，信息的及时性可能用天数甚至是小时数衡量。而在其他一些环境中，例如企业公布的年度财务报告，这样的信息的相关性持续时间会更长。

（3）通过提高及时性以增进信息的相关性可能会损害其他的质量特征，从而，信息的决策有用性在总体上可能提高也可能降低。例如，有时以牺牲一些精确性换取及时性是人们所希望的，因为及时的信息常常比需要更长时间才能获得的精确信息更加有用。当然，如果为了获得及时性，而使信息的可靠性受到严重损害，这种结果可能会导致信息的有用性大大降低。

IASB 对相关性的定义是：信息通过帮助使用者评估过去、现在或未来事项，或通过证实或修正过去的评估，从而影响使用者的决策，则该信息具有相关性。对于相关性，IASB 做出了如下几点说明：

（1）信息的预测作用和确认作用是相互关联的。例如，关于资产金额和结构的信息能够提高财务报告使用者预测报告主体利用机会的能力和应对不利环境的能力。而同样的信息也具有确认的作用，例如确认关于主体未来将会采用的资产结构以及计划采取的经营业务的过去预期。

（2）财务报告信息常常是预测未来的基础，但为了具有预测价值，信息不需要以精确的预测方式列示。例如，单独列示非经常性损益项目能够提高收益表的预测价值。

（3）信息的相关性受到其性质和重要性的影响。在某些情况下，仅信息的性质就足以决定其相关性。例如，报告一个新的分部可能会影响对该主体面临的风险和机会的评估，而无论这个分部在报告期间取得的经营业绩是否重要。在另一些情况下，性质和重要性都是重要的。例如，企业所持有的每个主要类别的存货数量。

如果一项信息的遗漏或错报会影响以财务报告为依据的使用者的经济决策，则该信息就是重要的。重要性依赖于具体环境下的判断，它并没有一个统一的数量起点。

通过以上的分析可以看出，FASB 和 IASB 对于相关性的解释总体上很相近。例如，两者都认为相关的信息应包括预测价值和反馈价值（确证价值），反馈价值（Feedback Value）与确证价值（Confirmatory Value）含义上并无差异。

但是 FASB 和 IASB 对于相关性的理解也存在三个明显的差异，这三个差异为相关性的进一步研究指明了方向。

相关性的定义应该定位于“能够导致决策差异”还是“已经导致了决策差异”？FASB 认为，相关性是指“能够导致决策差异”，而 IASB 则认为，相关性是指“已经导致了决策差异”。

及时性究竟是不是相关性的一个构成要素？FASB 将及时性列为相关性的一个要素。IASB 则没有将及时性列为相关性的要素，而是将它列为会计信息的普遍性约束条件，即及时性不仅会对相关性，而且也对其他的质量特征具有制约作用。

重要性究竟是不是相关性的一个构成要素？IASB 认为信息的相关性受到重要性的影响。在判断信息的相关性时，应该首先考虑重要性。FASB 则没有将重要性列为相关性的构成要素，而是将其列为“确认”的起点。

2. 联合概念框架的相关性含义

联合概念框架对相关性的定义与 SFAC No.2《会计信息的质量特征》中的定义相一致，即如果一项信息能够导致使用者的决策差异，则该信息具有相关性。而 IASB Framework 对相关性的定义是：只有当一项信息导致了使用者的决策差异时，该信息才具有相关性。

联合概念框架采取了 FASB 的观点，即信息能够导致决策差异。与信息已经导致使用者的决策差异相比，能够导致决策差异更具合理性。因为对于决策者而言，会计信息仅仅是众多信息源之一，决策者可能会综合各种信息做出决策。因此，决策受到特定经济现象影响的程度是很难确定的，即便在事后也是如此。相比之下，信息能否导致决策差异则是可以确定的。事实上，各国准则制定机构在制定准则过程中，发布讨论稿、征求意见稿或采取其他的“应循程序”，其目的是寻求会计信息使用者的意见，即根据提议的准则所形成的会计信息能否导致使用者的决策差异。

SFAC No.2 将及时性列为相关性的一个构成要素。IASB Framework 认为及时性是一个约束条件，它能制约信息的相关性。但这两个概念框架所讨论的及时性的本质是相同的。

联合概念框架对于重要性的定位经历了转变。讨论稿曾将及时性列为相关性的一个组成要素，但在分析了反馈信息之后，联合概念框架认识到如下两点：

（1）及时性并不是与预测价值及确证价值具有相同意义的相关性构成要素。

（2）及时性虽然有用，但它与相关性及如实反映的地位不能相提并论。只有当及时的信息是相关且如实反映的，该信息才是有用的。相反，相关且如实反映的信息即使没有及时报告，仍然可能有用。基于以上两点认识，联合概念框架将及时性从相关性中移除，将其定位于增进的质量特征。

SFAC No.2 和 IASB Framework 都讨论了重要性的概念并给出了相似的定义。SFAC No.2 将重要性列为财务报告的一项约束条件，它必须与质量特征，特别是相关性和可靠性一起考虑。而 IASB Framework 则将重要性列为相关性的一个构成要素，而且没有说明重要性与其他质量特征之间存在关联。

联合概念框架对于重要性的定位经历了转变。讨论稿和征求意见稿提出，重要性是财务报告的普遍性约束条件，因为它与所有质量特征都相关。但是在分析了反馈信息之后，联合概念框架认识到：尽管重要性是普遍性的，但它并不应限制报告主体报告信息的能力。更具体地说，重要性是相关性的一个构成要素，因为不重要的信息不会影响使用者的决策。而且，准则制定者在制定准则时不应当考虑重要性，因为它是针对报告主体的考虑因素。基于此，联合概念框架得出的最终结论是：重要性是针对报告主体层次的，它是相关性的一个构成要素。

总体而言，联合概念框架中相关性的变化并不大，对相关性的修订主要是吸收了 FASB 和 IASB 各自概念框架中相关性的有益部分。消除概念上的差异，并明确及时性、重要性、相关性的关系，有助于会计准则的国际趋同。

（二）可靠性问题

1. 可靠性的发展历程

会计信息的可靠性是各国会计准则制定机构普遍认可的基本质量特征，但是，对可靠性的理解却不同。美国财务会计准则委员会（FASB）认为可靠性的构成要素包括如实反映（Faithful Representation）、可验证性（Verifiability）和中立性（Neutrality）。国际会计准则委员会（IASB）将可靠性定义为如实反映（Faithful Representation）、实质重于形式（Substance Over Form）、中立性（Neutrality）、谨慎性（Prudence）和完整性（Completeness）。可见不同准则制定机构对于可靠性的理解还存在一定的差异，因此有必要对可靠性的内涵进行深入的探讨。本书将详细分析可靠性的各个构成要素。

（1）如实反映（Faithful Representation）。FASB 在 SFAC No.2 中指出，如实反映是指计量、描述的现象与意欲反映的事实之间相符或一致。也就是说，如实反映要求会计信息与其反映的经济现象之间是相符的。IASB 认为，如果一项信息如实反映所应反映或理当反映的信息，则该信息具有可靠性。

可见，FASB 和 IASB 对如实反映的理解基本上是一致的。但是，“如实反映”是否意味着财务报告可以通过文字和数字来精确地描述企业发生的各种经济活动呢？事实上，由于计量技术的局限性和经济活动的复杂性等原因，“如实反映”往往存在诸多困难。因此，“如实反映”只能是一个程度的概念，而非一个绝对化的概念。

例如，取得资产的成本一般情况下是能够确定的，但情况并非总是这样。当一个企业用一笔钱同时购买多项资产时，则每一单项资产的成本很难确定。如果资产是通过资产交换方式，而不是支付现金方式取得的，或者是通过发行股票或与关联方交易取得的，则取得资产的成本也是很难确定的。此外，企业在计算确定自产品和自行建造的固定资产成本时，将运用大量的成本分配原则，如按定额比例分配、按工时比例分配等，这使得确定一项产成品的真实成本几乎是不可能的。所以，企业所记录的资产成本可能并没有如实反映其成本。

在有些情况下确定成本更加困难。如果某类存货是以不同的价格分次购进的，而且出售也是在不同的日期，那么只有采用某种成本流转假设（如先进先出法），才能确定某一特定日期的结存存货成本。如果采用不同的成本流转假设，则期末结存存货的成本是不同的。由于会计记录中反映的资产成本只是几种可能结果中的一种，因此很难说记录的数字如实反映了经济现象。

当一项资产不存在市场价格时，若要如实反映其现行成本或公允价值则同样存在如前所述的困难。例如，除非已使用的设备或半成品存在交易市场，否则其现行成本或公允价值只能通过估值技术来获得，例如，从类似新资产的现行成本或公允价值中减去估计折旧，或者将原材料、人工和制造费用的现行成本加总，或者使用预期未来现金流量的折现值。这些估值技术中所使用的成本分配和未来现金流量的预期值等，不可避免地会影响计量结果的如实反映程度。

（2）可验证性（Verifiability）。FASB 和 IASB 对可验证性的态度是不同的。FASB 的前任准则制定机构——美国会计原则委员会（APB）在 APB Statement No.4 中首先提出可验证性的概念。之后，FASB 在 SFAC No.2 中将可验证性列为可靠性的一个组成部分。而 IASB Framework 的质量特征中则不包括可验证性。下面将详细分析 FASB 在 SFAC No.2 中对可验证性的解释。

可验证性质量有助于会计信息的决策有用性，因为验证的目的是为会计计量所反映的对象提供一种高度的保证。验证在减少计量者偏见（Measurer Bias）方面比减少计量偏见（Measurement Bias）更有效，导致其保证特定计量如实反映所要反映的经济事项的程度有所不同。

计量者的偏见没有计量的偏见复杂。在最简单的形式上，它产生于故意错报。但是，即使是诚实的计量者应用相同的计量方法也可能得到不同的结论，特别是涉及诸如对未来事件结果的预测。通过重复计量得到相同结果可以发现并排除计量者误差。因此，会计计量的一个应有的质量是能够复制再现。会计原则委员会（APB）将这一特征称为可验证性，并在 Statement No.4 中给出了定义：可验证性是指独立的计量者使用相同的计量方法能够得到相同的结果。

然而，可验证只保证计量结果的正确性，并不保证计量方法的恰当性。它在一定程度上保证计量规则的使用是谨慎的，计量者不存在个人偏见。

可验证意味着结果相同。通过观察对某一特定现象的大量独立的计量结果，可以检验其可验证性。计量结果越集中，该结果的可验证性越高。

某些会计计量比其他会计计量更容易验证。对现金采用不同的计量方法，其结果是相同的，而且具有高度的可验证性。但对于应收账款的账面价值而言，其可验证性差一些，存货的可验证性就更差一些，而需要计提折旧的资产的可验证性是最差的，因为涉及折旧方法的选择、资产使用寿命的估计。因此，可验证的计量方法并不一定是“客观的”。

仅排除计量者的偏好并不能保证信息是可靠的。即使不同的独立计量者采用同一种计量方法并诚实且熟练地运用它，但如果该计量方法没有反映意欲反映的对象，则计量结果也是不可靠的。可靠性在于计量结果与其反映的经济交易、事项或情况之间的符合程度。

可验证性包括两层含义：①会计计量结果本身可验证；②得到计量结果的会计程序可验证。例如，购买有价证券的价格或购买原材料的价格通常是直接可验证的，而某个期间的折旧金额通常只是间接可验证的（通过验证折旧方法）。会计计量的直接验证能够使计量者所导致的偏见（Measurer Bias）和计量方法的固有偏见（Measurement Bias）最小化。计量方法可验证能够使计量者偏见最小化，但仍然存在计量方法选择的偏好。

（3）中立性（Neutrality）。FASB 和 IASB 所定义的可靠性中都包含中立性，而且两者对中立性的定义几乎相同。

FASB 在 SFAC No.2 中对中立性的定义是：会计信息的编制和呈报不偏向于

某种预定的结果。

会计信息不应偏向于某种预定的结果，并不是说准则制定机构在制定准则时或会计信息的提供者在编制财务报告时不应怀有任何目的。信息当然应该有目的，但预定的目的不应该意味着预定的结果。中立性不意味着“没有目的”，同时也不意味着会计信息不应当影响人的行为。会计信息不能，而且也不应当不去影响行为。如果会计信息无法影响使用者的行为，那么该信息将是毫无价值的。

FASB 指出，中立性的运用包括两个层面：一个层面是会计准则的制定者在编制财务报告时应保持中立性，另一个层面是企业会计人员在运用会计准则编制财务报告时应遵守中立性。FASB 认为，中立性对前者更重要。由于会计准则具有经济后果，可能受到准则不利影响的利益团体，必然会借助各种力量干预准则的制定过程，努力消除准则中对自己不利的部分。因此，只要会计准则具有比较强的经济后果，准则制定过程就不可避免地受到来自各方的压力。如果准则制定机构不能保持不偏不倚的立场，准则将会偏向某些强势集团的利益。[①]这样产生的准则，其质量必然下降，据此编制的财务报告信息的决策有用性必定大打折扣。

IASB 认为，会计信息要想实现可靠性，必须是中立的，即无偏见。如果财务报表通过会计选择等方式影响信息使用者的决策和判断，从而实现某种预定的结果，那么这样的财务报表就不是中立的。

（4）完整性（Completeness）。FASB 并没有将完整性列为可靠性的构成要素，但在论述可靠性时解释了完整性的含义；而 IASB 则明确将完整性列为可靠性的组成部分。

FASB 在 SFAC No.2 中指出，可靠性意味着信息要完整，至少在重要、可行和成本允许的范围内是如此。为此，FASB 还举了一个生动的例子说明完整性的作用：一个 99%可靠但却没有标明河上有桥的地图，会对该地图的使用者造成伤害。

信息的完整性不仅影响可靠性，也会影响相关性。如果遗漏一项相关的信

① 葛家澍，刘峰. 会计理论——关于财务会计概念结构的研究［M］. 北京：中国财政经济出版社，2003.

息，即使信息的遗漏未导致信息发生错误，该信息的相关性也会受到不利影响。

IASB 指出，财务报表信息若要实现可靠性，则该信息在重要性和成本范围内必须是完整的。遗漏会造成信息错误或误导，从而导致信息不可靠和相关性下降。

（5）谨慎性（Conservatism/Prudence）。FASB 并没有将谨慎性（Conservatism）列为一项质量特征，但是在解释可靠性时，阐述了谨慎性。IASB 将谨慎性（Prudence）列为可靠性的一个组成部分。

FASB 指出，许多会计师认为在做会计决策时保持谨慎性是恰当的。APB No.4 指出：资产和负债经常是在有很大不确定性的情况下计量的。由于计量中可能存在错误，一直以来会计师和投资者往往倾向于低估净收益和净资产。这导致了谨慎性惯例。

谨慎性惯例之所以在财务会计和财务报告中有一席之地，其原因是企业及其经济活动存在不确定性。但谨慎性的运用必须要审慎，宁可低估净收益和净资产也不能高估的偏好导致了一种偏见。谨慎性往往与某些重要的质量特征相冲突，例如如实反映、中立性和可比性。

FASB 强调，一贯地低估将会导致会计信息产生可靠性和公正性问题，并且在长期内是自相矛盾的。以这种方式报告财务信息，无论本意多么好，都是与希望达到的质量特征不相容的。另外，FASB 也强调，激进的报告方式，例如过度乐观地估计销售，肯定也与其他质量特征不相容。收益估计中的偏见，无论是过于保守还是激进，都会影响收益或损失的时间分布，但不会影响总计金额。因此，无论哪种做法都会误导投资者。

避免激进的财务报告信息损害投资者利益的最好方法是努力保证反映的信息是意欲反映的。SFAC No.2 指出，披露事项和交易的不确定性的性质及程度能够提高财务报告的可靠性。要想成功预测尚未完成的交易，一定程度的怀疑是对的。目的必须要使财务信息的使用者处于最佳位置去形成他们自己对报告事项可能结果的估计。

IASB Framework 指出，财务报表的编制者必须考虑事项和情况的不确定性。例如，可疑应收账款，厂房和设备的预计使用寿命以及可能发生的担保赔偿。披露不确定性的性质和程度，并遵循谨慎性原则，可以确认不确定性。谨慎性是在不确定性的条件下做出估计和判断所需要的审慎，例如不高估资产或收益，不低估负债或费用。然而，谨慎性不允许故意低估资产或收益，或故意高估负债或费用，因为这会使财务报表失去中立性和可靠性。

（6）实质重于形式（Substance Over Form）。FASB 并没有将实质重于形式列为可靠性的组成部分，而 IASB 所定义的可靠性则包含了实质重于形式这一组成要素。

IASB 在解释实质重于形式时指出，如果信息要如实反映其意欲反映的交易或事项，则该信息必须与其实质和经济现实相一致，而不能仅仅与法律形式保持一致。交易或事项的实质并不总是与法律形式相一致。例如，在某些业务中，企业可能会将某项资产的法律所有权转让给其他企业，但该企业仍然能继续享有该资产所带来的经济利益。在这种情况下，报告出售并确认收入就没有如实反映该业务的经济实质。

从以上分析中可以看出，FASB 和 IASB 对可靠性的理解尚存在着较大的差异。这种差距也引发了人们如下的思考：可靠性究竟意味着什么？可靠性应该包括哪些构成要素？可验证性、谨慎性、实质重于形式等尚存争议的要素是否应该包括在可靠性质量当中？

2. 联合概念框架的可靠性含义

联合概念框架中关于可靠性的概念发生了两点重大变化。首先，联合概念框架用“如实反映”（Faithful Representation）取代了“可靠性”；其次，曾经在 SFAC No.2 和 IASB Framework 中被列为可靠性构成要素的实质重于形式、谨慎性和可验证性没有被列为如实反映的组成要素。关于这些变化，联合概念框架给出了如下的解释：

（1）用“如实反映”取代了“可靠性”。SFAC No.2 和 IASB Framework 都使用可靠性表达如实反映的含义，但联合概念框架认为，FASB 和 IASB 都没有清楚地传递可靠性的含义。联合概念框架指出，人们普遍缺乏对可靠性的一致理解。一些人强调可验证性或无差错；另一些人更强调如实反映和中立性；还有人认为可靠性主要是指精确性。鉴于很难清楚地解释可靠性的含义，因此联合概念框架决定用“如实反映”取代“可靠性”，以便更清楚地表达可靠性的含义。

（2）从“如实反映”中移除“可验证性”，并将其降低为一项增进的质量特征。事实上，在联合概念框架的初步意见稿中，可验证性被列为如实反映的一个构成要素。但在征求意见过程中，一些反馈者指出，将可验证性列为如实反映的一个组成要素会排除一些不易于验证的信息。许多预测性的估计在提供相关会计信息方面发挥了很重要的作用，例如，预测现金流量、预计使用寿命和预计残值等，但这些信息却不能直接验证。而排除这些预测性信息会使财务报告信息的有用性大大降低。基于这一理由，联合概念框架认为可验证性虽然有用但不是必需的。因此，联合概念框架将可验证性从可靠性中移除，并将其列为一项增进的质量特征。

（3）从“如实反映”中移除“实质重于形式”。联合概念框架认为，将实质重于形式列为如实反映的一个要素是多余的。如实反映是指财务信息反映了经济现象的实质，而非仅仅反映其法律形式。换句话说，反映经济现象的法律形式而不反映其经济实质的信息，并不是如实反映的。

（4）从“如实反映”中移除“谨慎性”。联合概念框架认为，没有将谨慎性列为如实反映组成要素的原因是：谨慎性与中立性相矛盾。虽然一些观点认为，谨慎地估计资产、负债、收入和费用有助于克服企业管理层的过于乐观的估计，从而降低财务报告信息的风险。但联合概念框架工作组认为，谨慎性会导致偏见。也就是说，报表编制者不可能在长期中一贯地坚持谨慎性。本期低估资产或高估负债会导致以后期间高估收益，这种结果不能说是谨慎的。

用“如实反映”取代“可靠性”，同时将可验证性、实质重于形式和谨慎性排除在“如实反映”之外是联合概念框架会计信息质量特征中的一个重大变化。“可靠性”究竟意味着什么？用“如实反映”取代“可靠性”的意图何在？“如实反映”取代“可靠性”会对会计信息质量产生什么样的影响？在会计准则国际趋同的大背景下，这些重大理论问题成为了各国准则制定机构亟待解决的问题。本书将在第四章中就这一变化进行更深层次的分析与探讨。

四、可比性问题

（一）可比性的发展历程

1. FASB 对可比性的解释

FASB 在 SFAC No.2 中对可比性和一贯性给出了如下的定义：

可比性是指能够使信息使用者确定两个经济现象之间相似和相异之处的信息质量。一贯性是指在不同的期间遵守不变的会计原则和程序。

如果一个企业的信息能够与其他企业以及与本企业其他期间的类似信息做比较，则该信息的有用性将大大提高。信息的重要性，特别是数量化的信息，在很大程度上依赖于使用者将信息与某个基准相联系的能力。对信息进行比较常常是使用者的一种本能。例如，当一个人得知某企业一年的销售收入是 5000 万元时，他会将该企业的收入在各已知企业的收入中进行排序来进行比较，从而形成对该企业销售收入规模的判断。投资和贷款决策本质上都涉及评价各种可选择机会，如果缺乏可比信息，就无法做出合理决策。

比较不同企业之间的财务信息的困难之处在于允许企业使用不同的会计方法。例如，若一家企业的存货采用后进先出法计价，而另一家企业的存货采用先进先出法计价，则通过流动比率比较这两家企业的流动性是不合理的。在价格上升的情况下，存货计价方法的不同对前者的比较结果产生了不利的影响，但其表面上较差的流动性是由不合理的比较方法导致的，因为前者存货的现行价值不一定比后者低。

在一段时间内保持会计方法的一贯性一直被认为是使会计数据更加有用的一项重要质量。APB 曾在 APB Opinion No.20“会计变更”中提到，在编制财务报表时有一个假定，即一旦采用了某个会计原则，则类似交易和事项的会计处理就不应当改变。在不同会计期间一贯地使用会计原则可以提高财务报表的有用性，因为这样做可以使比较会计数据的分析和理解变得更加方便。

与可比性类似，一贯性是反映两个会计数字之间关系的质量，而不像相关性和可靠性反映的是数字本身的质量。同一个企业不同期间或不同企业的相同期间使用一贯的会计方法是可比性的必要而非充分条件。一贯性不具备真实可比性的例子是：在通货膨胀时期使用名义货币单位所得到的连续期间的财务数据。当货币购买力下降时，信息使用者不对货币购买力进行修正，则通货膨胀期间内的销售收入可能呈现出被夸大的增长。

2. IASB 对可比性的解释

为了确定一个企业财务状况和经营成果的趋势，使用者必须能够比较该企业不同期间的财务报表。为了评价不同企业的财务状况、经营成果及其变动趋势，使用者也必须能够比较这些企业的财务报表。因此，同一个企业的不同期间以及不同的企业都必须以一贯的方式计量和呈报交易或事项的财务影响。

可比性质量特征的含义是，财务报表编制者应当向使用者告知编制报表所使用的会计原则、会计原则的变动及其对报表信息的财务影响。使用者必须能够确定同一企业在不同期间以及不同企业所使用的会计原则的区别。

可比性不应当与单纯的“统一”相混淆，而且也不应当成为引入高质量会计准则的障碍。如果企业对某一交易或事项所采用的一贯的会计方法与相关性和可靠性质量不相符，则坚持该原则就是不恰当的。当存在其他更加相关和可靠的会计原则时，企业坚持其会计原则不变也是不恰当的。

可比性在 FASB 和 IASB 的概念框架中都是一个重要的概念，但是这两个概念框架对可比性的理解和认识却存在分歧。SFAC No.2 认为可比性是反映两项或更多项信息之间关系的质量。尽管可比性很重要，但它在地位上要低于相关性和可靠性。IASB Framework 则认为，可比性与相关性和可靠性在地位上是同等重要的。此外，FASB 同时提出了可比性和一贯性两个概念，并指出两者在含义上是不同的。而 IASB 没有提出一贯性的概念。可见，关于可比性质量的争议主要可以归结为如下两点：①可比性在层次地位上究竟应定位于基本的质量特征还是增进的质量特征？②可比性与一贯性的含义是否相同？两者之间的联系和区别是什么？这两点也成为了联合概念框架在可比性质量中需要解决的问题。

（二）联合概念框架可比性的含义

对于 FASB 和 IASB 关于可比性概念的上述两个分歧，联合概念框架采纳了 FASB 在其第 2 号概念公告中的观点。其解释如下：

1. 将可比性定位于一项增进的质量特征

联合概念框架认为，如果一项相关且如实反映的信息能够很容易地与其他主体报告的相似信息进行比较，或与同一主体在其他期间报告的相似信息进行比较，则这样的信息是最有用的。需要会计准则的一个最重要的原因是提高会计信息的可比性。但即使难以比较，相关且如实反映的信息仍然是有用的。然而，不相关的可比信息是无用的，而不如实反映的可比信息则可能造成误导。所以，可比性是一项增进的质量特征，而不是一项基本的质量特征。

2. 可比性是目标，一贯性是有助于实现这一目标的手段

联合概念框架认为，尽管一贯性与可比性有联系，但两者并不相同。可比性质量能够让使用者发现并理解不同信息之间的相似和相异之处。而一致性是指对于同一报告主体在不同期间或不同主体在同一期间，相同的交易或事项使用相同的会计处理方法。可比性是目标，而一致性则有助于实现这一目标。

联合概念框架对可比性的质量层次做出明确的定位，并且明确了可比性与一贯性的区别和联系。联合概念框架关于可比性的界定有助于提高会计信息的整体质量。

五、可理解性问题

（一）可理解性的含义

1. FASB 对可理解性的解释

FASB 认为，可理解性是针对会计信息使用者的质量。在质量特征层次中，它构成了连接信息使用者特征和针对决策的各种信息质量的桥梁。会计信息的可理解性由两个因素共同决定：一是会计信息使用者对企业经济活动的理解能力，以及是否愿意勤勉地研究会计信息。二是信息内在的特征。只能由少数人理解或使用的信息是不应当提供的，同时也不应当仅仅因为一些人无法理解或不打算使用某些信息，而把重要的相关信息排除在外。

2. IASB 对可理解性的解释

财务报表提供的信息的一项主要质量是易于使用者理解。这里假设使用者能够合理地理解企业的经济活动和会计处理，并且愿意勤勉地研究会计信息。然而，如果某项关于复杂事项的信息与使用者的经济决策需要相关，则该信息应该包括在财务报表中，而不能仅仅因为这样的信息对某些使用者而言过于复杂且难以理解，就将此类信息排除在财务报表之外。

FASB 和 IASB 对可理解性含义的理解基本上是相同的。两者之间的分歧主要在于，可理解性在整个质量特征体系中应该处于什么位置。在 FASB 的概念框架中，可理解性被列为一项“针对使用者的质量”；在 IASB 的概念框架中，则将可理解性列为一项主要的质量特征。

（二）联合概念框架可理解性的含义

联合概念框架对可理解性在会计信息质量特征体系中所处的地位做出了明确的规定，即可理解性是一项增进的质量特征。联合概念框架认为，一些会计信息使用者对于可理解性存在误解。例如，一些人指出，如果会计信息使用者无法理解某些新的会计方法，即使这些信息能产生有助于决策的会计信息，也不应当实施。因此，他们认为，可理解性比相关性更重要。

联合概念框架指出，如果将可理解性列为基本的质量特征，那么即使一项信息是相关的且如实反映的，但如果它反映的是非常复杂的经济现象，则该信息也不应当予以报告。但这种做法无疑会降低会计信息的决策有用性。勤勉地研究财务报告信息是使用者的责任，对于反映某些高度复杂的经济现象的会计信息，使用者可能需要寻求专业人士的帮助，例如财务分析师等。

联合概念框架将可理解性列为一项增进的质量特征的事实表明，难以理解的信息应当予以列报，不能仅仅因为一些使用者无法理解，就将某些有助于决策的复杂信息排除于财务报告之外。应该说，联合概念框架对于可理解性的定位和解释是合理的，有利于提高会计信息的整体质量。

六、联合概念框架变革综述

FASB/IASB 联合概念框架的会计信息质量特征部分出现了很多新变化。例如，各个质量特征被明确划分为两类，即基本的质量特征和增进的质量特征；明确了相关性的构成要素，将反馈价值（Feedback Value）和确证价值（Confirmatory Value）这两个含义相同的术语予以统一；指明了可比性和一致性的联系和区别；明确了可比性、可理解性、及时性、可验证性和重要性在整个质量特征体系中的地位。

应该说，上述质量特征的变化对于提高人们对会计信息质量特征的认识以及改进财务报告信息质量特征都具有积极的作用。但联合概念框架中的两个重大变化：①相关性与可靠性（如实反映）逻辑顺序的界定；②用“如实反映”取代可靠性，则是值得商榷的。

众所周知，相关性和可靠性一直是各国准则制定机构普遍认可的基本质量特征。它们的变化必然会对会计信息质量，甚至是对财务会计在整个经济中的作用和地位产生巨大的影响。当前，我国正处于会计准则国际趋同的关键时期。因此，有必要从理论上对上述两项关于质量特征的重大变化做出进一步的分析，并据此对我国应对联合概念框架的变化提出政策建议。

会计信息的可靠性是各国会计准则制定机构普遍认可的基本质量特征之一。但是在 FASB/IASB 联合概念框中，关于可靠性的概念却发生了重大的变化。首先，联合概念框架用“如实反映”(Faithful Representation）取代了“可靠性”；其次，曾经在 SFAC No.2 和 IASB Framework 中被列为可靠性构成要素的可验证性、谨慎性和实质重于形式都没有被列为“如实反映”的构成要素。

用“如实反映”取代“可靠性”可以说是联合概念框架质量特征中的一个重大变化。但联合概念框架所做出的这一变化也引发了人们的思考：“如实反映”取代“可靠性”的意图是什么？“如实反映”取代“可靠性”会对会计信息质量产生怎样的影响？当前，国际会计准则趋同正处于关键时期，联合概念框架中的这一新变化必然会对我国的概念框架和会计准则产生重要影响。因此，对上述问题进行深入研究具有重大的理论与现实意义。

第三章　后危机时代会计信息基本质量特征的经济学分析

一、相关性与可靠性的关系

会计信息相关性和可靠性的关系历来是学术界研究的热点话题之一。多年来，许多准则制定机构及专家学者都对该问题做出了积极的探索并提出了自己的观点。但作为世界上两大最具权威性和影响力的准则制定机构，FASB 和 IASB 却在各自的概念框架中回避了这一问题。虽然 FASB 和 IASB 承认，不同质量特征需要权衡，但不同的条件下不同质量特征之间的相对重要程度是不同的。因此，这一权衡问题要依赖于报告编制者的职业判断。

然而，在 FASB 和 IASB 启动的联合概念框架项目中，两个准则制定机构不再回避会计信息的相关性与可靠性的逻辑关系问题，而是对此问题提出了自己的观点。联合概念框架以相关性和如实反映与经济现象之间的关系作为切入点，得出了如下结论：相关性应当是首先予以考虑的质量特征。相关性解决的问题是将经济现象与财务报告使用者的决策需求联系起来。运用相关性将确定哪些经济现象应当在财务报告中予以描述。一旦确定了哪些经济现象与决策相关，接下来就要运用如实反映决定采用何种方法描述这些经济现象。概括而言，基本质量特征的运用就是在满足相关性的前提下，寻求如实反映的表达方式。

对相关性与可靠性的逻辑关系做出明确的界定可以说是质量特征研究中的一个重大变化。但联合概念框架所做出的这一界定也引发了人们的思考：这一界定对会计信息质量会产生怎样的影响？我国应如何应对这一变化？我国已于2010年发布了《中国企业会计准则与国际财务报告准则全面持续趋同路线图》，联合概念框架中的这一新变化必然会对我国的概念框架和会计准则产生重要影响。因此，对上述问题进行深入研究具有重大的理论与现实意义。

本章将从经济学视角出发，首先阐释相关性与可靠性逻辑关系的典型观点；其次通过建立经济学分析框架对这一问题进行深入分析，并得出结论；最后在结论的基础上对我国应对联合概念框架这一变化提出政策建议。

（一）相关性与可靠性关系的表述

1. 相关性优先于可靠性

FASB和IASB等西方会计准则制定机构虽然在各自的概念框架中没有明确提出相关性和可靠性应如何权衡的问题，但从以往的研究资料中可以看出，实际上它们支持相关性重于可靠性的观点。例如，英国在1991年发布的《未来财务报告模式》中指出，财务报告的计量侧重于历史成本，这与预测企业未来的财务状况和经营业绩不相关，因此无法满足使用者的决策需求。该报告针对财务报告中存在的上述“缺点”，提出了许多旨在提高财务报告相关性的建议。美国AICPA于1994年发布的《改进企业财务报告——面向客户》（Improving Business Reporting: A Customer Focus）中提出，财务报告应提供“向前看”的信息、提供关于企业风险和机遇的信息等，这些建议明显侧重于提高财务报告相关性。

2. 相关性至上

如果说以上两种观点仅仅表达了相关性重于可靠性的观点，那么Wallman（1996）提出的彩色报告模式则完全体现了一种相关性至上的观点。根据会计确认的4项标准，Wallman的彩色报告模式分为如下五个层次：①相关性、可靠性、可定义性和可计量性均符合要求；②相关性、可定义性和可计量性都符合要求，但可靠性存在疑问；③相关性与可计量性符合要求，但可靠性与可定义性存在疑问；④相关性、可靠性和可计量性符合要求，但可定义性存在疑问；⑤仅相关性符合要求，可靠性、可定义性和可计量性均不符合。上述五个层次的划分明显反映出 Wallman 的基本思想，即相关性是最重要的、不可或缺的。

3. 可靠性至上

美国著名会计学家佩顿（Patton）和利特尔顿（Littleton）在 1940 年出版的经典著作《公司会计准则导论》（A Introduction to Corporate Accounting Standards）中指出，收益的决定是会计的核心，资产实际上是尚未耗用的成本。佩顿和利特尔顿的历史成本原则可以视为一种可靠性至上的观点。

4. 可靠性优先于相关性

我国 2006 年的基本准则也将相关性和可靠性列为基本的质量特征，《基本准则》的观点是可靠性优先于相关性，即在保证会计信息可靠性的前提下追求最为相关的信息，这与佩顿和利特尔顿坚持历史成本原则的可靠性至上的极端观点有所不同。

为会计信息使用者提供有助于其做出理性决策的信息是目前普遍接受的财务报告目标。因此，会计准则制定机构在考虑相关性与可靠性逻辑顺序这一问题时，必然以服务于会计信息使用者为宗旨。从而，我们若要科学合理地分析相关性与可靠性逻辑顺序问题，则应当从会计信息使用者的角度出发，探求相关性与可靠性的何种逻辑顺序能为会计信息使用者的决策提供最为有用的信息。本书就将沿着这一逻辑思路展开论证。

（二）代表意见的经济学分析

微观经济学认为，理性经济人的行为目的是实现既定成本下的效用最大化。由于会计信息使用者间接地承担了会计信息的收集和加工等成本，因此，作为会计信息的消费者，会计信息使用者必然要求实现既定成本下的效用最大化。假设会计信息的可靠性为 X，相关性为 Y，会计信息使用者的效用函数（无差异曲线方程）为 U(X，Y)，预算线方程为 $P_xX + P_yY = M$。本部分通过预算线与无差异曲线的切点来阐释相关性与可靠性逻辑关系的典型观点。

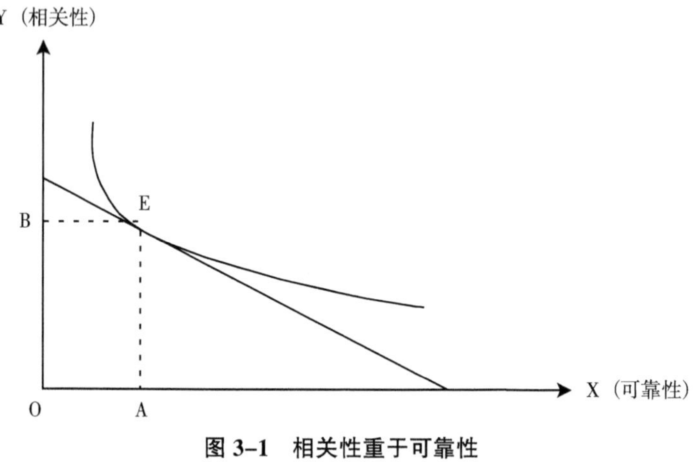

图 3–1　相关性重于可靠性

如图 3–1 所示，在相关性重于可靠性的观点下，会计信息使用者的无差异曲线具有凸性。在无差异曲线与预算线的切点 E 处，会计信息使用者实现了既定成本下的效用最大化。此时，相关性大于可靠性（OB > OA）。这种观点的核心思想是，在相关性与可靠性的权衡关系中，相关性的均衡份额大于可靠性，因此相关性在地位上重于可靠性。但相关性并不能完全取代可靠性。

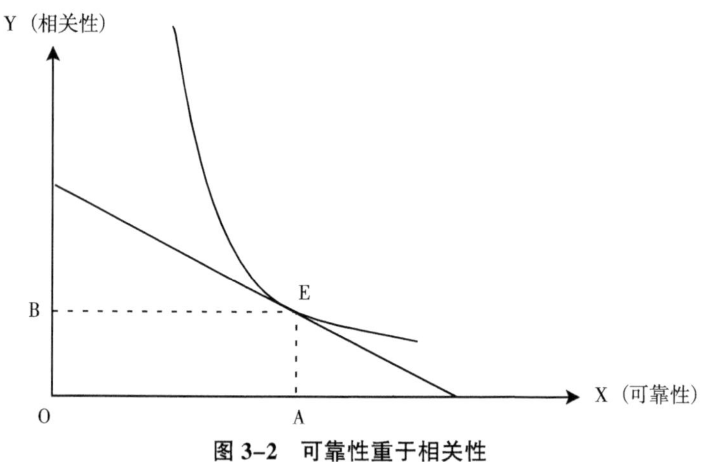

图 3–2　可靠性重于相关性

如图 3–2 所示，在可靠性重于相关性的观点下，会计信息使用者的无差异曲线亦具有凸性。在无差异曲线与预算线的切点 E 处，会计信息使用者实现了既定成本下的效用最大化。此时，可靠性大于相关性（OA > OB）。这种观点的核心思想是，在相关性与可靠性的权衡关系中，可靠性的均衡份额大于相关性，因此可靠性在地位上重于相关性。但可靠性并不能完全取代相关性。

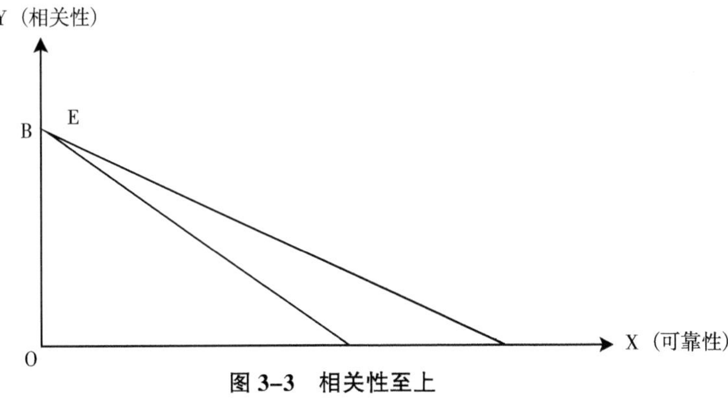

图 3–3　相关性至上

如图 3–3 所示，在相关性至上的观点下，会计信息使用者的无差异曲线为一条直线。在无差异曲线与预算线的交点 E 处，会计信息使用者实现了既定成本下的效用最大化。此时，相关性为 OB，可靠性为 0。这种观点的核心思想是，在相关性与可靠性的权衡关系中，相关性处于至上的地位，会计信息在追求相关性最大化的过程中可以完全牺牲可靠性。

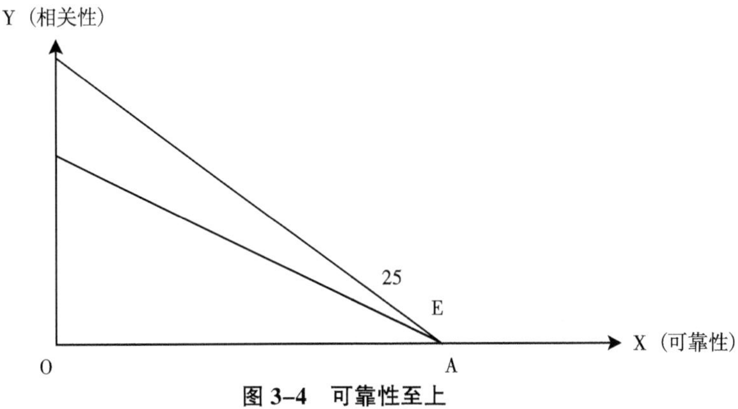

图 3–4　可靠性至上

如图 3–4 所示，在可靠性至上的观点下，会计信息使用者的无差异曲线亦为一条直线。在无差异曲线与预算线的交点 E 处，会计信息使用者实现了既定成本下的效用最大化。此时，可靠性为 OA，相关性为 0。这种观点的核心思想是，在相关性与可靠性的权衡关系中，可靠性处于至上的地位，会计信息在追求可靠性最大化的过程中可以完全牺牲相关性。

二、相关性与可靠性关系的边际分析

提供会计信息是有成本的，例如收集、加工信息的成本以及审计成本等。虽然从表面上看，会计信息使用者似乎可以“免费”地使用财务报告，但实际上企业通过提高产品价格的方式将编制财务报告的成本转移给了消费者。因此，会计信息使用者承担了编制财务报告的成本。既然会计信息使用者为会计信息支付了费用，那么他就是一个消费者。从经济学的角度看，消费者必然要求实现既定成本下的效用最大化。

基于以上逻辑，本书假设会计信息使用者的效用水平依赖于相关性和可靠性这两个信息质量。通过建立会计信息使用者的效用函数（无差异曲线方程）和预算约束方程，以既定成本下的效用最大化为目标来分析相关性与可靠性的逻辑关系。

（1）会计信息使用者是理性的，理性意味着以个人效用最大化为目标。

（2）会计信息使用者具有凸性偏好，凸性偏好意味着多样化优于单一性。

（3）相关性和可靠性都会给会计信息使用者带来正的效用。

（4）会计信息使用者的收入既定。

根据上述假设可以建立会计信息使用者的效用函数：$U(X，Y)=XY$，其中，X 代表可靠性，Y 代表相关性。

预算约束方程为 $P_xX+P_yY=M$，其中，P_x 代表可靠性的价格，P_y 代表相关性的价格，M 代表会计信息使用者的收入。

假设会计信息使用者对相关性与可靠性具有相同程度的偏好，此时的效用函数为 $U(X，Y)=XY$。

该类会计信息使用者效用最大化问题可以表述为：

$$\begin{cases} \max \quad XY \\ \text{s.t.} \quad P_xX + P_yY = M \end{cases}$$

构造该问题的拉格朗日函数得：

$$L = XY - \lambda(P_xX + P_yY - M)$$

效用最大化的一阶条件为：

$$\begin{cases} \dfrac{\partial L}{\partial X} = Y - \lambda P_x = 0 \\ \dfrac{\partial L}{\partial Y} = X - \lambda P_x = 0 \\ \dfrac{\partial L}{\partial \lambda} = P_xX + P_yY - M = 0 \end{cases}$$

解得：

$$\begin{cases} X = \dfrac{M}{2P_x} \\ Y = \dfrac{M}{2P_y} \end{cases}$$

我们已经确定了使该类会计信息使用者效用最大化的均衡值。从数值上看，若要权衡相关性与可靠性的逻辑关系，就要判断 P_x 与 P_y 之间的关系。

与可靠性相关联的计量属性是历史成本。历史成本的入账依据是可供核查的原始交易凭证，因此以历史成本编制财务报告时采集信息的成本较低。此外，以历史成本计量的项目不涉及“新起点计量”，即在每个财务报告日并不需要对会计对象进行重新计量，因此以历史成本编制财务报告时加工信息的成本较低。

与相关性相关联的计量属性是公允价值。公允价值计量需要寻找活跃交易市场的价格。但在当前的经济环境下，只有少数资产和负债存在活跃交易市场，而大多数资产和负债则不存在活跃交易市场。对于不存在活跃交易市场的资产和负债而言，其公允价值的计量需要运用估值模型。而且，IFRS 中的公允价值计量准则要求主体使用的参数与市场参与者在资产和负债定价时可能使用的假设保持一致。此外，三级公允价值还要求增加许多额外的披露。因此，以公允价值编制财务报告的成本相对较高。

由以上分析可知，获得可靠性的成本低于相关性，即 $P_x < P_y$。因此，对于该类会计信息使用者而言，效用最大化时的可靠性（X）大于相关性（Y），即可靠性重于相关性。

假设会计信息使用者对可靠性的偏好大于相关性，此时的效用函数为 $U(X，Y) = X^aY(a > 1)$。

该类会计信息使用者效用最大化问题可以表述为：

$$\begin{cases} \max \quad X^aY \\ s.t. \quad P_xX + P_yY = M \end{cases}$$

构造该问题的拉格朗日函数得：

$$L = X^aY - \lambda(P_xX + P_yY - M)$$

效用最大化的一阶条件为：

$$\begin{cases} \dfrac{\partial L}{\partial X} = aX^{a-1}Y - \lambda P_x = 0 \\ \dfrac{\partial L}{\partial Y} = X^a - \lambda P_x = 0 \\ \dfrac{\partial L}{\partial \lambda} = P_xX + P_yY - M = 0 \end{cases}$$

解得：

$$\begin{cases} X = \dfrac{aM}{(a+1)P_x} \\ Y = \dfrac{M}{(a+1)P_y} \end{cases}$$

由于 $P_x < P_y$，且 $a > 1$，因此有 $X > Y$。对于该类会计信息使用者而言，可靠性重于相关性。

假设会计信息使用者对相关性的偏好大于可靠性，此时的效用函数为 $U(X，Y) = XY^b(b > 1)$。

该类会计信息使用者效用最大化问题可以表述为：

$$\begin{cases} \max \quad XY^b \\ s.t. \quad P_xX + P_yY = M \end{cases}$$

构造该问题的拉格朗日函数得：

$L = XY^b - \lambda(P_xX + P_yY - M)$

效用最大化的一阶条件为：

$$\begin{cases} \dfrac{\partial L}{\partial X} = Y^b - \lambda P_x = 0 \\ \dfrac{\partial L}{\partial Y} = bXY^{b-1} - \lambda P_y = 0 \\ \dfrac{\partial L}{\partial \lambda} = P_xX + P_yY - M = 0 \end{cases}$$

解得：

$$\begin{cases} X = \dfrac{M}{(b+1)P_x} \\ Y = \dfrac{bM}{(b+1)P_y} \end{cases}$$

当 $1 < b < \dfrac{P_y}{P_x}$ 时，$X > Y$；当 $b = \dfrac{P_y}{P_x}$ 时，$X = Y$；当 $b > \dfrac{P_y}{P_x}$ 时，$Y > X$。

将以上分析结果列示如表 3–1 所示：

表 3–1　不同类型会计信息使用者对相关性与可靠性的权衡

会计信息使用者类型	效用函数	相关性与可靠性逻辑关系的结论	
对相关性和可靠性有相同程度的偏好	XY	可靠性重于相关性	
对可靠性的偏好程度大于相关性	$X^aY(a>1)$	相关性重于可靠性	
对相关性的偏好程度大于可靠性	$XY^b(b>1)$	$1<b<\frac{P_y}{P_x}$时	可靠性重于相关性
		$b=\frac{P_y}{P_x}$时	可靠性等于相关性
		$b>\frac{P_y}{P_x}$时	相关性重于可靠性

对第一类和第二类会计信息使用者而言，会计信息的可靠性重于相关性。对第三类会计信息使用者而言，若对相关性的偏好程度较小，则可靠性重于相关性；若对相关性的偏好程度较大，则相关性重于可靠性。

以上的分析结果为我们提供了相关性与可靠性逻辑关系的线索。但上面的分析假设相关性与可靠性这两个信息质量都给会计信息使用者带来正的效用。下文将放松这一假设条件展开进一步的分析。

相关性和可靠性对会计信息使用者的决策产生影响的性质不同。同一项信息对不同使用者而言，其相关性是不同的，因为不同的会计信息使用者其决策需求是不同的。例如，有些使用者关注盈利能力，有些使用者关注流动性，还有些使用者更关注股利政策。但是，无论信息使用者的决策需求是什么，会计信息是否可靠都具有相同的意义。也就是说，相关性体现出相对性，不相关的信息只是对一部分信息使用者不相关；但可靠性则体现出绝对性，不可靠的信息对所有的信息使用者都是不可靠的。

不相关的信息并不会影响使用者的决策，因此相关性体现价值中性，即不相关的信息价值为 0；而不可靠的信息将会误导使用者的决策判断，因此可靠性的价值影响是非中性的，即不可靠的信息价值为负值，而不是 0。从统计学的角度看，可靠性的取值范围是 $X \in [-1, 1]$，相关性的取值范围是 $Y \in [0, 1]$。

根据效用函数 $U(X, Y) = XY$ 判断可靠性和相关性对会计信息使用者效用的影响：

（1）当 $X > 0$，$Y > 0$ 时，$U > 0$，此时会计信息兼具可靠性和相关性，会计信息使用者实现了正效用。特别地，当 $X = 1$，$Y = 1$ 时，$U = 1$，此时会计信息使用者实现了最大效用。

（2）当 $X \in [-1, 1]$，$Y = 0$ 时，$U = 0$，此时完全不相关的信息对会计信息使用者而言无效用，体现出相关性对信息决策影响的中性性质。

（3）当 $X < 0$，$Y > 0$ 时，$U < 0$，此时会计信息给使用者带来了负效用，即不可靠的相关性不但无用而且有害。

由于可靠性和相关性对会计信息使用者的影响性质不同，因此对于努力追求可靠性的会计信息使用者与努力追求相关性的会计信息使用者而言，其决策的效用是不同的。

如图 3-5 所示，若会计信息使用者努力追求可靠性的最大化，他必定可以获得正的决策效用，因为不相关的可靠信息将会被使用者排除在其决策模型之外。

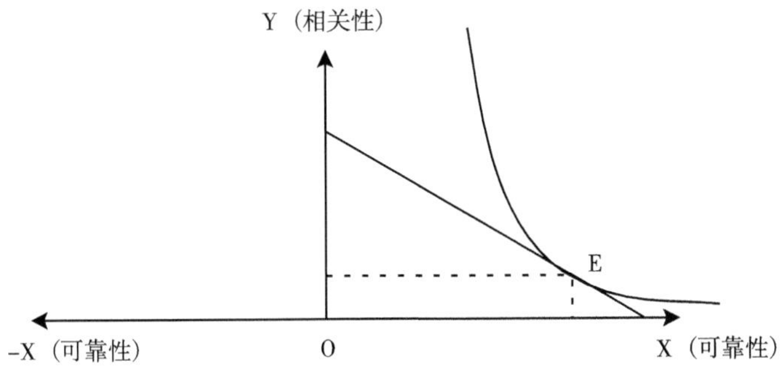

图 3-5 追求可靠性的会计信息使用者的决策结果

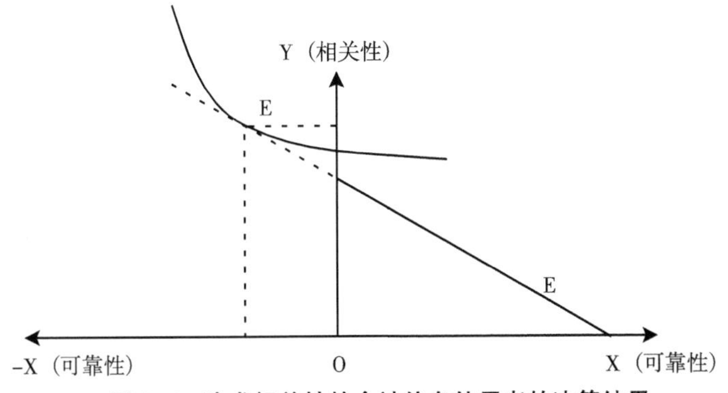

图 3-6 追求相关性的会计信息使用者的决策结果

如图 3-6 所示，若会计信息使用者努力追求相关性的最大化，他将可能得到负的决策效用，因为不可靠的相关信息会被使用者纳入其决策模型之中。

联合概念框架中相关性优先于如实反映的逻辑顺序会对会计信息质量产生怎样的影响？我国应该如何应对？当前，会计准则国际趋同正处于关键时期，在这样的背景下，对上述问题给予科学的回答就显得尤为紧迫和重要。

联合概念框架认为，与财务报告使用者的决策需求有关的经济现象应当在财务报告中予以描述，其意图是要扩大财务报告披露的范围，为财务报告使用者提供更多的决策有用信息。相关的信息究竟有多少？从理论上讲，只要能在财务报告使用者已有信息集的基础上提供增量信息的项目，都有可能与使用者的决策相关。会计信息使用者的决策需求千差万别，“只要相关就应进入财务报告”的思想必然导致财务会计的边界无限扩张。

多年来，自创商誉、人力资本等项目究竟是否应该纳入财务报告一直存在争议。按照联合概念框架所界定的基本质量特征的逻辑顺序，显然应将这些项目纳入财务报告中予以反映。但在现有的会计技术条件下要做到“如实反映”，却是非常困难的。财务会计信息区别于其他信息的最本质特征是，它能够用货币进行可靠的计量。因此，财务会计信息便有其固有的边界。一味强调相关性，坚持相关性优先于可靠性的逻辑顺序，无疑会扩大财务会计的边界，降低会计信息的可靠性。

相关的不可靠信息会给财务报告使用者带来负效用，历史上许多著名的财务欺诈案例已经生动地诠释了这一点。财务会计必须保持其边界，若将无法可靠计量的项目纳入财务报告，只会降低会计信息的可靠性，而不会提高会计信息的决策有用性。

联合概念框架界定相关性与如实反映的逻辑顺序带给人们的一个深刻思考是：财务会计能做什么和不能做什么。财务会计信息必然面临其他信息的竞争。当会计信息不再可靠时，会计便会被其他信息源所取代，会计将面临生存的危机。

会计信息质量是财务会计的灵魂。考虑到我国现阶段法律对财务造假的惩处力度不够，上市公司治理结构不够完善，会计从业人员素质参差不齐，保证会计信息治理对我国更具有重要的意义。因此，我国对联合概念框架基本质量特征所界定的逻辑顺序应保持审慎的态度，切不可贸然地“模仿”和简单地“趋同”。因此，本书认为，我国基本准则应继续坚持可靠性优先于相关性的逻辑顺序，这有助于提高会计信息的质量、保障会计信息使用者的利益以及维护资本市场的长期繁荣与稳定。

第四章　后危机时代相关性与可靠性的实证检验

一、如实反映替代可靠性问题分析

会计信息的可靠性是各国会计准则制定机构普遍认可的基本质量特征之一。但是在 FASB/IASB 联合概念框中，关于可靠性的概念却发生了重大的变化。首先，联合概念框架用“如实反映”(Faithful Representation) 取代了“可靠性”；其次，曾经在 SFAC No.2 和 IASB Framework 中被列为可靠性构成要素的可验证性、谨慎性和实质重于形式都没有被列为“如实反映”的构成要素。

用“如实反映”取代“可靠性”可以说是联合概念框架质量特征中的一个重大变化。但联合概念框架所做出的这一变化也引发了人们的思考：“如实反映”取代“可靠性”的意图是什么?“如实反映”取代“可靠性”会对会计信息质量产生怎样的影响?当前，国际会计准则趋同正处于关键时期，联合概念框架中的这一新变化必然会对我国的概念框架和会计准则产生重要影响。因此，对上述问题进行深入研究具有重大的理论与现实意义。

本章以可靠性界定的变化对计量属性选择的影响为接入点，通过公允价值(未来现金流量折现值) 与盈余管理的实证检验，对可靠性界定变化对财务报告信息质量的影响做出预测，并得出结论。在该结论的基础上对我国应对联合概念框架这一变化提出政策建议。

用“如实反映”取代“可靠性”绝对不只是一个概念的简单变化。会计信息质量特征在整个概念框架中具有连接财务报告目标与其他概念的作用。会计信息质量特征比财务报告目标更加具体地指导了财务会计的确认、计量和报告。更具体地说，会计信息质量特征回答的问题是：为什么选择 A 准则，而不是 B 准则；为什么选择 C 方法，而不是 D 方法。

FASB 和 IASB 启动联合概念框架项目的目的是为会计准则的制定提供一个“连贯、协调和内在一致”的理论基础。因此，联合概念框架在构造方法上肯定要努力追求逻辑上的一贯性，即财务报告目标、会计信息质量特征、报表要素、确认和计量、列报与披露应遵循一贯的演绎法。这样，会计信息质量特征将真正实现对要素、计量和列报等概念的指导作用。

联合概念框架中所界定的“如实反映”，包括完整性、中立性和无差错。其中，完整性和中立性与 FASB 及 IASB 中的界定几乎相同。“无差错”是指对经济现象的描述不存在错误或遗漏，以及用来形成财务报告信息的程序选择和应用是无差错的。因此，无差错并不是说所有方面都是高度准确的。例如，对于一个估计值，如果解释了估计程序的性质和局限性，并且在选择和运用恰当的估计程序时没有差错，则该项估计也是如实反映的。

“如实反映”移除了可靠性中的“可验证性”、“谨慎性”和“实质重于形式”，从可靠性和如实反映对计量属性的要求看，前者相对严格，而后者相对宽松。

按照可靠性的要求，计量属性应采用历史成本或具有活跃交易市场的公允价值。它们不仅是如实反映的，同时也是可验证的。历史成本具有可供稽核的原始凭证，具有活跃交易市场的公允价值，具有可观察到的市场交易价格。

按照如实反映的要求，计量属性既可以采用历史成本、有活跃交易市场的公允价值，同时也可以采用没有活跃交易市场的公允价值，如未来现金流量的折现值。

移除“可验证性”、“谨慎性”和“实质重于形式”为企业管理层采用过于乐观甚至是误导性的计量方法提供了理论上的依据。由于企业管理人员在会计计量上存在个人利益，他们更倾向于使用未来现金流量的折现值等主观计量，通过盈余管理等手段实现自身利益的最大化。本部分通过经济学中的博弈论模型分析企业管理层利用公允价值计量进行盈余管理的动机。

经济学中的博弈论是以冯·诺依曼和奥斯卡·摩根斯坦 1944 年出版的《博弈论和经济行为》为标志而确立的，再经过纳什、海萨尼和泽尔腾，谢林和奥曼等的杰出工作而迅猛发展起来。博弈论假定，经济活动的参与者是理性的，在给定的约束条件下，总是要实现自身效用的最大化。参与者在做出自己的策略选择时，不仅要考虑其自身面临的约束条件，还要充分考虑对手可能做出的策略选择，以做出合理的选择。由于不同参与者具有不同的目标函数，因此他们的利益往往存在冲突。从博弈的角度看，企业与审计机关存在着博弈关系，企业有动机提供虚假的财务报告信息，而审计机关则有责任和义务审计企业的财务报告信息，双方在做出策略选择时，必须考虑对手的选择。本章将建立企业与审计机关的博弈分析框架，并在此基础上分析“如实反映”取代“可靠性”对会计信息质量的影响。

（1）博弈的参与者包括企业和审计机关，而且两者之间存在着信息不对称，即双方在做出自己的策略选择时，并不知道对方的选择。

（2）企业有动机进行财务报表舞弊，其战略空间为：舞弊和不舞弊。

（3）审计机关有责任对企业的财务报告进行审计，其战略空间为：审计和不审计。

（4）企业进行报表舞弊的收益为 $r(r>0)$，企业不进行报表舞弊的收益为 $-r$。

如果企业的财务报表存在舞弊行为，经审计机关审计发现后将会被处以罚款 $f(f>0)$。

（5）审计机关的审计成本是 c。

（6）企业进行财务舞弊的概率是 p，不进行财务舞弊的概率是 $1-p$。

（7）审计机关发现企业财务舞弊行为的概率是 θ，未发现企业财务舞弊行为的概率是 $1-\theta$。

企业与审计机关博弈的矩阵如图 4-1 所示。

		审计机关		
		审计		不审计
		发现舞弊	未发现舞弊	
企业	舞弊	(-f，f-c)	(r，-c)	(r，0)
	不舞弊	(-r，-c)	(-r，-c)	(-r，c)

图 4-1　企业与审计机关博弈矩阵

企业的期望效用函数：

$$\pi_1 = p\{q[\theta(-f) + (1-\theta)r] + (1-q)r\} + (1-p)\{q[\theta(-r) + (1-\theta)(-r)] + (1-q)(-r)\}$$

审计机关的期望效用函数：

$$\pi_2 = q\{\theta[p(f-c)] + (1-p)(-c) + (1-\theta)[p(-c) + (1-p)(-c)]\} + (1-q)[p0 + (1-p)c]$$

企业和审计机关期望收益最大化的一阶条件为：

$$\frac{\partial \pi_1}{\partial p} = 0,\quad \frac{\partial \pi_2}{\partial q} = 0$$

解得：

$$p = \frac{2(1-\theta)c}{c+\theta f},\quad q = \frac{2r}{\theta(f+r)}$$

p 对 θ 求导，得：

$$\frac{\partial p}{\partial \theta} = \frac{-2c(c+\theta f) - 2(1-\theta)cf}{(c+\theta f)^2} < 0$$

p 是 θ 的减函数。即审计机关发现企业进行财务舞弊的概率越小，企业采取财务舞弊的可能性就越大。

p 对 c 求导，得：

$$\frac{\partial p}{\partial c} = \frac{2\theta f(1-\theta)}{(c+\theta f)^2} > 0$$

p 是 c 的增函数，即审计成本越高，企业舞弊的可能性越大。

按照联合概念框架对“如实反映”的界定，企业采用未来现金流量的折现值进行计量仍然是如实反映的。这种包含了主观估计的计量结果是难以验证的。这样，审计机关的工作难度增大，发现企业进行财务舞弊的难度大大增加。意识到这一点，企业管理当局便会有强烈的动机去采用更多的主观计量，以实现自身利益的最大化。同时，无法验证的信息可能给审计带来困难，从而导致审计成本的提高，这也将提高企业进行财务报表舞弊的可能性。

以自身效用最大化为目标的企业管理层有强烈的动机去操纵盈余，可以预计，联合概念框架中关于可靠性界定的重大变化将会为管理层的盈余管理行为创造有利的条件。本书将通过对我国新企业会计准则实施后公允价值运用与盈余管理的实证分析，预测可靠性界定的变化对财务报告信息质量的影响。

二、可靠性问题实证检验

会计信息质量特征在整个概念框架中占有重要的地位，它是连接财务报告目标与其他概念之间的桥梁和纽带。因此，质量特征对计量属性的选择和运用有具体的指导作用。

联合概念框架中以如实反映取代了可靠性，并且在如实反映的定义中，移除了“可验证性”、“谨慎性”和“实质重于形式”，会计中可靠性的概念边界被扩大了。

我国于 2006 年实施了新会计准则，与旧会计准则相比，新会计准则在许多方面都发生了变化，如不再将历史成本作为会计核算基本原则，而是有条件地引入公允价值计量基础。但由于我国市场并不成熟，加之公允价值固有的特点，公允价值的运用为企业管理层进行盈余管理提供了可乘之机。

我国于 2006 年颁布的《企业会计准则第 8 号——资产减值》中规定：资产减值可以分为流动资产减值和长期资产减值。其中，流动资产减值包括坏账准备、存货跌价准备、短期投资减值准备；长期资产减值包括固定资产减值准备、无形资产减值准备、在建工程减值准备、长期投资减值准备等。长期资产减值损失一经确认，以后期间不得转回，而流动资产减值损失经确认仍可以转回。

资产减值的确认需要会计人员的职业判断。在实际经济环境中，资产发生减值的情况千差万别，资产减值准则不可能穷尽所有的资产减值迹象。所以，资产减值的确认必须由会计人员综合各方面的情况来综合加以判断，这样资产减值的确认不可避免地要包括会计人员的主观估计和判断。一方面，企业的经营、市场、技术、法律等环境变化难以进行量化的考察；另一方面，资产减值计提的公允性也难以衡量。“可变现净值”、“可收回金额”的计量在很大程度上要依赖于会计人员的主观判断。

由于资产减值的特点，资产减值可能成为企业管理层操纵利润的一种手段。经理人员会出于自身利益的考虑，选择有利时机进行资产减值或减值的转回。根据岳秦（2011）的统计，2007 年新准则实施后，资产减值对利润率的影响普遍超过 20%，个别公司甚至超过了 50%。

根据以上推论，本书提出假设：

H1：资产减值变动与盈余管理正相关。

公允价值变动损益主要来源于交易性金融资产和投资性房地产。新会计准则对投资性房地产公允价值的确定较为严格，要求上市公司必须从活跃交易市场上获得相同或相似房地产的市场价格，从而对投资性房地产的公允价值做出合理的估计，不允许公司采用估值技术确定投资性房地产的公允价值。同一企业也只能用一种模式对所有投资性房地产进行后续计量，不得同时采用两种模式；而已经采用公允价值计量模式计量的投资性房地产，不得通过会计政策变更转变为成本模式。因此，上市公司更多是利用交易性金融资产操纵盈余。具体来说，上市公司往往将低价买入的股票分类为交易性金融资产，期望交易性金融资产未来升值以体现利润；反之，上市公司往往将高价买入的股票分类为可供出售金融资产，并以此来隐藏可能发生的亏损。

根据以上推论，本书提出假设：

H2：公允价值变动净损益与盈余管理正相关。

2007 年新会计准则实施以后，根据《金融工具确认与计量准则》，上市公司可以选择将证券投资划分为交易性金融资产或可供出售金融资产，其中前者的公允价值变动直接计入当期损益，而后者的公允价值变动则计入其他收益。因此，上市公司有动机将大部分金融资产划分为可供出售金融资产，通过出售时机的选择（利得交易）实现对净利润的调节。

根据以上推论，本书提出假设：

H3：投资收益与盈余管理正相关。

本书的样本为沪深两市的全部综合类上市公司。在排除了 2010 年部分数据缺失的公司后，共得到 64 个样本。

目前最为常用的盈余管理计量方法是应计利润分离法，即利用回归模型将应计利润分离为非操纵性应计利润和操纵性应计利润，并用操纵性应计利润来衡量盈余管理的程度。

在分离应计利润的众多模型中，修正的 Jones 模型效果较好，应用广泛。本书亦采用修正的 Jones 模型来估计操纵性应计利润。

1. 估计模型参数

$$\frac{TA_{i,t}}{A_{i,t-1}} = a_1\frac{1}{A_{i,t-1}} + a_2\frac{\Delta REV_{i,t} - \Delta REC_{i,t}}{A_{i,t-1}} + a_3\frac{PPE_{i,t}}{A_{i,t-1}} + \varepsilon_{i,t}$$

式中：$TA_{i,t}$ 是公司 i 在第 t 年的总应计利润；$\Delta REV_{i,t}$ 是公司 i 在第 t 年的主营业务收入的增加额；$\Delta REC_{i,t}$ 是公司 i 在第 t 年的应收账款的增加额；$PPE_{i,t}$ 是公司 i 在第 t 年的固定资产；$A_{i,t-1}$ 是公司 i 在第 t－1 年的总资产；a_1，a_2，a_3 是行业特征参数；$TA_{i,t}$ 等于净利润减去经营活动现金流量。

通过最小二乘法，进行回归可以得出 a_1，a_2，a_3 的估计值。

2. 计算非操纵性应计利润

$$\frac{NDA_{i,t}}{A_{i,t-1}} = \bar{a}_1\frac{1}{A_{i,t-1}} + \bar{a}_2\frac{\Delta REV_{i,t} - \Delta REC_{i,t}}{A_{i,t-1}} + \bar{a}_3\frac{PPE_{i,t}}{A_{i,t-1}}$$

根据上一步估计出的 a_1，a_2，a_3 的估计值，通过上式即可计算出非操纵性应计利润 $\frac{NDA_{i,t}}{A_{i,t-1}}$。

3. 计算操纵性应计利润

由于 $\frac{TA_{i,t}}{A_{i,t-1}} = \bar{a}_1\frac{1}{A_{i,t-1}} + \bar{a}_2\frac{\Delta REV_{i,t} - \Delta REC_{i,t}}{A_{i,t-1}} + \bar{a}_3\frac{PPE_{i,t}}{A_{i,t-1}} + \varepsilon_{i,t}$，因此，操纵性应计利润为 $\frac{DA_{i,t}}{A_{i,t-1}} = \frac{TA_{i,t}}{A_{i,t-1}} - \frac{NDA_{i,t}}{A_{i,t-1}}$。

本书在前面的分析中说明，企业管理层有动机利用公允价值计量的主观性来达到操纵盈余的目的。因此，本书建立的回归模型中，以操纵性应计利润为被解释变量，以资产减值变动、公允价值变动净损益和投资收益为解释变量，同时各变量均除以期初总资产以克服异方差。

模型及变量定义如下：

$$DA = a_0 + a_1WD + a_2FAIR + a_3INVEST + \varepsilon$$

表 4-1 变量定义

变量符号	变量名称	变量定义	变量类型
DA	操纵性应计利润	（总应计利润-非操纵性应计利润）÷期初总资产	被解释变量
WD	资产减值变动	（期末减值准备-期初减值准备）÷期初总资产	解释变量
FAIR	公允价值变动净损益	公允价值变动净损益÷期初总资产	
INVEST	投资收益	投资收益÷期初总资产	

表 4-2 描述性统计

	N	极小值	极大值	均值	标准差
操纵性应计利润	64	-2036405982	4031686943	-37651315.13	6.777E8
资产减值变动	64	-153984662	81026665	5632192.28	2.697E7
公允价值变动净损益	64	-21891856	25867117	-935834.41	8384993.878
投资收益	64	-10963629	751201034	86763525.13	1.565E8

注：单位变量为元。

表 4-2 列示了各变量的描述性统计。从该表可以看出，各个变量的标准差均较大，因此本书的变量均除以期初总资产，以消除企业规模的影响。

表 4-3 多重共线性分析

模型	共线性统计量	
	TOL	VIF
（期末减值准备-期初减值准备）÷期初总资产	0.995	1.005
公允价值变动净损益÷期初总资产	0.341	2.929
投资收益÷期初总资产	0.342	2.924

一般说来，当解释变量的容忍度（TOL）小于 0.10 或者方差膨胀因子（VIF）大于 10 时，说明变量之间存在严重的多重共线性现象，会影响到回归模型的正确估计。

从表 4-3 来看，各个解释变量的容忍度（TOL）明显大于 0.10，同时方差膨胀因子（VIF）值明显小于 10，根据这一经验法则可以判断各个解释变量之间不存在严重的共线性问题。

表 4-4　拟合优度

模型	R	R^2	调整 R^2	标准估计的误差
1	0.963a	0.928	0.924	0.991

注：a 表示预测变量。

从表 4-4 可以看出，调整后的 $R^2 = 0.924$，说明模型的拟合程度很好。

表 4-5　方差分析

模型	平方和	df	均方差	F	Sig.
回归	747.809	3	249.270	(253.675)***	0.000a
残差	57.975	59	0.983		
总计	805.785	62			

注：*** 表示在 0.01 的水平上显著。

可以看出，整个回归模型总体显著。

表 4-6　回归结果

	预测符号	非标准化系数		标准化系数	t	Sig.
		B	标准误差	B		
常数		-0.222	0.134		-1.655	0.103
WD	+	-2.288	0.087	-0.922	(-26.331) ***	0.000
FAIR	+	-52.770	6.078	-0.519	(-8.682) ***	0.000
INVEST	+	-1.911	0.440	-0.259	(-4.341) ***	0.000

注：*** 表示在 0.01 的水平上显著。

从表 4-6 中可以看出，WD 的系数显著为正，说明上市公司利用了资产减值进行盈余管理；FAIR 的系数显著为正，说明上市公司利用了公允价值变动进行盈余管理；INVEST 的系数显著为正，说明上市公司利用了投资收益（利得交易）进行盈余管理。

实证研究发现，上市公司明显存在以资产减值计提和转回、金融工具分类以及利得交易为手段进行盈余管理的行为。这充分说明了“未来现金流量现值”和“可实现净值”等主观计量为企业管理层操纵盈余打开了方便之门。

公允价值的本意是要为会计信息使用者提供更为相关的信息。但由于“未来现金流量现值”和“可实现净值”等计量必须依赖会计人员的主观估计和判断，因此资产减值（包括减值的转回）计量的可靠性受到很大的削弱，甚至可能沦为企业管理者操纵财务报表的工具。

我国的市场经济尚不成熟，无法观察到活跃市场交易价格的情况是普遍存在的。鉴于此，我国在2006年的新企业会计准则中，对引入公允价值的态度是“适度而谨慎”。可以看出，我国在制定会计准则时，充分考虑到了公允价值可能带来的可靠性问题。但即使我国在非常有限的范围内运用公允价值，上市公司仍然存在利用三级估计的主观性操纵财务报表的现象。

可以预测，如果我国以“如实反映”取代“可靠性”，并移除“可验证性”、“谨慎性”和“实质重于形式”，将会使可靠性的概念扩大化、模糊化，从而为“未来现金流量现值”等主观计量属性的运用提供理论上的依据，进而导致会计信息质量的下降，财务报表信息失真。

联合概念框架用“如实反映”取代“可靠性”会对会计信息质量产生怎样的影响？我国应当如何应对？当前，会计准则国际趋同正处于关键时期，在这样的背景下，对上述问题给予科学的回答就显得尤为紧迫和重要。

联合概念框架中所界定的“如实反映”包括完整性、中立性和无差错。其中“无差错”并不是说所有方面都是高度准确的。例如，对于一个估计值，如果解释了估计程序的性质和局限性，并且在选择和运用恰当的估计程序时没有差错，则该项估计也是如实反映的。可见，联合概念框架采用“如实反映”意在实现“完美”的可靠性，以最大限度地满足会计信息使用者对可靠性的要求。

会计信息可靠性的问题并非都可以由修订概念、改进准则解决，不切实际地追求“完美”的可靠性会鼓励更多的未来现金流量现值等主观计量，这将导致会计信息质量下降，投资者风险增大。

我国上市公司的会计造假行为很普遍，而且我国的现行法律对上市公司会计造假行为的惩处力度也不够，对于由上市公司提供虚假会计信息而导致投资者利益受损的行为尚未建立起一套完整的赔偿机制。鉴于此，我国对联合概念框架用“如实反映”取代“可靠性”，并移除可验证性、谨慎性和实质重于形式等构成要素的做法应保持审慎的态度，切不可贸然地“模仿”和简单地“趋同”。因此，本书认为，我国应继续坚持可靠性质量要求，并将可验证性、谨慎性和实质重于形式等要素包括在可靠性当中。

第五章　后危机时代可靠性质量特征之认识理性

2010年IASB修订IASC时期制定的概念框架，将可靠性质量特征修改为“如实表述”，同时取消审慎性和实质重于形式两个可靠性质量特征的指导性内涵，意图增加财务报告的透明度与相关性。在我国会计准则与国际趋同日益成为现实的大背景下，有必要明确可靠性在财务会计信息质量中的地位以及其去留问题，从经济学视角的分析看，可靠性与相关性关系变迁具有逻辑上的理性轨迹，从强调相关性到突出可靠性应为一个理性回归，建立可靠性质量特征的认识理性的现实意义在于，对IASB修订概念框架意图与后果做出理论研究层面的讨论。

在FASB和IASC的概念框架里，可靠性为财务会计信息基本质量特征之一，但在近期IASB修订的概念框架里，这种安排却发生了改变。金融危机爆发后，IASB对IASC时期制定的概念框架进行修订，于2008年初发布质量特征项目征求意见稿，并于2010年第一季度形成最终稿，最终稿保留相关性质量特征，取消可靠性质量特征代之以“如实表述”（Faithful Representation）。IASB的概念框架修订在某种程度上可视为一种颠覆性变革，对财务会计理论与实务会产生不可忽略的影响，从研究角度而言，IASB的概念框架变革至少应该引发两个方面的思考，一是可靠性在财务会计信息质量中处于何种地位，二是取消可靠性质量特征代之以“如实表述”，其意图是什么，会产生什么后果。本书基于这个研究框架，选取四个代表性意见创建理论逻辑，运用边际替代经济学方法，从可靠性与相关性关系角度分析可靠性质量特征的均衡地位变迁，继而运用偏好选择经济学对均衡变迁所内含的价值变迁进行检验，阐述可靠性在财务会计信息质量中的地位与价值，从而建立可靠性质量特征的认识理性，最终对IASB概念框架修订意图与后果提出讨论意见。

一、可靠性质量特征的均衡地位变迁

（一）代表性意见选取

对可靠性质量特征的均衡地位变迁的分析，需要建立在可靠性与相关性关系变迁基础上。在财务会计信息质量标准中，始终存在可靠性与相关性的矛盾冲突，这种矛盾冲突表达了经济学意义上的两难选择，即选择可靠性还是选择相关性及如何对两者进行平衡。基于矛盾冲突处理的不同意见，可以搜寻可靠性质量特征的理论分析线索。综观中外，对相关性与可靠性关系表述的代表性意见主要见于研究观点、概念框架观点、基本准则观点，本书选取美国与我国的四个代表性意见作为研究起点。

1. 研究观点

利特尔顿认为收益比资产、资本更接近会计的重心，会计收益决定是核心，在什么是真实收益问题上，利特尔顿成为历史成本的忠实捍卫者，他猛烈抨击重置成本等一切偏离历史成本的计量，并认为其他计量会增加财务报表的主观性，利特尔顿的历史成本原则可以被认为是一种可靠性至上的主张；SEC委员沃尔曼于1996年发表“关于未来的会计信息披露”一文，提出彩色报告模式，将财务报告分为五个不同层次：①相关性、可靠性、可定义性、可计量性均符合要求；②相关性、可定义性、可计量性符合要求，但可靠性存在疑问；③相关性、可计量性符合要求，但可定义性、可靠性存在疑问；④相关性、可靠性、可计量性符合要求，但可定义性存在疑问；⑤仅相关性符合标准，可靠性、可定义性、可计量性都不符合。沃尔曼彩色报告在五个层次上都含有相关性，可靠性可以缺省，可以说是表达了一种相关性至上的观点。

2. 概念框架观点

美国 FASB 较早制定财务会计概念框架（CF），1978~2000 年共发布 7 个公告，其中 1980 年发布 SFAC No.2：《会计信息的质量特征》，把相关性与可靠性列为基本质量并在顺序上将相关性置于可靠性之前，这一做法也被其他 CF 效法，加拿大 CICA（1988）和 IASC（1989）、英国 ASB（1999）发布的 CF 对相关性与可靠性的定位与 FASB 基本类似，强调相关性但又不将可靠性视为缺省条件，没有走向沃尔曼彩色报告的极端。

3. 基本准则观点

我国 2006 年《基本准则》也将相关性与可靠性作为会计信息基本质量，但与 FASB 等概念框架不同的是，在顺序上可靠性优先于相关性，强调可靠性但又不忽视相关性，而没有如利特尔顿绝对性地固守历史成本的可靠性。

（二）时间逻辑与理论逻辑

代表性意见具有两种逻辑：自然逻辑与目的逻辑。自然逻辑即时间逻辑，按时间逻辑追溯，代表性意见依次排列为利特尔顿、FASB、沃尔曼、2006 年《基本准则》，但时间逻辑没有反映相关性与可靠性关系的内在变迁轨迹，因而从研究意图角度，本书采用目的逻辑即理论逻辑，按理论逻辑将代表性意见分为强调相关性、突出可靠性两类，沃尔曼彩色报告和 FASB 概念框架强调相关性，利特尔顿历史成本原则和 2006 年《基本准则》突出可靠性；每类意见又可分类为绝对性观点和相对性观点，沃尔曼彩色报告与 FASB 概念框架分别强调相关性的绝对性与相对性，利特尔顿历史成本原则和 2006 年《基本准则》分别强调可靠性的绝对性与相对性，理论逻辑分类反映了一个大致的变化轨迹——从相关性到可靠性、从绝对性到相对性的回归，因而也提供了理论分析的逻辑线索。

（三）理论逻辑展开

将理论逻辑展开，可以搜寻相关性与可靠性的边际替代均衡线索，从沃尔曼彩色报告到 FASB 概念框架、从利特尔顿历史成本原则到 2006 年《基本准则》，相关性与可靠性经历了相关性对可靠性的无限替代到有限替代、可靠性对相关性的无限替代到有限替代的均衡变迁路径。

1. 相关性对可靠性的无限替代

沃尔曼彩色报告中，相关性在每个层次上都是必备质量，可靠性可以缺省，相关性可以绝对性地无限替代可靠性。

2. 相关性对可靠性的有限替代

FASB 概念框架中，相关性位列可靠性之前，强调相关性但不缺省可靠性，相关性不能完全替代可靠性，只能在有限范围内相对性地替代可靠性。这两类替代均衡的经济学诠释如图 5-1 所示。

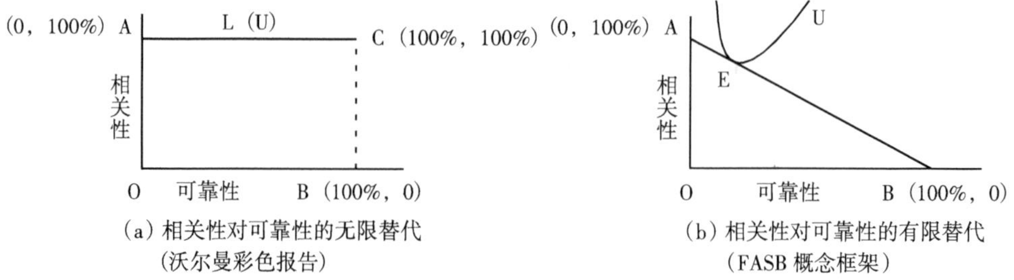

（a）相关性对可靠性的无限替代（沃尔曼彩色报告）

（b）相关性对可靠性的有限替代（FASB 概念框架）

图 5-1 替代均衡的经济学诠释（一）

在图 5-1(a) 中，相关性至上，相关性可以完全替代可靠性，约束曲线 L 也即相关性与可靠性组合曲线，L 上每一点代表两者的不同组合，约束曲线平行于横轴，意味着相关性是既定的 100%，可靠性从 0~100%变化，A 点相关性为 100%即完全相关，A 点可靠性缺省为 0，B 点可靠性为 100%即完全可靠，该代表性意见对会计信息使用者偏好建立相关性至上假定，因此，会计信息使用者无差异曲线 U 与约束曲线 L 重合，AC 间任一点都可能成为会计信息质量均衡点，有角点（边角）解 A 点——可靠性为 0，C 点为理想均衡点，C 点处相关性与可靠性均符合要求，两者皆为 100%——完全相关又完全可靠。

在图 5-1(b) 中，AB 为相关性与可靠性约束曲线，AB 上每一点代表两者的不同组合，因为强调相关性，因此 OA 小于 OB，AB 曲线斜率的绝对值小于 1，由此决定了该意见对会计信息使用者无差异曲线 U 的假定是凸向横轴的形状，会计信息质量均衡在约束曲线 AB 与无差异曲线 U 较高的切点 E 处。该意见假定在

E 点增加相关性带来的边际价值正好等于损害可靠性减少的边际价值，均衡点 E 处相关性明显大于可靠性，约束线 BE 部分表示相关性对可靠性具有边际替代性，即在 BE 部分增加相关性带来的边际价值大于损害可靠性减少的边际价值，而在 EA 部分相关性对可靠性不具有边际替代性。也就是说，相关性由 B 点到 A 点对可靠性替代过程中，如果超过 E 点，则增加相关性带来的边际价值要小于损害可靠性减少的边际价值，均衡点 E 为内点解。

3. 可靠性对相关性的无限替代

以交易为基础的历史成本具有可验证性，利特尔顿固守历史成本原则，而对其他能够增加相关性的计量属性完全排斥，可靠性可以完全替代相关性。

4. 可靠性对相关性的有限替代

2006 年《基本准则》中，历史成本同其他计量属性并存，可靠性优先，可靠性没有完全替代相关性，可靠性在有限范围内相对性地替代相关性。这两类替代均衡的经济学诠释如图 5-2 所示。

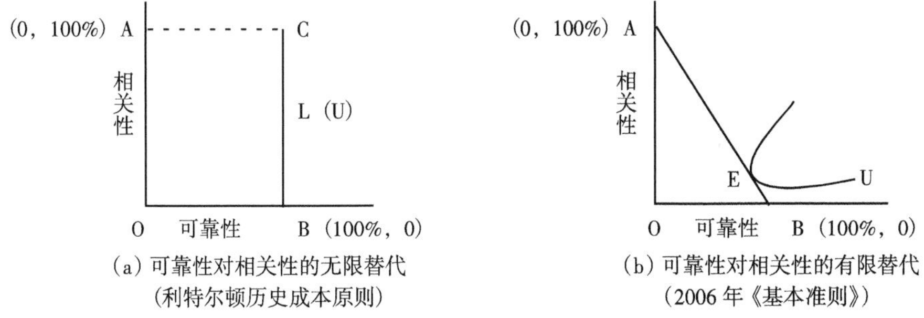

（a）可靠性对相关性的无限替代（利特尔顿历史成本原则）

（b）可靠性对相关性的有限替代（2006 年《基本准则》）

图 5-2　替代均衡的经济学诠释（二）

图 5-2(a) 中，可靠性至上，可靠性可以完全替代相关性，约束曲线 L 也即可靠性与相关性组合曲线，L 上每一点代表两者的不同组合，约束曲线 L 平行于纵轴，意味着可靠性是既定的 100%，相关性从 0 到 100%变化，A 点相关性为 100%即完全相关，B 点可靠性为 100%即完全可靠，B 点相关性缺省为 0。该意见对会计信息使用者偏好建立可靠性至上假定，因此，会计信息使用者无差异曲线 U 与约束曲线 L 重合，BC 间任一点都可能成为会计信息质量均衡点，有角点（边角）解 B 点——相关性为 0，C 点为理想均衡点，C 点处可靠性与相关性均符

合要求，两者皆为 100%——完全可靠又完全相关。

在图 5-2（b）中，BA 为可靠性与相关性约束曲线，BA 上每一点代表两者的不同组合，因为强调可靠性，因此 OB 小于 OA，BA 曲线斜率的绝对值大于 1，由此也决定了该意见对会计信息使用者无差异曲线 U 的假定是凸向纵轴的形状，会计信息质量均衡在约束曲线 BA 与无差异曲线 U 较低的切点 E 处。该意见假定在 E 点增加可靠性带来的边际价值正好等于降低相关性减少的边际价值，均衡点 E 处可靠性明显大于相关性，约束线 AE 部分表示可靠性对相关性具有边际替代性，即在 AE 部分增加可靠性带来的边际价值大于降低相关性减少的边际价值，而在 EB 部分可靠性对相关性不具有边际替代性。也就是说，可靠性由 A 点到 B 点对相关性替代过程中，如果超过 E 点，则增加可靠性带来的边际价值要小于降低相关性减少的边际价值，均衡点 E 为内点解。

（四）价值变迁假设

上述边际替代经济学分析表明，不同均衡表征不同价值评价，四个代表性意见内含四个不同的替代均衡假设，并在均衡中对相关性与可靠性做出不同价值评价，每类均衡本质上表现为基于价值评价的一种选择，相关性对可靠性的无限替代到有限替代、可靠性对相关性的无限替代到有限替代的均衡变迁路径，同时也是一个从强调相关性价值到强调可靠性价值的变迁轨迹，相关性与可靠性均衡演变为相关性与可靠性的价值命题，均衡变迁也即价值变迁，从而可以建立一个价值变迁假设——从相关性到可靠性的价值回归，本书通过偏好选择经济学来检验相关性与可靠性的逻辑顺位，明确可靠性在财务会计信息质量中的地位与价值，建立可靠性质量特征的认识理性。

二、可靠性质量特征之认识理性

（一）检验一：充分条件与必要条件

用相关性和可靠性两个质量标准，把信息组合分类为：A（相关且可靠）、B（相关但不可靠）、C（不相关但可靠）、D（不相关且不可靠）四类。

依据经济学偏好假定，信息首先应该有用，比如一块石头和一个苹果，无论是好苹果还是坏苹果，人们在饥饿时总会先想到苹果，即使石头再干净再美丽，更有用的信息会被优先选择。同时，按着经济学凸性偏好假定的意义之一，多样化效用大于单一效用，所以既相关又可靠的信息为最优偏好选择，根据偏好关系的传递性假定，四类信息的排列顺序为 A>B>C>D，A 是最优选择，B 为次优选择。

上述经济学偏好假定对于信息的选择，同时也是一个信息筛选与过滤的工艺程序——以相关性作为第一道程序、可靠性作为第二道程序。从最终结果可以看出，依据经济学偏好假定，只要信息有用，就应该首先被纳入选择，这是一个充分条件的逻辑，虽然饥饿时苹果比石头效用大，但吃了烂苹果比不吃还要糟糕，经过可靠性标准的过滤，只有可靠的有用信息才会被最终选择，这是一个必要条件的逻辑。

检验一的分析表明，在财务会计信息质量标准上，相关性是一个充分条件，而可靠性是一个必要条件，可靠性是财务会计信息质量的基础。国内学者也曾指出，可靠性是财务会计信息的灵魂，回避相关性与可靠性矛盾取舍成为 FASB 的一大遗憾。

（二）检验一引发的思考——可靠性对相关性的限制性

检验一引发的延伸思考是，有必要认识财务会计信息相关性的前提条件。本书认为，财务会计信息相关性既非无边界也非无前提，财务会计信息相关性受可靠性限制。从组织（企业）职能分工角度看，财务会计职能之所以区别于人力资源、生产加工、市场营销、采购、技术、研发等职能，是因为财务会计职能最显著、最本质特征在于主要提供货币性计量信息即提供财务会计信息。从财务会计原理角度来说，交易事项能否成为财务信息的前提应该是能否在定义后以货币进行可靠计量，凡是能够以货币可靠计量的组织信息一般都可以成为财务会计信息，可靠性货币计量应该是财务会计信息最起码、最基本的前提条件。财务会计首先不是考量信息是否对组织内外有用或者有用性大小，而是考量是否可以可靠计量并使之成为财务会计信息。那么财务会计信息都有用吗？回答是肯定的。1979 年 12 月，洛伦兹在华盛顿的美国科学促进会的一次讲演中提出：一只蝴蝶在巴西扇动翅膀，有可能会在美国的得克萨斯州引起一场龙卷风。虽然蝴蝶效应是用来表达自然科学深刻的混沌理论的，但其也形象地说明了看似无关的事物之间却可能发生相互作用的联系，世界上所有的信息都有价值，区别在于对谁有价值，哪个更有价值，“不相关的信息固然无用，但并非对所有人都无用”，发生的交易事项能够成为财务会计信息必然是有用的信息。

（三）检验二：效率与效能

把信息筛选的第一道程序置换为可靠性标准，则 A 为最优选择，C 次之。看来，相关性和可靠性哪个作为第一道信息筛选程序，决定着 B 信息和 C 信息的命运；反过来可以说，B 和 C 哪个价值更大，同时也决定相关性与可靠性哪个更为基础，因为相关性和可靠性作为第一道程序的差别就在于选 B 还是 C。

那么 B 和 C 哪个更有价值呢？从信息使用对象看，信息有用性是相对的，不同使用者对同一信息的反应不同，不同信息对同一使用者价值不同，为便于分析，把 C（不相关但可靠）换成 C（弱相关但可靠），同时把 B（相关但不可靠）换成 B（相关但弱可靠），这样就转换为弱相关、可靠与相关、弱可靠的信息价值比较。接下来的问题是，C 的相关性弱到什么程度，其可靠性强到什么程度，B 的相关性强到什么程度，其可靠性弱到什么程度，如何判断？如果说信息的价值可以简单归结为信息使用者带来的决策收益或损失，这里包括有形的与无形的、现实的与潜在的、短期的与长远的、私人的与社会的、直接的与间接的、显性的与隐性的等，又如何计量？

首先需要明确的问题是，相关性与可靠性对财务会计信息使用者决策影响的性质不同，在信息决策影响性质上，相关性体现中性影响，可靠性则体现非中性影响。信息经济学者斯蒂格利茨认为，无成本的信息是无害的，意思是不传递有用信息的信息结构虽然不产生信息生产力，但也不会带来害处，相关性即具有这一特点。相关性体现价值中性，相关性主要表现为财务会计信息披露的范围、技术、方法、方式，不相关的信息价值为 0，而可靠性的价值影响是非中性的，因为错误信息将导致错误判断，不可靠的信息价值是负值，而不是 0，这意味着会计信息一旦不可靠将是致命的。

其次需要明确的问题是，相关性属于财务会计信息的柔性质量标准，可靠性则属于刚性质量标准。从统计学角度而言，相关性系数介于 0 和 1 之间，即任何信息都可以用完全相关、不完全相关、完全不相关这样的线性来进行描述，也就是说相关性从 0 到 1 是连续的，但可靠性意味着信息的真实性、客观性，可靠性系数的描述应该是非线性的，可靠性系数或者为正值或者为负值，即或者可靠或者不可靠。也就是说，可靠性从不可靠到可靠之间是不连续的，相关性大小即是否相关因信息使用者不同而不同，但可靠或者不可靠对所有信息使用者来说是相同的，可靠性不因信息使用者不同而不同。

作为财务会计信息整体来说，相关性与可靠性对于外部信息使用者的综合性决策影响可以采用 $E_{IV}=R_1\times R_2$ 这个简单模型说明，E_{IV} 为信息决策影响总效应，R_1 为相关性的决策影响效应，R_1 介于 0 和 1 之间，$R_1\in[0，1]$，R_2 为可靠性的决策影响效应，R_2 要么可靠为正值，要么不可靠为负值，因此 R_2 为-1 或 1。

验证模型解释力：首先，当 $R_1=0$ 时，$E_{IV}=0$，即完全不相关的信息决策影响总效应为 0，体现了相关性对信息决策影响的中性性质；其次，当 $R_1=1$ 且 $R_2=1$ 时，$E_{IV}=1$，即完全相关又可靠的信息决策影响总效应为 1；最后，除非信息为完全不相关，否则不可靠的信息带来的 E_{IV} 为负值，即当 $R_2=-1$ 时，只要 $R_1\neq 0$，那么 E_{IV} 为负值，体现了可靠性对信息决策影响的非中性，R_1 越大，E_{IV} 的负效应越大，$R_1=1$ 时，E_{IV} 为-1，体现了可靠性对信息决策影响的致命性，意味着不可靠的“相关性”实质上不但无用而且有害。

检验二的分析表明，可靠性不仅是一个财务会计信息质量的必要条件，从更深刻的角度来说，可靠性是一个效能（Effectiveness）问题，相关性是一个效率（Efficiency）问题，管理学大师德鲁克认为，效能是做正确的事情（to Get the Right Things Done）的能力，效率是正确地做事（to Do Things Right）的能力，具有效能的效率才是有效果的，产量高必须保证有市场销售，车速快必须保证方向正确，否则就是南辕北辙——只讲效率不讲效能。德鲁克指出，如果所设计的是一项错误的产品，尽管工程部门能迅速绘制出精美的蓝图，其结果是极其可悲的，没有可靠性作为前提和基础，相关性不会产生财务会计信息效能，所谓相关性信息也就不再相关。IASC 认为就公允列报而言，披露误导的信息不如不披露任何信息。国内学者也曾指出，不可靠的信息更为危险，因为所有的决策者都会被它误导，从而带来难以估计的风险。

（四）检验二引发的思考——可靠性质量特征评价无差别

检验二引发的延伸思考是，可靠性问题本质上是一个安全性问题，然而，诸多研究以历史阶段作为我国概念框架定位可靠性优先的分析依据，即现阶段特殊国情决定可靠性——安全性第一，相关性第二，似乎当环境成熟后，安全性也许就不再是第一考虑要素，环境差别决定相关性与可靠性均衡差别。

可靠性优先是暂时性定位还是终极性定位？本书提出可靠性质量特征评价无差别研究观点，从过去到现在的中外财务会计信息质量表现看，在任何历史时期、任何环境条件下可靠性都应优先于相关性，可靠性优先为终极性定位，环境差别与均衡差别并不呈现对称性结构，可靠性优先为无差别评价，对称性结构意味着成熟环境对应强调相关性均衡、不成熟环境对应突出可靠性均衡，无差别评价意味着无论环境成熟与否，可靠性都应成为财务会计信息首选质量特征。正如德鲁克所指出的，唯有从事“正确”的工作，才能使工作有效，对于财务会计而言，首要正确的事情就要保证信息质量的安全性。

尽管 FASB 概念框架依托于相对完善的经济制度发达的资本市场、高度的职业化、严厉的会计监管、成熟的信息使用与鉴别等环境，但一个不可否认的事实是，美国一直受困于财务会计信息可靠性问题——职业道德与准则技术产生的财务会计信息安全性问题，从 1907 年信贷危机到 1929~1933 年经济危机，再到 21 世纪初安然事件及近期的金融危机、高盛事件，皆与财务会计信息可靠性问题存在不同程度关联。更进一步可以认为，安然等是由于某个特殊事件成为导火索而引起会计管制注意力效应，其会计披露问题才被暴露，而那些没有特殊事件作为导火索来引起会计管制注意力效应从而幸免被暴露的“安然公司”又有多少呢？即便是在《萨班斯—奥克斯利法案》颁布实施较长时间后的今天，美国财务会计信息的可靠性问题依然无法令人放心，高盛事件便是例证，而又有多少个没有暴露的“高盛公司”呢？从成本与收益的市场动力角度说，如果惩罚成本较低、监管力度较弱，管制注意力效应会一直诱发较大面积的会计信息披露侥幸心理，进而诱发道德风险。同样，在财务会计技术迅猛发展更新的今天，由于准则技术带来的财务会计信息可靠性问题也日益突出，比如公允价值等主观性会计计量对可靠性会产生不同程度的侵蚀，披露主体职业道德与准则技术对财务会计信息可靠性的影响在我国也体现得较为严重。因此，基于道德控制与技术运用有限理性，可靠性也即安全性将成为财务会计信息永恒的质量忧患。

三、基于可靠性认识理性的 IASB 修订概念框架意图与后果的讨论

“如实反映”增加了什么？改变了什么？应该怎样认识可靠性的去留问题？财务会计演进的边界在哪里？当今的会计准则不断变革，我国会计准则与国际趋同也日益成为现实，理论研究不应该回避这些问题，基于可靠性认识理性，本书通过以下两个方面讨论阐述上述问题。

（一）IASB 取消可靠性质量特征意图的讨论

1. 透明度与相关性

在 IASC 时期的概念框架中，“如实反映”是作为可靠性质量特征的包括实质重于形式、中立性、审慎性、完整性在内的指导性内涵之一，FASB 概念框架中也将“如实反映”作为可靠性质量特征的支撑内涵之一，虽然从强调客观性、真实性这个层面上看，“如实反映”依然没有偏离可靠性的核心内涵，但 IASB 2010 年第一季度最终稿的“如实反映”是对“现实世界经济现象”（Real World Economic Phenomenon）的陈述，且取消了审慎性、实质重于形式两个指导性内涵，可以推测，与原可靠性质量特征相比，“如实反映”的范围更广，取消审慎性、实质重于形式内涵也暗示 IASB 意图放松财务会计信息披露条件，扩大财务会计信息披露范围，从而增加透明度。根据 IASC 对财务报表透明度的表述，透明度与信息有用性联系在一起，增加透明度意味着充分披露，充分披露的最终目的是披露市场真正需要的信息，透明度的增加意味着信息有用性即相关性的增加。从这个角度而言，IASB 修订概念框架具有一定的积极意义。

2. 理想主义抑或实用主义

一个应该引起思考的问题是，当今会计准则变革对于透明度与相关性的不懈追求，是理想主义抑或实用主义？理想主义意味着其动机和出发点是努力提高透明度，使企业得到更多的财务会计信息披露收益，并给财务会计信息外部使用者带来更多的决策福利与决策收益。实用主义则是一种“明知不可为而为之”的功利主义行为，意味着明知财务会计信息的局限与劣势，进而不可能达到那种超越财务会计边界的透明度与相关性，或者无法实现更高的透明度与相关性，却硬要勉强财务会计增加披露，或者变换各种“花样”增加披露方式，其动机和出发点是通过无限扩大财务会计信息边界，以获取社会对会计职能重要性的认同，或者获取准则制定、修改带来的租金。似乎财务会计信息披露内容越多、范围越大，越能显示会计的重要性，会计应当无所不能、无所不包，否则会计就不重要了。理想主义值得肯定，理想主义动机下对透明度的追求具有积极意义，正如 IASC 所指出的，提供透明和有用信息，对建立有序和富有效率市场是必需的，而实用主义不但是徒劳的，还会把财务会计带入歧途，“当会计万能时也即会计无能时”，过犹不及，物极必反。

（二）IASB 取消可靠性质量特征后果的讨论

1. 可靠性质量特征：去还是留

IASC 在概念框架里将“如实反映”列为可靠性质量特征的首要指导性内涵，而离开了审慎性、实质重于形式两个指导性内涵，“如实反映”还会体现财务会计信息的客观性、真实性吗？本书认为，财务会计信息披露应该尽量增加透明度与相关性，但条件不具备时，增加透明度与相关性会产生反作用——不公允性和误导性，虽然 IASC 将透明度定义为营造一种市场参与者接近、了解和理解信息的环境原则，但应该清醒地认识到，财务会计只能承担组织内外特定经济现象的信息提供，而无法把一切现实世界经济现象转换成会计信息。如前所述，应该理性认识可靠性质量特征，离开了可靠性基础，对现实世界经济现象的“如实反映”会带来道德风险与技术运用风险，透明度和相关性就不会具有正面效果，审慎依然是必要的，没有审慎原则指导的信息披露无疑会加大误导风险与会计责任，经济现象仍然不能掩盖经济实质，财务会计有义务披露交易事项实质，而不是只反映交易现象。在某种意义上，如果说可以将相关性视为财务会计信息披露的“理想”的话，那么可靠性则可以视为财务会计信息披露的“良知”，失去了良知，财务会计还会有意义吗？

2. 财务会计边界：固守还是超越

概念框架的主要作用在于指导、评价准则制定，IASB 取消可靠性质量特征为制定、修改国际准则提供了一个逻辑上的前提条件。比如，与 IASB 概念框架修订相适应，IASB 重新制定财务报表列报准则，2008 年 10 月发布讨论稿，2010 年第二季度发布征求意见稿（ED），2011 年第二季度形成最终的财务报告准则（IFRS）。新财务报表列报准则将资产负债表改为财务状况表，财务状况表的编制不再依据“资产=负债+所有者权益”等式，可以说是发生了根本性变革，目标旨在给财务会计信息使用者一幅企业经营活动的整体画面，增加企业管理决策影响在会计信息中的比重，使企业内部报告与对外报告尽量一致，最终提高财务报表的有用性。

IASB 概念框架修订与准则变革带来的启示性问题是，财务会计究竟能做到什么和不能做到什么？财务会计具有边界，财务会计信息具有合理负荷，财务会计信息供给存在有效均衡点，财务会计信息报告不等于企业信息报告，财务会计信息只是企业信息中的一种以财务报表为主的竞争性信息，期望财务会计信息涵盖企业所有信息是不现实的，“财务报表不能盲目追求过高的目标”，财务会计信息不等于财务预测，过度要求财务会计信息的相关性已经使得财务会计力不从心，利特尔顿之所以捍卫历史成本、反对其他计量模式，正是基于对会计信息客观性的担忧。“利特尔顿对主观性计量手段的责难即使在今天也不能不发人深省”，即便在公允价值会计计量日趋盛行的今天，也没有足够的证据肯定公允价值为财务会计信息带来了预期的透明度与相关性，而金融危机却显著地证明了公允价值计量的不稳定性与不可靠性。

因此，有必要澄清财务会计信息披露与企业信息披露、财务预测报告的界限，财务会计的重要性不是体现在信息披露的无限扩张上，而是体现在财务会计职能的不可替代性上。在货币性信息或财务信息的加工与提供上，财务会计就是不可替代的，这种不可替代性足以表明财务会计的价值所在。“财务会计信息有效边界的界定不是信息使用者的信息需求边界，而是财务会计信息供给的非替代边界”，因为信息使用者的信息需求可以说是无边无界的。以信息需求边界作为信息供给边界，会使财务会计处于被动，导致财务会计信息披露无论怎样改进却总是满足不了需求，以至于破坏财务会计应有的价值。企业未来收益、价值是众多的综合性因素共同作用的结果，在关于企业信息的供给上，财务会计不可替代的独有优势是提供货币性信息，而在非财务信息、变化无常的价值信息、预测性信息的提供上，财务会计则具有可被替代性——其他非财务信息提供方式更有优势。

在理论上，财务会计信息不是不可以扩张，但只能扩张到财务会计信息供给可被替代那一点为止，这也是财务会计信息供给的有效均衡点。实事求是地看，当今的财务会计信息市场，相对而言，可靠性比相关性更为稀缺，提供不可靠信息会损害市场对财务会计信息的需求和使用信念，最终导致信息使用者在决策函数中较少使用或者完全取消财务会计信息这个函数变量。过度使用主观性计量、任意扩大财务会计边界和增加财务会计信息负荷，只能破坏财务会计信息质量的可靠性，而不会带来所谓的透明度与相关性。基于可靠性质量特征之认识理性，笔者认为 IASB 概念框架修订与准则变革在一定程度上扩大了财务会计边界，加重了财务会计信息负荷，也在一定程度上增加了财务会计信息安全性风险。

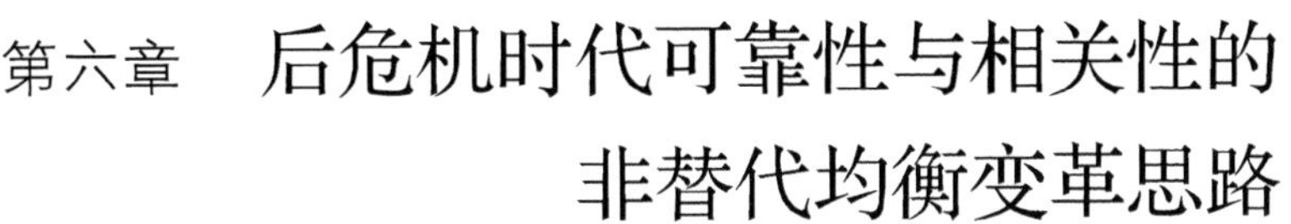

第六章　后危机时代可靠性与相关性的非替代均衡变革思路

从概念框架修订取消可靠性质量特征，到公允价值计量、财务报表列报等具有代表性的会计准则的制定与修订，金融危机后国际准则已经把推广公允价值等市价会计和扩大披露范围作为变革的重要手段，表明现行准则变革正在朝着追求更高透明度和相关性的趋势发展。然而现行准则变革却陷入“替代均衡”困境，在“替代均衡”下，相关性与可靠性此消彼长、相互消长，“替代均衡”成为现行准则为追求相关性而拘囿改进计量属性、扩大披露范围从而使相关性与可靠性陷入两难选择的经济学特征。基于“替代均衡”的局限，可以采用“非替代均衡”的拓展思路设计后危机时代会计准则变革路径，在“非替代均衡”经济学特征下，能够实现坚持可靠性前提下增加相关性，使可靠性与相关性获得同步增长。

会计在金融危机中充当了何种角色？为给现行会计实务提供如会计学者利特尔顿所定义的理论辩解，针对金融危机，美国证券交易委员会（SEC）于2008年底发布“关于市价会计研究”报告，对公允价值会计进行论证与反思，认为“不稳定性”与“有用信息”分别反映了公允价值信息的劣势与优势。尽管“有用信息”最终使美国会计准则制定机构倾向于坚信公允价值等市价会计的优势大于劣势，并试图对相关准则加以改进以保留公允价值等市价会计，但“不稳定性”无疑仍然成为被讨论的公允价值等市价会计信息的致命弱点。就财务会计概念框架而言，显然公允价值等市价会计信息“不稳定性”与“有用信息”应该归属于会计信息基本质量特征可靠性与相关性范畴。金融危机中会计角色的讨论与反思，也印证了相关性与可靠性冲突作为难缠问题将一直伴随当今乃至未来准则变革历程。金融危机后，国际会计准则理事会（IASB）制定、修订了公允价值计量、财务报表列报等具有代表性的会计准则。而在制定、修订相关准则之前，国际会计准则理事会先修订了国际会计准则委员会（IASC）1989 年发布的概念框架，新修订概念框架保留相关性质量特征，取消可靠性质量特征，将“可靠性”修订为“如实反映”。财务报表列报准则的修订也呈现了较为实质性的变化，强调资产负债表、利润表、现金流量表报表间的互补关系。与传统相比，IASB 对概念框架、财务报表列报准则变革具有一定颠覆性。

目前，我国会计准则国际趋同已经由实质性阶段进入持续性的纵深阶段。2010 年我国发布“中国企业会计准则与国际财务报告准则持续趋同路线图”，路线图明确与国际持续趋同的方向、策略与时间，指出要结合我国新兴市场和转型经济国家实际情况，更加深入地参与国际会计准则制定。为跟踪国际会计准则变革、与国际会计准则保持同步，我国近期也制定、修订了公允价值计量、财务报表列报等 8 个相关会计准则。基于这个背景，本书透视金融危机后国际概念框架变革与会计准则变革的动机，分析现行会计准则变革陷入困境的“替代均衡”经济学特征，采用“非替代均衡”的拓展思路设计后危机时代会计准则变革路径，实现坚持可靠性前提下增加相关性，使可靠性与相关性获得同步增长，从而为我国会计准则的未来有效变革提供微薄的理论参考。

一、金融危机后国际概念框架与会计准则变革动机

（一）金融危机后国际概念框架与会计准则变革的一个逻辑线索

金融危机发生后，二十国集团（G20）峰会和金融稳定理事会（FSB）在系统研究金融危机成因和应对策略后，倡议建立全球统一的高质量会计准则，国际

会计准则理事会启动了系列准则项目的紧急制定与重大修改，并加快了与美国会计准则的趋同进程。国际会计准则理事会对概念框架进行了修订，发布了《财务报告概念框架》的第 1 章“通用财务报告的目标”和第 3 章“有用财务信息的质量特征”，其中颠覆性的变革是在基本信息质量特征中取消可靠性质量特征代之以“如实反映”。国际会计准则理事会先后制定、修订了公允价值计量、合营安排、合并财务报表、金融工具、财务报表列报、雇员福利以及 IAS10 号、IAS11 号、IAS12 号、IAS27 号、IAS28 号等若干会计准则，其中具有代表性的是公允价值计量与财务报表列报会计准则。财务报表列报准则的变革尤其具有颠覆性，为了使各大报表之间具有内在联系与一致性，便于信息使用者分析会计报告，国际会计准则理事会启动了第二阶段财务报表列报（第一阶段为其他综合收益列报）改革。在第二阶段的财务报表列报准则改革中，财务报表列报格式发生颠覆性的结构性变革，将财务状况变动表即资产负债表、综合收益表即利润表、现金流量表各项目，统一按照业务活动和筹资活动进行分类列报，业务活动再细分为经营活动和投资活动，将持续性活动与终止经营分开列报。

金融危机后的国际概念框架与会计准则变革背后隐含着一个不可忽视的逻辑线索。概念框架与会计准则是什么关系？从逻辑上看，概念框架对会计准则制定起着指导与评价作用，也即要制定会计准则必先有概念框架，概念框架是会计准则制定的逻辑前提。那么，计量和列报在会计准则四大基本程序中占有什么地位？在确认、计量、记录、报告四大基本程序中，计量是核心环节，报告是最终环节，因此计量与列报在会计准则程序中占有关键地位。金融危机后国际会计准则理事会首先变革概念框架，取消可靠性质量特征代之以“如实反映”，为其后的会计准则制定与修订做了一个逻辑上的铺垫，所谓“名正言顺”。而其后的会计准则制定与修订，具有代表性的恰恰是计量和列报方面的会计准则即公允价值计量与财务报表列报。可以说，金融危机后的会计准则变革隐含着一个“先概念框架后具体准则、首先变革关键准则”的线索，这与上述逻辑分析不谋而合，不能不说国际会计准则理事会对于会计准则变革“煞费苦心”。

（二）金融危机后国际概念框架与会计准则变革的动机透视

取消可靠性质量特征代之以“如实反映”，金融危机后 IASB 概念框架变革的动机是什么？按照 IASB 的解释，“如实反映”是对“现实世界经济现象”(Real World Economic Phenomenon) 的陈述。由此可见，“如实反映”强调会计反映“现象”而不是实质，即看见什么就是什么，不再强调实质，不再坚持谨慎态度，不再强调可靠性，因为强调实质、强调谨慎、强调可靠就无法实现“如实反映”。顺理成章的事情便是 IASB 在取消可靠性质量特征代之以“如实反映”后，也取消了“实质重于形式”与“谨慎性”两个会计原则。联系到公允价值计量、财务报表列报准则的制定与修订，如前述，可以说 IASB 的概念框架变革为公允价值计量、财务报表列报准则变革做了一个逻辑铺垫。公允价值计量在具体的会计处理上，较多地运用在金融工具交易事项中，在交易性金融资产、可供出售金融资产的后续处理中，公允价值计量只反映金融工具的价值在表面上、现象上的上涨或下跌，而且对金融工具的价值上涨不再采用谨慎性原则进行处理，可以说是对价值变动进行了“如实反映”。同样，修订后的财务报表列报准则，在会计信息列表和披露上也不再坚持“实质重于形式”与“谨慎性”原则。因此，金融危机后 IASB 概念框架变革的动机很明显，那就是意图放松会计信息披露条件——所披露的即是所有见到的“现实世界经济现象”。

制定、修订公允价值计量、财务报表列报等具有代表性的会计准则，金融危机后 IASB 会计准则变革的动机又是什么？这与 IASB 变革概念框架从而导致放松会计信息披露条件是分不开的。从公允价值计量准则角度看，取消可靠性质量特征代之以“如实反映”后，由于会计可以把能看到的一切都“如实反映”，公允价值计量就可以反映更多的“现实世界经济现象”，就可以提高经济活动的透明度，让会计信息使用者对经济活动了解更多，因此，最终公允价值计量为会计信息使用者带来了更多的相关性。从财务报表列报率的角度看，IASB 借鉴美国会计准则做法，把利润表变为综合收益表，把资产负债表变为财务状况表，综合收益表和财务状况表的结构与现金流量表一致，原有“资产=负债+所有者权益”等式不再使用。与修订前相比，修订后的财务报表明显扩大了披露范围，这种变革使会计信息披露尽可能地反映企业内部管理活动，最大限度地披露企业所掌握的资源以及企业如何管理这些资源以获取最大效益的情况，给会计信息使用者提供一幅企业经营活动的整体画面。由此可见，金融危机后 IASB 会计准则变革的动机是意图提高会计信息的透明度，增加会计信息的相关性。这也表明，金融危机后国际准则已经把推广公允价值等市价会计和扩大披露范围作为变革的重要手段，现行国际准则变革正朝着追求更高透明度和相关性的趋势发展。

二、现行国际准则变革陷入替代均衡困境的经济学特征分析

（一）现行国际准则变革陷入的困境

现行国际准则变革在追求透明度和相关性的同时，也削弱了可靠性，陷入相关性与可靠性“彼此相克”的困境。本书以金融工具、公允价值计量、财务报表列报三个具有代表性的会计准则，分析现行国际准则变革陷入的这种困境。

首先分析金融工具准则变革带来的相关性与可靠性的困境。IASB 于 2014 年 7 月 24 日发布《国际财务报告准则第 9 号——金融工具》（IFRS9）终稿，于 2018 年 1 月 1 日开始生效。IFRS9 修订了金融资产的分类和计量，并采用金融资产预期信用损失减值模型。现行国际及美国会计准则采用的“已发生损失”减值模型由于缺乏前瞻性，在全球金融危机中受到了尖锐的批评。金融资产预期信用损失减值模型按照信用风险变化确认金融工具的预期信用损失及计算利息收入，将在初次确认信用风险显著增加后即开始确认整个贷款生命周期的预期信用损失。从会计角度看，我国已有研究认为，预期信用损失减值模型是金融监管强加于会计准则的结果，是监管对会计准则的干预，这使得会计准则丧失独立性。同时，预期损失模型对未来的参数估计主观性较强，会计信息可靠性较弱，且极容易导致会计主体的盈余管理行为。除了认同已有研究观点外，笔者认为，预期信

用损失减值模型其实是一种过度权责发生制（即过度应计制），预期信用损失减值模型产生的会计信息对金融监管部门有用，这增加了相关性，但是过度应用权责发生制会过多地主观计提预期信用损失减值，削弱会计信息的可靠性。

其次分析公允价值计量准则变革带来的相关性与可靠性的困境。IASB 于 2011 年 5 月发布《国际财务报告准则第 13 号——公允价值计量》（IFRS13），积极推广公允价值计量属性的应用。在会计确认中，历史成本基于交易，公允价值基于价值，会计是基于交易还是基于价值？当然是基于交易。从现行会计准则主要计量属性看，历史成本与重置成本注重投入层面，可变现净值、现值与公允价值注重产出层面，相对稳定、可靠的是历史成本，相对主观、不可靠的是重置成本、可变现净值、现值与公允价值。国际准则根据输入值的可靠性程度将公允价值分为三个级次，即使第一层次、第二层次以可观察活跃市场交易价格为依据，仍然需要会计师的职业判断，依然存在主观性成分，第三层次主要基于估值技术，主观随意性更强。历史成本的优势是稳定、可靠，其劣势是提供历史信息、陈旧信息而不是当前信息、最新信息，但重置成本、可变现净值与公允价值计量属性则恰恰相反，其优势是提供当前信息、最新信息，劣势是不稳定、不可靠。由此可见，历史成本可靠性强但相关性弱，公允价值增加了相关性但却降低了可靠性。已有研究也认为，已经发布的公允价值计量准则扩大了公允价值适用范围，影响企业财务报告的可靠性。

最后分析财务报表列报准则变革带来的相关性与可靠性的困境。2011 年 6 月开始，IASB 连续发布两个阶段修订的《国际会计准则第 1 号——财务报表列报》（IAS1）。在第二阶段的修订中，财务报表列报打破了原有模式，讲求资产负债表、利润表与现金流量表的协调一致，表面看是列报与披露格式变革，实质上看是列报与披露范围变革。变革后的报表依然存在编制成本高、缺乏可比性等缺陷，变革后的财务报表被赋予披露企业内部管理活动的重任，虽然增加了会计信息的相关性，但会计是基于交易而不是基于管理活动，扩大披露范围会削弱可靠性。当下社会责任、内部控制、财务预测、经营规划等信息披露，与财务报表列报变革如出一辙，都是试图通过扩大披露范围以增加相关性但又牺牲了可靠性。

（二）替代均衡的经济学特征

从以上分析可以看出，相关性与可靠性彼此相克、相互消长，替代均衡成为现行准则为追求相关性而拘囿改进计量属性、扩大披露范围从而使相关性与可靠性陷入两难选择的经济学特征。已有研究显示，相关性与可靠性替代均衡的经济学特征可以通过四种边际替代关系得到解释。

图 6-1 表示相关性可以无限替代可靠性：以沃尔曼“彩色报告”的强调相关性至上观点为代表。SEC 委员沃尔曼提出“彩色报告”，将财务报告分为五个层次，在每个层次上相关性是必要的而可靠性却不是必要的，强调相关性至上，其经济学特征表现为相关性可以无限替代可靠性。

图 6-2 表示相关性可以有限替代可靠性：以联合概念框架之前的强调相关性的 FASB 概念框架观点为代表。在 FASB 概念框架里，相关性在会计信息质量特

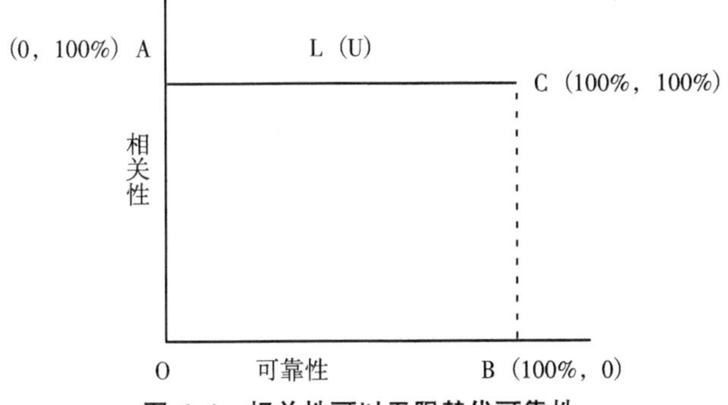

图 6-1　相关性可以无限替代可靠性

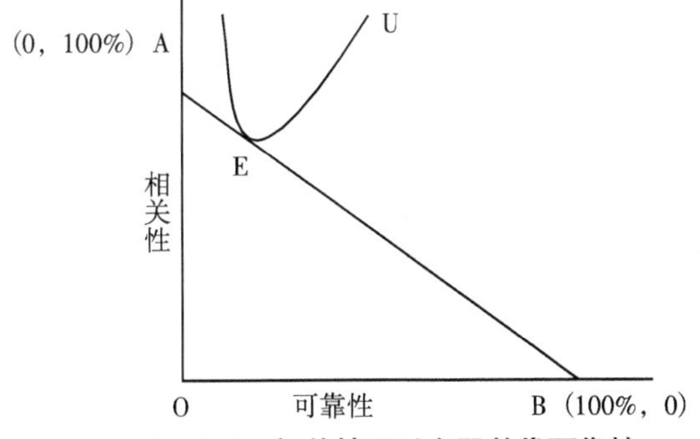

图 6-2　相关性可以有限替代可靠性

征顺序上位于可靠性之前，FASB 概念框架强调相关性，其经济学特征表现为相关性可以有限替代可靠性。

图 6-3 表示可靠性可以无限替代相关性：以利特尔顿的历史成本原则至上观点为代表。会计学者利特尔顿坚决捍卫历史成本，反对一切偏离历史成本的计量属性，是一种历史成本原则至上的观点，其经济学特征表现为可靠性可以无限替代相关性。

图 6-4 表示可靠性可以有限替代相关性：以强调可靠性的我国 2006 年《基本准则》观点为代表。在我国 2006 年《基本准则》中，可靠性在会计信息质量特征顺序上位于相关性之前，我国 2006 年《基本准则》强调可靠性，其经济学特征表现为可靠性可以有限替代相关性。

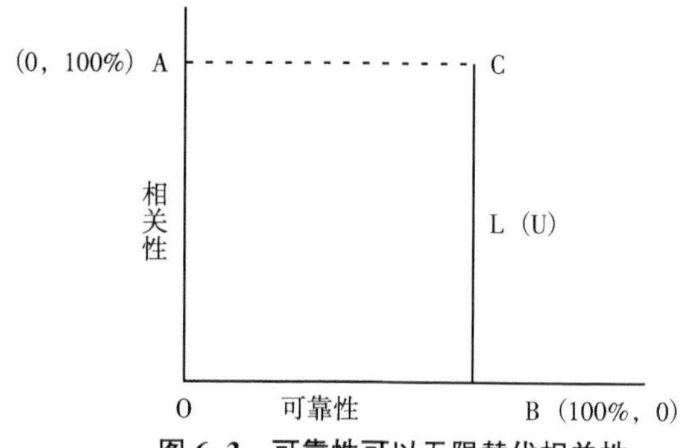

图 6-3 可靠性可以无限替代相关性

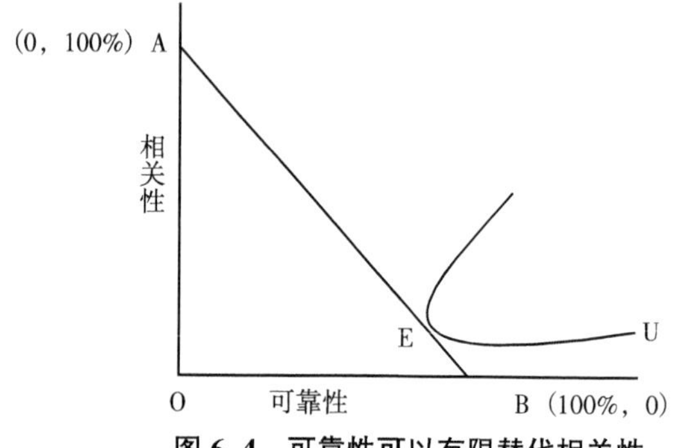

图 6-4 可靠性可以有限替代相关性

在图 6-1、图 6-2、图 6-3、图 6-4 中，相关性与可靠性均陷入替代均衡的困境，两者始终处于此消彼长的均衡关系之中，而不会出现相关性与可靠性双赢、共生的均衡结果。在替代均衡的经济学特征下，可靠性与相关性是一种相互替代的关系，强调相关性则牺牲可靠性，突出可靠性则降低相关性。原因在于替代均衡为直线结构均衡，相关性与可靠性组合结构表现为一条直线结构的约束线，每个均衡点动态过程表现为可靠性或相关性增加或减少的变化过程。替代均衡成为相关性与可靠性处于两难选择、可靠性面临短板困境的经济学特征，在技术层面上，替代均衡与两难选择、短板困境之间建立了经济学解释视角的关联，也揭示了现行准则拘囿改进计量属性、扩大披露范围但总是达不到预期变革效果的本质原因。

三、非替代均衡的经济学特征：一个价值发现的拓展思路

（一）非替代均衡的提出

替代均衡经济学特征可以用来解释现行准则在相关性与可靠性问题上的处理效率，现行准则追求相关性且拘囿会计计量改进、扩大披露范围，增加相关性也削弱了可靠性，金融危机表明，会计计量的扩大使用对会计信息的可靠性产生侵蚀。正如已有研究所认为的，基于有限理性的会计技术运用必然会产生会计信息安全性隐患，单纯依靠计量改进与扩大披露范围改进会计信息质量的结果难以顾全可靠性，且增加的相关性也大打折扣。替代均衡无法成为使相关性与可靠性两全的会计准则变革的技术性指导思路，本书提出非替代均衡来拓展现行会计准则变革的技术性指导思路，从替代均衡拓展为非替代均衡过程如图 6-5 所示。

图 6-5 中 C 点为代表性观点 FASB 概念框架的均衡点，D 点为代表性观点我国 2006 年《基本准则》的均衡点，C、D 两点相关性与可靠性处在相互消长的替代均衡状态，C 点可靠性短板，D 点相关性短板，相关性与可靠性难以两全。过 C 点做平行于纵轴直线 CE，过 D 点做平行于横轴直线 DF，则 ECDF（图 6-5 中

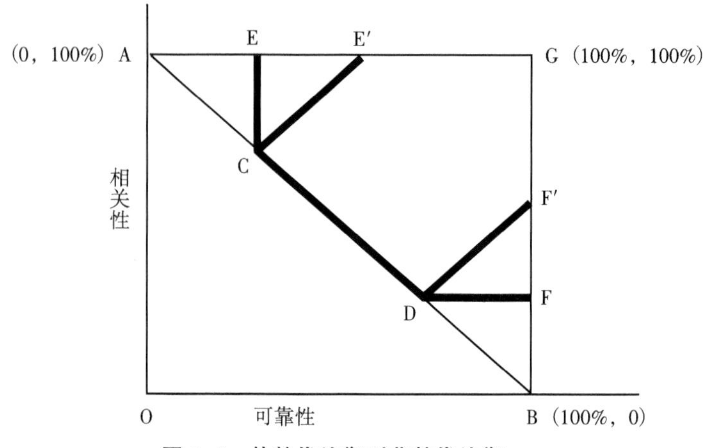

图 6–5　从替代均衡到非替代均衡

粗线部分）围成一条近似于 U 形的曲线，相关性与可靠性组合结构表现为 U 形结构的约束曲线，两者的均衡成为 U 形结构均衡。U 形曲线的特点是变量值的变动呈现 U 形轨迹——由高至低、由低至高的变动过程。图 6–5 中，从 E 点到 C 点，再从 D 点到 F 点大致体现了相关性变量与可靠性变量的 U 形变动过程，从 E 点、C 点、D 点到 F 点，相关性由高至低、可靠性由低至高，反过来看，从 F 点、D 点、C 点到 E 点，可靠性由高至低、相关性由低至高。因此，单独从相关性或者可靠性某个变量变动来看，都不构成严格的 U 形结构，而是由相关性和可靠性两个变量的共同变动组成了近似于 U 形的变动结构。

（二）非替代均衡的价值发现

U 形结构均衡具有价值发现机制。CE 上任何一点可靠性相同、相关性不同，CE 上其他任何一点的相关性都大于 C 点，从 C 点到 E 点变化过程可以解释为保持可靠性不变前提下增加相关性。DF 上任何一点相关性相同、可靠性不同，DF 上其他任何一点的可靠性都大于 D 点，从 D 点到 F 点变化过程可以解释为保持相关性不变前提下增加可靠性。从 C 点到 E 点、从 D 点到 F 点体现了价值逐渐增加的变动机制——相关性与可靠性既逐渐增加又不产生替代效应，与 C、D 两点间相互替代、彼此消长的困境比较，价值发现机制是经济学意义上的改善，U 形结构均衡可以成为相关性与可靠性共生的非替代均衡经济学特征。

（三）非替代均衡的思路拓展

E 点、F 点各自向 G 点靠近的过程是一个价值越来越高的过程，由 E 点到 E′点使 CE′垂直于 AB，由 F 点到 F′点使 DF′垂直于 AB，从 E′点到 C 点、D 点、F′点，相关性由高至低、由低至高，可靠性也是由高至低、由低至高。反过来从 F′点到 D 点、C 点、E′点，相关性与可靠性同样是由高至低、由低至高，单独的相关性变量或可靠性变量的变动轨迹为 U 形，均衡变为相对严格的 U 形结构，价值改进也更加理想，因此，价值实现有 CE′式和 DF′式两种思路可供选择。CE′式起始于 FASB 概念框架的价值改进，尽管由 C 点到 E′点相关性与可靠性同时增加，但对相关性考量大于可靠性考量，可靠性程度依然较低，实践中不易操作且容易陷入不顾可靠性而一味追求相关性倾向。DF′式起始于我国 2006 年《基本准则》的价值改进，由 D 点到 F′点可靠性与相关性同时增加，但对可靠性考量大于相关性考量，可靠性程度较高且兼顾相关性，DF′为现行准则变革思路拓展提供了经济学解释。

四、“非替代均衡”经济学特征下后危机时代会计准则变革路径

（一）会计准则变革的总体思路

1. 会计准则变革的总体原则

非替代均衡经济学特征下会计准则变革的总体原则，应为坚持可靠性前提下增加相关性，实现可靠性与相关性同步增长。作为会计信息基本质量特征，可靠性与相关性缺一不可，但是可靠性是前提，相关性是基础。已有研究表明，在会计信息质量中，可靠性的价值是非中性的，相关性的价值是中性的。可靠性是会计信息的良知，相关性是会计信息的理想，会计信息若失去了良知是无法实现理

想的。IASB 取消可靠性质量特征代之以"如实反映"，其动机是放松列报和披露条件，通过指导会计准则制定，意图实现更高的透明度与相关性。这个想法可以理解，但是"欲速则不达"，不以可靠性为前提，结果会适得其反。"如实反映"强调对经济现象的陈述，不求实质重于形式，不求谨慎，会使会计超负载，容易导致会计报告"假象"。正如 2009 年以前我国会计准则改革受到国际肯定一样，我国目前并没有盲目跟随国际概念框架变革、财务报表列报变革，是值得肯定的，因为失去可靠性的相关性是毫无价值的，我国对于国际概念框架变革、财务报表列报变革的评估是持谨慎态度的。

2. 会计准则变革的总体框架

如何在坚持可靠性前提下增加相关性，实现可靠性与相关性同步增长？非替代均衡经济学特征下会计准则变革的总体框架，是在坚持历史成本前提下应用多元计量属性、提供结构化会计信息披露。历史成本最为客观、稳定、可靠，但历史成本无法提供当前信息、最新信息，历史成本的相关性较弱。重置成本、可变现净值、现值、公允价值较为主观、波动、不可靠，但相关性较强。坚持历史成本前提下应用多元计量属性，就是要坚持历史成本在会计准则中的首要地位、核心地位、主体地位。面对计量属性选择时，首先要考虑使用历史成本，重置成本、可变现净值、现值、公允价值应该围绕历史成本，为历史成本服务，历史成本应该成为贯穿会计准则计量属性的主线。坚持历史成本前提下提供结构化会计信息披露，是要让历史成本的会计信息成为主要信息，重置成本、可变现净值、现值、公允价值的会计信息作为辅助信息。

（二）会计准则变革的路径

会计准则四大基本环节中，计量是核心环节，列报是最终环节，因此本书以计量、列报两个环节为代表，探讨会计准则变革的路径设计。

1. 计量属性的变革路径

从狭义角度，公允价值会计是指公允价值计量属性，但从广义角度，公允价值会计应当扩展为市价会计，不仅包括公允价值计量属性，还包括资产减值会计处理、可变现净值计量属性。经过资产减值会计处理后，资产的价值变得更加公允了，因此资产减值会计处理具有公允价值意义。公允价值、可变现净值、资产减值会计处理最大的特征是注重资产的价值、与市价紧密相关，因而公允价值、可变现净值、资产减值会计处理属于市价会计范畴。金融危机后美国曾就公允价值、资产减值会计等市价会计做过论证，认为“不稳定性”是市价会计的一大劣势。市价会计紧盯市场价格，注重价值评估而非市场交易，扩大了财务会计边界。市价波动的频繁性使得会计报告成本增加，短期性的价值波动不具有实质性，容易导致会计报告“假象”，从而误导信息使用者。因此，应该最大限度地限制市价会计在会计准则中的使用，降低市价会计的信息披露频次，减少市价会计在具体交易事项中的运用环节，缩小市价会计在会计准则中的使用范围。具体来说，中期报告不披露市价会计信息，只在年报时做适当披露；只在权责发生制环节运用市价会计，初始与末端交易环节不运用市价会计；只在投资品、资本品、金融品的会计准则中适当使用市价会计，其他会计准则不使用市价会计。

2. 财务报表列报的变革路径

按照结构化信息披露的总体框架，未来财务报表列报变革应该采用多套报告模式。与权责发生制相关的会计报表是利润表、资产负债表，权责发生制直接作用于利润表，间接对资产负债表起作用。因此，采用多套报告模式主要是针对利润表、资产负债表，而不是现金流量表、所有者权益变动表。第一套会计报告以历史成本计量属性为基础，由于提供的会计信息基于交易，因而客观、稳定、可靠，以历史成本计量属性为基础的会计报告负责提供交易信息。第二套会计报告以市价会计为基础，由于提供的会计信息基于价值，因而较为主观、波动、不可靠，以市价会计为基础的会计报告负责提供价值信息。第三套会计报告以非计量手段为基础，属于非会计信息报告，包括财务预测、经营规划、社会责任、内部控制等企业信息披露，第三套会计报告负责提供预测信息。以三套会计报告构成的结构化信息披露变革，意在坚持可靠性前提下，增加相关性的价值信息、预测信息披露，适应信息使用者的个性化需求、个性化解读，信息使用者可以根据自身实际，从三套会计报告中选择信息或者信息组合，进而实现信息使用最优化。

第七章　后危机时代会计准则变革中财务会计有效边界研究

金融危机后国际准则发生重大变革，面对财务会计边界的不断扩张，在后金融危机时代，值得反思的问题是财务会计究竟能做到什么和不能做到什么，即财务会计的有效边界在哪里，公允价值成为财务会计在金融危机中充当何种角色的争议焦点。就本质而言，公允价值等主观性计量也是一个财务会计边界问题。从信息报告角度看，财务会计与税务会计作为企业对外报告会计的两大分支，其基本信息质量特征与信息披露边界具有显著差异，两者的比较有助于更加深刻地认识财务会计边界问题，对未来准则变革的路径构建也具有一定理论启示价值。

金融危机后，IASB 对 IASC 时期制定的概念框架进行修订，于 2008 年初发布质量特征项目征求意见稿，并于 2010 年第一季度形成最终稿，最终稿保留相关性质量特征，取消可靠性质量特征代之以“如实反映”（Faithful Representation）。IASB 的概念框架修订在某种程度上可视为一种颠覆性变革，对财务会计理论与实务将会产生不可忽略的影响，概念框架的主要作用在于指导、评价准则制定，IASB 取消可靠性质量特征为制定、修改国际准则提供了一个逻辑上的前提条件。比如，与 IASB 概念框架修订相适应，IASB 重新制定财务报表列报准则，2008 年 10 月发布讨论稿，2010 年第二季度发布征求意见稿（ED），2011 年第二季度形成最终的财务报告准则（IFRS），新财务报表列报准则将资产负债表改为财务状况表，财务状况表的编制不再依据“资产=负债+所有者权益”等式，目标旨在给财务会计信息使用者一幅企业经营活动的整体画面，增加企业管理决策影响在会计信息中的比重，使企业内部报告与对外报告尽量一致，最终提高财务报表的有用性。

国内相关研究认为，IASB 概念框架修订与准则变革在一定程度上扩大了财务会计边界，加重了财务会计信息负荷，其实早在财务会计变革刚刚进入 21 世纪之时，国内学者就曾表示财务会计有可能逐渐失去传统特征。公允价值成为财务会计在金融危机中充当何种角色的争议焦点，现代会计计量观以提高透明度和相关性为目标，但主观性计量手段的运用同时也突破了传统财务会计界限，因此就本质而言，公允价值等主观性计量也是一个财务会计边界问题。

财务会计究竟有无边界？如何认识财务会计的有效边界？在国际准则发生重大变革背景之下，鉴于我国会计准则与国际趋同的现实，财务会计边界问题的理论反思不仅具有基础性研究价值，同时也富有现实意义。从信息报告角度看，同样作为企业对外报告会计，税务会计对财务会计的边界问题具有一定的启示性，本书通过税务会计与财务会计在基本信息质量特征、信息披露边界两个层面的比较加以阐述，并提出未来准则变革路径的理论构建。

一、财务会计信息与税务会计信息比较

（一）基本信息质量特征比较

财务会计信息相关性与可靠性处于经济学意义上的两难选择，税务会计信息相关性与可靠性则是内在统一的信息质量要求，税务会计与财务会计信息来源于同样的交易或事项，在相关性与可靠性关系上却表现不同，造成这种差异的原因可以从以下几个方面进行分析。

1. 市场性价值信息的柔性判断与法律性事实信息的刚性判断

对于经营过程发生的交易或事项，财务会计依据财务会计假设、财务会计原则、财务会计概念框架、财务会计准则及其他信息披露规范等柔性规则，对交易

或事项进行“适量性地确认、计量与报告”，财务会计职业判断是一种柔性职业判断，财务会计信息是一种伴随主观判断的柔性信息。而对同样的经营过程中发生的交易或事项，税务会计则依据税收法律等刚性规则进行“确定性地确认、计量与报告”，税务会计职业判断是一种刚性职业判断，税务会计信息是一种客观性的刚性信息。在会计信息基本质量特征即可靠性与相关性的关系上，财务会计信息与税务会计信息差异的实质在于：财务会计信息是一种柔性的市场价值判断与评估，而税务会计信息是一种刚性的法律事实提供与确认。价值是运用贴现率对未来现金流量折现即资本化的结果，财务会计提供现金流量的金额、分布与不确定性的信息，以供利益相关者进行决策，这种决策本质上是一种市场价值决策——投资关系决策（如证券买卖决策）、债权债务关系决策、市场交易关系决策等。财务会计既要对历史信息进行如实的反映，又要对未来预测提供主观判断，既要采用历史成本进行计量，又要运用重置成本、现行成本、市价、现值、可变现净值、公允价值等进行计量。对于发生的交易或事项，不同的财务会计判断会导致不同的确认、计量、报告，相关性与可靠性容易发生矛盾冲突。而税务会计只对已经发生的交易或事项——历史信息进行反映，税务会计不是运用市场性的估计判断对交易或事项进行处理，而是运用刚性的法律原则以及可验证的历史成本对交易或事项是否属于法律性事实进行判断。法律性事实的提供与确认要求税务会计信息既要相关又要可靠，即相关的税务会计信息一定是可靠的，可靠的税务会计信息也一定是相关的。

2. 假定性信息效用与精确性信息效用

财务会计信息对信息使用者而言，其相关性具有假定性，因为财务会计信息效用是无法计量和验证的，只能假定其对信息使用者有用，至于对谁有用或到底有多大用处却是不可知的。税务会计确认的某些纳税事实却具有假定性，如我国增值税法将 8 种非销售行为视为销售并计算缴纳增值税，视同销售规则是税收法律针对纳税人建立的一种假定——纳税人有实施机会主义来偷逃税或避税的可能，视同销售规则成为一种反机会主义税法规则，尽管如此，税务会计信息的效用是可以相对准确计量与验证的，原因在于税务会计信息给其使用者——税收征管当局带来的是确定性的货币税收，即税务会计信息效用是一种精确的、可验证的效用，而且源于社会生产经营活动的税收必然是有限的，因此与财务会计信息效用相比，税务会计信息效用是有形且有界的效用。税务会计信息可验证的效用要求税务会计信息不仅可靠性质量特征是可以验证的，同时相关性质量特征也必须是可以验证的，即税务会计信息相关性不能是假定的而必须是确定的，因此，税务会计信息的相关性必须是可靠的相关性，税务会计信息可靠性必须是相关的可靠性，不可靠的相关性或者不相关的可靠性都无法满足税收征管当局精确的信息需求，税务会计信息相关性与可靠性是内在统一的质量特征。

3. 信息供给的竞争性与信息供给的非竞争性

对于投资人、债权人等信息需求者、使用者而言，财务会计信息只是众多信息供给中的一种竞争性信息，除财务会计信息，还存在非会计信息的供给，也就是说财务会计信息不是投资人、债权人经济决策的唯一依据。这意味着在众多的市场信息供给中，财务会计信息具有可替代性，非会计信息有可能取代财务会计信息成为信息使用者决策的主要依据，这也是财务会计信息相关性具有假定性、财务会计信息效用无法验证的一个原因。毫无疑问，财务会计在能够以货币可靠计量的财务信息供给上具有优势，但在货币不能可靠计量的非财务信息供给上则不具有优势，而为增加财务会计信息的相关性、同非会计信息的供给进行竞争，财务会计自然容易增加不完全可靠甚至完全不可靠的“相关性”信息，从而导致相关性与可靠性的冲突。虽然信息不可靠，但信息使用者可以不采纳财务会计信息，以及虽然采纳但财务会计信息效用是不可验证的，这为财务会计信息相关性与可靠性的不统一缓解了一定的压力，即为财务会计信息不必追求相关性与可靠性的完美统一提供了一个可以免除责任的客观理由。但对于税收征管当局来说，税务会计信息是决策使用的最重要依据，即使存在税务会计信息欺诈，最终的纳税检查、纳税调整信息也反映在税务会计信息之中，税务会计信息供给是非竞争性的，税务会计信息必须满足税收征管当局征收决策的几乎全部信息需要，这使得税务会计信息承担全部或者最重要的决策依据责任，税务会计信息必然是既相关又可靠的信息，即必须达到相关性与可靠性的内在统一。

4. 信息质量平衡的弱制度驱动力与信息质量平衡的强制度驱动力

财务会计信息质量的约束制度体系包括财务会计假设、财务会计原则、财务会计概念结构、财务会计准则及信息披露规则等指导性、技术性、标准性的制度规范，也包括《会计法》、《刑法》等对会计行为及会计责任进行规范的相关法律，前者是柔性制度，后者尽管具有法律强制性，但如前所述，财务会计信息是一种柔性信息，财务会计信息的相关性具有假定性，财务会计信息不是唯一的决策依据，财务会计信息效用是无法直接验证的，即使财务会计信息给信息使用者造成了决策损失，也无法精确区分或者认定财务会计信息所应该承担的责任，从而给予准确的法律惩罚。虽然安然公司等极个别事件体现了财务会计信息的制度约束效果，但就经验而言，安然等事件也只是财务会计信息造成的损失积累到可以辨认才被曝光的，因此，安然等事件的财务会计信息质量的制度驱动不具有普遍性。换句话说，大量的、普遍的财务会计信息相关性与可靠性问题以及由此造成的损失仍然无法辨认，更不用说精确辨认，除非像安然那样累积到一定程度而爆发，以至于引起社会性的“会计管制注意力”，否则财务会计信息只要不过分“出格”，便会“安然无恙”或“不了了之”，因此，从总体上来说，财务会计信息的“法”与“非法”存在较大的缓冲界限，财务会计信息质量平衡的制度驱动力较弱。税务会计最优先约束准则是税收法律而不是会计准则，税务会计信息质量的约束制度体系主要由税收法律、行政法规、刑法等具有强制性的法律规范组成；税务会计信息是一种刚性信息，税务会计信息的相关性具有确定性，税务会计信息是税收征管当局最重要的决策依据；税务会计信息效用是可以验证的效用，不相关或者不可靠的税务会计信息给决策者造成的损失是可以精确度量的，从而能够依据税收法律、行政法规、刑法等认定税务会计信息应该承担的责任，并给予准确的法律制裁。这种制度驱动迫使纳税人提供相关性与可靠性相对平衡且内在统一的税务会计信息，税务会计信息的“法”与“非法”具有明确的界限，税务会计信息质量的制度驱动力较强，因而税务会计信息质量的制度约束具有普遍性。

（二）信息披露边界比较

1. 披露成本与披露收益均衡的差异

尽管现代财务会计信息披露主要是强制性的法定披露（也存在一点自愿性披

露选择），但财务会计信息披露主要是面对私人契约关系，现实的、潜在的投资人、债权人等成为财务会计信息的主要使用者，财务会计信息披露成本与披露收益符合自然性的市场交易原则，在市场性的自发调节下，财务会计信息的披露成本与披露收益由披露人自己承担。而税务会计的信息披露全部是强制性的法定披露（不存在自愿性披露选择），在世界两大典型会计模式下，无论是法德模式还是英美模式，税务会计信息披露主要是面对公共税收契约关系，税务会计信息主要是为税收征管当局提供纳税信息，税务会计信息的披露成本与披露收益没有形成市场性的交易机制，税务会计信息的披露成本由披露人（纳税人）承担，但是税务会计信息的披露收益却主要由税收征管当局享有，税务会计信息的披露成本与披露收益不是由同一主体承担。在经济学的均衡意义上，当信息披露的边际成本等于边际收益时，财务会计信息披露的最优边界就被确定，然而由于披露成本与收益无法验证，基于成本与收益均衡的最优边界在现实中无法实现。税务会计的信息披露边界以单向均衡确定，当信息的边际披露带来的合法边际税收为零时即合法税收最大化时，税务会计信息披露的最优边界才被确定，税务会计信息披露以单向满足税收征管当局信息效用最大化为均衡条件，因而其最优边界在现实中可以实现。

2. 保留与公开，即信息安全边界权衡的差异

财务会计信息不仅对投资人、债权人等主要信息使用者是公开的，对其他的非主要使用者也是公开的，财务会计信息是一种开放的会计信息，因此，财务会计信息披露存在信息保留与信息公开的权衡，诸如重大商业秘密、战略计划、高管人事、组织决策偏好、市场开发、资本运作、核心技术、研发设计、供应链管理等关系到市场竞争的信息，显然存在一个安全边界的权衡。而税务会计信息则是一种专用化的封闭性会计信息，税务会计信息使用者——税收征管当局不但不与税务会计信息披露人存在市场竞争关系，还负有对税务会计信息披露人的私人商业信息进行保密的义务，理论上税务会计信息披露可以不考虑信息安全边界。

3. 柔性边界与刚性边界的差异

财务会计信息具有柔性的披露边界。现行财务会计信息披露分为表内信息和表外信息两部分，表内信息为以货币计量的财务信息，表外信息（报表附注和其他财务报告）既包括数字描述信息又包括文字说明信息，财务报表须遵循公认会计原则（GAAP）约束，并接受注册会计师审计，其他财务报告不遵循公认会计原则（GAAP）限制，不需要注册会计师审计，但需要请注册会计师或专家审阅，这些信息披露通常为法定披露内容。此外，美国 FASB 于 2001 年发表的《改进企业报告：对增进自愿披露的洞察》还设置了企业可以选择的自愿性披露。从表内信息与表外信息的关系来看，表外信息是表内信息的解释与延伸，如附注是对表内确认的信息进行解释、补充，其他财务报告及自愿性披露是把难以在表内确认的信息放在表外。也就是说，表外信息主要是对表内信息的解释和补充而不是验证或佐证，进一步看，除了表内信息的边界较为明确、清晰外，附注、其他财务报告、自愿性选择披露的范围大小并不具有确定性边界。

税务会计信息披露也包括表内信息与表外信息两部分，以我国增值税一般纳税人的税务会计报告为例，包括以下内容：①必报资料：《增值税纳税申报表》、《增值税纳税申报附列资料》；使用防伪税控系统的纳税人，必须报送记录当期纳税信息的 IC 卡、《增值税专用发票存根联明细表》及《增值税专用发票抵扣联明细表》；资产负债表与利润表；《成品油购销存情况明细表》；主管税务机关规定的其他必报资料。②备查资料：已开具的增值税专用发票和普通发票存根联；符合抵扣条件并且在本期申报抵扣的增值税专用发票抵扣联；海关进口货物完税凭证、运输发票、购进农产品普通发票及购进废旧物资普通发票的复印件；收购凭证的存根联或报查联；代扣代缴税款凭证存根联；主管税务机关规定的其他备查资料。

从我国增值税一般纳税人的税务会计信息披露可以看出，税务会计报告的全部信息都属于法定披露，《增值税纳税申报表》为税务会计报表的表内信息披露，《增值税纳税申报附列资料》为税务会计报表的附注信息，增值税专用发票、财务会计报表、各种凭证等为其他税务会计报告。与财务会计信息披露要接受 GAAP 等柔性会计规则的限制相比，税务会计报告的表内信息披露、表外信息披露必须遵循税收法律的刚性原则，表内信息、表外信息不经过除披露人、信息使用者之外的第三方间接的柔性鉴证，而是直接由税务会计信息使用者——税收征管当局依据税收法律进行认定。而且与财务会计报告另外一个明显不同之处是，税务会计报告的附注及其他税务会计报告资料是对表内信息的证实或佐证。因此，税务会计报告无论表内还是表外信息的披露边界都是明确、清晰的，即税务会计信息具有刚性的披露边界，表内信息必须足够到能够精确计算纳税货币数量，表外信息必须足够到能够证实或佐证表内信息。

二、财务会计信息与税务会计信息比较的启示

（一）信息需求的明确性与信息供给的可实现性

税务会计信息披露边界有效性对长期以来始终飘摇不定的财务会计信息边界问题给予了一种提醒与思考，税务会计信息的确定性价值与效用对财务会计的最大启示是会计信息需求的明确性与供给的可实现性。税务会计是依据税务会计信息需求者——税收征管当局明确性的信息要求进行信息披露，税务会计信息需求者基于自己的利益诉求，要求信息披露人依据需求者的意图进行信息披露，税收征管当局完全能够确定自己需求哪些信息，且税收征管当局也确定纳税人完全有能力提供这些信息。总结是：税务会计信息需求者提出明确的信息需求，然后信息供给者对需求者“有求必应”，且信息供给对信息需求的满足是可实现的。

而财务会计的信息需求与供给则呈现非明确性与不可实现性。为什么税务会计与财务会计在信息需求与信息供给上会存在如此差异？这个问题的探讨依然需要对税务会计与财务会计信息使用者的信息需求做进一步分析，税务会计信息需求者——税收征管当局明确的信息需求只需要通过纳税人提供的税务会计信息就可以全部得到满足，其原因在于税收征管当局只需要纳税人提供计税信息，既包括已经发生的能够货币计量的交易、事项，也包括非货币的其他事实，即税收征收管理当局只需要税务会计呈报已经发生的纳税法律事实而不是纳税人（企业）的全部信息（包括财务信息、非财务信息、历史信息、预测性信息）。也就是说，

税收征管当局只需要历史性的、局部的（与纳税有关的）信息，而且纳税人的税务会计信息披露不存在商业秘密等安全边界约束，因此，仅凭税务会计信息提供就可以完全满足税收征管当局的信息决策需要。

但财务会计信息使用者不仅需要财务信息，而且需要非财务信息；不仅需要历史信息，而且需要预测性信息；不仅需要收益信息，而且需要价值信息。即财务会计信息使用者决策需要的是关于企业的全部信息。根据 2010 年相关研究文献对个人投资者会计信息需求的一项调查，非财务信息、未来机会和风险、人力资源信息、新产品信息、财务预测信息等较受到关注，这显然是对企业信息的需求而不只是对财务会计信息的需求。

“全部信息”意味着财务会计信息使用者需要的信息是无界的信息、不明确的信息。究竟多少信息才是“全部信息”？毫无疑问，投资人、债权人等对财务会计信息需求带有模糊性，财务会计信息是一种竞争性信息，财务会计信息在信息使用者决策中所占比例是不确定的，信息使用者的偏好多样化，导致对财务会计信息的使用与提炼也不同，信息使用者多大程度上参考了财务会计信息是无法定量的。既然如此，财务会计只能在成本—收益与信息安全等约束下，依据对信息需求者意图的“揣测与估计”进行信息披露，由此导致财务会计信息披露总是没有一个明确的边界。这也是当今的财务会计信息披露无论怎样改进、无论怎样扩张却似乎总也满足不了需求的根本原因。

（二）财务会计的信息供给优势

财务会计能做到什么和财务会计不能做到什么？美国会计师协会认为会计是一项以货币为计量单位，系统而有效的记录、分类和汇总仅限于财务性质方面交易和事项的过程，以及解释其结果的一种应用技术。从发生学角度看，财务会计产生之初是一种运用货币对交易或事项进行记录的“合理经营知识”，是一种以货币记录为主的“记忆”性活动，即便在财务会计高度发达的今天，货币记录依然是财务会计区分于企业其他经营职能的最独特属性，即财务会计提供的是一种货币性信息——财务信息。无论财务会计提供的财务信息是否具有对外报告价值，或者对外报告价值大小，财务会计独特地提供财务信息这一点是不可替代的，这正是财务会计的价值所在。而在财务信息的供给中，财务会计具有的优势是可以用货币进行可靠计量的那部分财务信息。能够可靠计量的财务信息包括已经发生的货币性交易或非货币交易信息，即可验证的历史性交易信息。而那些需要通过主观评估的、变化无常的价值计量及需要未来验证的预测性信息显然不是财务会计的专长——其他信息提供方式比财务会计更具有优势。

企业未来收益、价值是众多的综合性因素共同作用的结果，既包括历史性的资产、收益、现金流量等财务因素，又包括反映多种契约关系、经营关系、市场环境等非财务因素。更进一步说，财务会计记录的资产、收益、现金流量只是企业在多种契约关系、经营关系以及复杂市场环境等作用下的一个结果，只是数据而不是契约关系、经营活动本身。即财务会计反映的只是结果而不是具体原因、具体过程。在这个视角上，可以说企业未来趋势的预测虽然与财务会计信息相关，但更多地是与契约关系变化、经营变化等这些非财务信息相关，即财务会计信息不等于财务预测，财务预测的本质是经营预测。因此，财务会计能够完成的是对资产、收益、现金流量等财务结果进行反映。如上所述，投资人、债权人等进行经济决策需要的信息是企业的全部信息，这样，关于非财务信息、未来预测性信息的提供显然超过了财务会计的基本能力范围，况且即便是不考量商业秘密等安全因素，企业通过财务会计提供所有财务信息、通过其他方式提供所有非财务信息和预测性信息，企业未来趋势、未来价值、未来收益也并非可以完全预测。从理论角度而言，对于企业未来的预测永远存在着“黑箱”，“黑箱”是一个普遍规律，否则就不会存在不确定性了。实事求是地看，企业未来变化有时候连信息最对称的报告主体本身都无法掌握，更何况外部信息使用者。

应该承认信息提供者与信息使用者的有限理性，尤其在市场竞争日趋激烈的今天，企业的很多契约关系与经营参数是瞬息万变的，对这些契约关系、经营参数及其变化进行反映，对以货币计量为主的财务会计来说是不可能的，对非财务性的其他途径与方式而言也是极其困难的。

（三）财务会计的有效边界

现行财务会计信息披露的非适宜性主要表现在将企业报告或企业信息披露、

财务预测报告和财务会计信息披露视为相同的范畴，将本来不应由财务会计承担的估计性信息、价值性信息、预测性信息纳入财务会计报告。国内学者也曾指出，人们对财务会计及其报告的要求已经使得财务会计力不从心，针对财务会计边界无限扩张的动机，相关研究甚至提出“理想主义还是实用主义”的质疑。现行财务会计信息披露的无限扩展与会计作为企业经营职能、社会经济职能的“隧道效应”不无关系，似乎会计包揽的信息披露责任越多，越能证明会计对企业、对社会的重要性与价值，似乎简单的财务会计记录不重要了。会计的这种过度强调自己的重要性、过度负担社会责任的结果是会计不堪重负，“当会计万能时也即会计无能时”，过犹不及，物极必反，每个企业的经营手段、经营技术乃至社会性的经济手段、经济工具都存在各自有效的职能边界，超过了这个边界便不再具有效率意义。

从组织管理学角度看，在组织基础性结构中，会计既不是采购、销售、生产、研发等直线部门，也不是权力指挥部门或执法部门，会计在组织中只是一个参谋职能。也就是说，即使在组织中也存在部门分工的有效边界，即便会计部门参与组织决策，会计也不能越权、越界，而只能在与财务相关的决策中行使参谋职能。换句话说，能够影响企业未来趋势的各种契约关系、经营参数及其变化，如供应商、经销商客户、市场需求、价值变化、高管团队、人力资源、生产研发、政治局势、宏观政策、行业竞争、经营环境、市场环境及各种偶然因素等，根本不是会计所能参与、操控、记录、预测得了的，而将这些信息包括在财务会计信息披露中显然是主观性地扩大了财务会计边界，使财务会计信息披露超负荷。更进一步地试想一下，企业的社会责任、环境责任的履行以及社会责任意识、环保意识如何，或者环境治理、生态保护的规划、行动、决心及表现，是一个企业会计部门和会计记录所能决定得了的吗？难道仅凭一点会计数据就能反映数据背后的所有事实吗？显然不能。

因此，有必要分清财务会计信息披露与企业报告或企业信息披露、财务预测报告的界限。财务会计的重要性不是体现在信息披露的无限扩张上，而是体现在财务会计职能的不可替代上，财务会计信息有效边界的确定依据不是信息使用者的信息需求边界，而是财务会计信息的不可替代性供给边界。因此在理论上，财务会计信息不是不可以扩张，但只能扩张到财务会计信息供给可被替代那一点为止，这也是财务会计信息的有效均衡点。

三、基于财务会计有效边界的未来准则变革路径的理论构建

以提高对外报告信息的决策有用性为中心，对财务会计的确认、计量、披露进行革新为历次财务会计重大发展的特征，基于财务会计有效边界的认识，本书提出“分割与整合”理论框架，构建未来准则变革路径，以确保财务会计应有边界，避免财务会计信息超负荷，实现坚持可靠性前提下增加相关性，使相关性与可靠性获得共生。

（一）分割与整合：客观性计量的财务会计信息与主观性计量的财务会计信息

英美的全面（综合）收益报告“是一大进步”，全面（综合）收益报告模式为未来财务会计信息披露变革提供了一个很好的启示。以历史成本计量的信息具有可验证性，可靠性程度高，属于客观性计量信息，以历史成本为基础的折旧、预提、摊销、分配等事项的客观性也较强，而以重置成本、现行成本、可变现净值、现行市价、现值、公允价值等计量的信息，由于伴随主观判断，可靠性受到影响，可以归属于主观性计量信息。在分割客观性计量信息与主观性计量信息的前提下，本文认为，为顺应多样化需求，可以采用两套报表模式报告资产负债信息与收益信息，即编制两套财务会计报表——以历史成本为基础的资产负债表、利润表和综合多重计量属性的资产负债表、利润表。

其意义在于：

第一，有利于对财务会计信息披露进行问责，分清主要会计责任和次要会计责任，历史成本报表信息虽然不具有税务会计信息那样的刚性，但仍然是一种相

对的事实性信息，这是财务会计信息的核心。综合计量属性报表提供基于信息需求者不同决策目的的较为柔性的目的性信息，历史成本报表承担主要会计责任，综合计量属性报表承担次要会计责任。

第二，长期以来，市场信息需求者总是被动接受信息供给者强制性的披露范围与内容，两套报表模式有助于改变信息供给者一直代替市场对信息作出判断的信息供给与信息解读模式，有利于澄清长期以来形成的“财务会计信息即财务预测信息”的误导，解除财务会计不应该承担的预测义务。在区分客观性计量信息与主观性计量信息的前提下，财务会计依据准则主要提供历史性的事实信息，信息使用者根据两套报表提供的信息，自己对未来状况做出预测。

第三，两套报表模式可以增强信息需求者解读信息的主动性，适应信息需求者对信息的自主性、自愿性、个性化解读，实现客观性计量信息与主观性计量信息的分割与整合解读，以求得信息供给与信息需求的分割价值与整合价值。

（二）分割与整合：财务会计信息与非财务会计信息

将原来定位于财务会计信息披露的公司中报、年报等改为“公司信息报告”，严格区分财务会计信息、非财务会计信息（其他企业信息），“公司信息报告”分为财务会计报告、非财务会计报告（或其他企业报告、企业信息报告），从而尽可能为市场提供一个关于公司全貌的信息披露，这也意味着为市场决策提供信息不仅是财务会计的义务，更是企业其他职能（部门）应该承担的义务。

其意义在于：

第一，有利于对企业整体信息披露进行问责，分清会计责任和非会计责任，以问责强化会计信息与非会计信息披露的客观性。

第二，有利于澄清长期以来形成的“财务会计信息即企业整体信息”的误解，解除财务会计不应该承担的企业整体信息供给义务，区分财务会计报告、非财务会计报告后，财务会计依据准则提供会计信息，信息使用者根据会计信息与非会计信息，自己对企业整体状况做出判断和预测。

第三，满足市场对会计信息与非会计信息的自主性、自愿性、个性化解读需要与多样化决策需要，实现会计信息与非会计信息的分割与整合解读，以求得信息供给与信息需求的分割价值与整合价值。

在信息供给与信息使用存在多重现实障碍的约束条件下，“分割与整合”的本质在于以多层次信息的组合实现信息供给与信息使用的最优化。“分割与整合”框架下，信息层次分明，信息边界清晰，信息责任明确，信息之间既相互独立又相互弥补，进而达到既分割又整合的效果。

边界意味着效率，任何经济职能——无论私人（企业）职能还是社会职能都存在有效边界。如前所述，对于企业而言，“黑箱”是个普遍规律，即便倾尽所有信息，不确定性依然存在，财务会计不是“算命先生”或“预言家”，财务会计信息只是一个参考信息，既不能说这种参考信息具有决定意义，也不能说没有任何意义，参考还是不参考以及参考多少取决于市场个性化的自主选择。财务会计虽然不能消极对待外部的信息需求，但也没有必要为迎合市场漫无边界的信息需求而变得“面目全非”或“失去自我”，财务会计首先应该考量的是边界问题而不是对外部是否具有透明度、相关性及预测性，失去了有效边界，所谓的透明度、相关性及预测性便没有任何意义。因此，“会计万能之时也即会计无能之时”不只是一个理论提醒，更是一个现实的理性约束。

第八章　后危机时代会计准则国际趋同中会计模式研究

从世界范围看，典型会计模式的参考框架为法德模式与英美模式。已有理论着眼于两大会计模式的文化差异、法系差异、资本市场差异等，差异化视角下两大模式各具合理性。如果做无差异研究，即单纯从制度经济学视角解析，两大模式体现了不同的会计产权结构，法德模式为分配性结构、英美模式为生产性结构，进而诠释了不同的经济学效率。尽管欧盟会计协调的未来具有不确定性，但会计制度安排总的变迁趋势是一种增长模式的演化与改进，会计准则国际趋同以经济学效率为标准，而不以某个国家、地区或组织为标准，这可以成为会计准则国际趋同的经济学内涵，同时也揭示了会计制度供给的一般框架。

财务会计与税务会计关系从属于会计模式的宏观制度安排范畴。从世界范围看，典型会计模式的参考框架为法德模式与英美模式，法德会计模式实行财务会计与税务会计合一，而英美会计模式采用财务会计与税务会计分离。对法德会计模式与英美会计模式的成因，国内外学者有着不同角度的探讨，现存研究观点统一地集中于政治因素、经济因素、法律因素、文化因素四个方面，其中法系类别、税收法律、资本市场类型、公司治理结构、民族文化特性等成为较为典型的会计环境差异因素。这种研究视角称为差异化研究，差异化视角下两大模式各具合理性，即财务会计与税务会计合一和分离的会计制度安排都有合理的土壤和原因。

然而应该看到，企业等个体组织因为经营需要而设立会计，包括会计机构、会计设施和会计人员等，即会计是一种私人经营和交易的资源性投入。从制度经济学角度，资源与产权问题相关，而产权配置又关乎效率，会计模式也因此具有经济学的效率意义。虽有观点认为财务会计与税务会计合一（法德模式）和财务会计与税务会计分离（英美模式）"反映了不同的会计产权配置观念"，但并没有对此做深入的经济学分析。金融危机后，国际会计准则酝酿着重大变革，我国会计准则与国际会计准则趋同从实质性进入连续性的纵深阶段。以此为大背景，本书基于会计作为私人资源投入视角对典型会计模式进行无差异研究，即不考虑会计环境差异，单纯从制度经济学视角来解析两大会计模式的会计产权问题，比较两大会计模式的经济学效率，从而为当今的会计准则国际趋同与会计制度供给提供理论参照。

财务会计与税务会计关系模式从属于会计模式的宏观制度安排范畴，不同的会计模式内含不同的财税会计关系模式，因此，本章将财税会计的分离问题置于国际上典型会计模式的背景之下进行研究。现存有关会计模式的研究之所以缺乏解释能力与预测能力，原因在于一直停留在"浅层环境—会计模式"的外生性阶段。目前，我国会计安排正经历价值性的历史变迁，尽管颁布了新企业会计准则，会计制度演化中制度事实与制度逻辑的理论争议仍在继续。从世界范围看，典型化的参考框架为法德与英美两大会计模式，法德会计模式实行财务会计与税务会计合一的安排模式，而英美会计模式采用财务会计与税务会计分离的安排模式，典型会计模式的路径参照成为关乎价值与效率的制度选择问题。在经济学意义上，文化根源对会计安排具有内生性解释力，法德会计模式与英美会计模式具有不同的文化根源，这应该对我国的会计模式选择有所启示，有必要从深层次上而不是浅层次上即应该在内在根源上甄别我国传统文化的实质性内涵，然后将其与法德和英美文化根源进行对照，再者，会计作为私人交易的资源投入，存在个体会计产权与公共会计产权的有效界限。会计模式的核心问题在于会计产权安排，会计产权结构本质上是利益结构，这种利益结构的制度化会形成会计制度结构，因而可以从文化维度与经济学视角搜寻两大会计模式背后的内在线索，比较两大会计模式的经济学效率，设计"文化根源—效率比较—会计模式参照"作为论题研究的思路，从而甄别我国会计模式及财税会计关系安排选择的内生性路径参照。

一、会计模式视角的研究线索

制度学派的创始者凡勃伦将制度定义为个人或社会对有关的某种关系或某些作用的一般思想习惯，私有财产、价格、市场、货币、竞争、企业、政治结构、法律和营利活动等，均属于“广泛存在的社会习惯”，由于社会习惯或制度本身是逐渐形成的，在研究制度时也要研究它的历史起源及其演化过程，故经济学是一种发展的学说。[①]

现存对于两大典型会计模式的研究，之所以具有徘徊性且缺乏解释能力和预测能力，重要原因在于一直拘泥于“浅层（事实或外在）环境—会计模式”思路，对会计模式的解析局限于外生性的理论关照，容易引致经济学意义上的“锁入效应”。现存研究主要运用法系特征、税收法律、资本市场类型及公司治理结构的环境差异，以解读法德会计模式与英美会计模式的成因，虽然 20 世纪 80 年代荷兰学者霍福斯蒂德（Hofstede）和英国学者格雷（Gray）分别运用“社会价值观”与“会计价值观”阐述民族文化特性与会计的内在联系，但与前者一样仍基本停留于“浅层（事实或外在）环境—会计模式”的外生性研究阶段，对会计制度演化的研究缺乏历史与逻辑的分析框架，因此无法揭示浅层环境因素之外更深刻的根源，进而不能预测主要会计模式国家以外的地区尤其是我国的会计模式选择的路径参照。

理论的价值在于解释能力和预测能力，可以采用差别研究和无差别研究，从文化维度和经济学视角解析两大会计模式。虽然文化决定论是片面的，但毫无疑问文化对一切制度安排具有内生的解释力。用商业传统与商业理念、哲学思维与价值观念、经济学理论与经济学观念等文化维度的因素解释上述主要国家的会计环境以及会计模式的形成，更具有终极根源性与内生性。在制度演化的“知识结

① 胡寄窗. 西方经济学说史［M］. 上海：立信会计出版社，1991.

构”中，商业传统与商业理念表现为习惯、习俗等传统因素，哲学思维与价值观念表现为认知论及价值取向，而经济学理论与经济学观念则表现为对交易结构、制度安排、宪政类型的设计及其效率的预期，“知识结构”是影响会计制度安排的内在线索，从而使理论分析更具有解释能力及预测能力，称为差别研究；在文化根源无差别假设下——浅层环境条件下，围绕法系特征、税务会计模式等焦点制度安排，运用制度经济学理论，对两大会计模式进行纯粹性的经济学视角的效率比较，称为无差别研究。

经济学理论认为，给定文化或传统（公共知识）结构，制度变迁是一个受有限认知能力约束的均衡过程，不同均衡状态存在经济学效率的差别性，认识论及哲学范畴的东西对制度演化及其效率具有不可替代的解释和预测能力，制度经济学可以融入文化及认识论的传统。因此，在经济学制度演化范畴上，文化传统是一个效率的含义，而制度本身也存在某种程度的效率的优势与劣势之分，这样文化传统与制度演进的和谐逻辑便在于两者取向上的内生性对接是否恰当。本书因此设计“文化根源—效率比较—会计模式参照”作为论题研究的思路，从分析法德会计模式与英美会计模式的文化传统渊源着手，对法德会计模式与英美会计模式进行无差别的经济学意义上的效率比较。同时，审视我国文化传统的价值与效率取向，依据文化效率与制度效率的内生性共振原理，甄别我国会计模式的内生性参照路径，为我国当今会计制度的事实性选择所确立的路径参照以及该路径参照是否具有制度适宜性提供探讨性的理论依据。

二、现存理论表述的回顾与论题的展开

对法德会计模式与英美会计模式成因的理论表述，国内外学者有着不同角度的探讨，但现存研究观点可以说比较统一地集中于政治因素、经济因素、法律因素、文化因素四个方面，其中法系类别、税收法律、资本市场类型及公司治理结构、民族文化特性等为较典型的会计环境。

（1）法律角度。从法律角度来看，法德与英美分属大陆法系（成文法系）、普通法系（习惯法系），成文法有时被认为其特征是强制规定可以接受的行为，而普通法则强调不适当的行为；法德会计监管主要通过立法机关制定会计立法保护债权人利益，而英美会计监管主要由民间准则机构制定会计准则来行使，以保护股东利益。法国的会计法律由《会计总方案》、《商法》、《税法》、《证券交易管理委员会条例》、《金融安全法》组成，被公认为税务导向型会计，德国的会计法律包括《商法》、《公司法》、《税法》，《税法》对会计的要求体现了税收决定原则。法德企业的财务会计与税务会计合一，在报告体系类型上财务报告和税务报告执行一套共同的规则，而英美则实行财务会计与税务会计分离，在报告体系类型上财务报告和税务报告各自遵循独立的规则。法德会计是典型的法规会计，在政治经济体制方面集中体现了政府在经济活动中扮演积极干预的角色，学者诺比斯（Nobes，1983）将法德会计分类为以宏观经济为基础、着眼于税收与宏观调控等社会经济目标的会计模式，而将英美会计列入以微观经济为基础的会计模式类别。

（2）资本市场类型。从资本市场类型看，法德企业资本来源主要依靠债务资本，是一种金融监管的治理结构，财务报告体系主要是以债权人、税收、稳健观点披露的债务导向，而英美企业资本来源主要依靠权益资本，是一种市场监管的治理结构，财务报告体系主要是以投资人、真实公允观点披露的权益导向。

（3）民族文化特性。从民族文化特性角度来看，20 世纪 80 年代荷兰学者霍福斯蒂德（Hofstede）和英国学者格雷（Gray）分别运用“社会价值观”与“会计价值观”阐述民族文化特性与会计的内在联系。社会价值观研究显示了法德会计与英美会计在四个层面上的对立：集体主义与个人主义、权距大与小、规避不确定性程度大与小、阴柔倾向与阳刚倾向；会计价值观研究则显示了两者在四种价值上的对比，法规化和职业化、统一性和弹性、稳健主义和乐观主义、保密和透明。在研究思路上，民族文化特性层面的结论坚持了这样的逻辑信念：社会价值观影响会计价值观、会计价值观反映社会价值观，会计价值观影响会计制度与实务、会计制度与实务反映会计价值观。

现存研究认为会计模式是一个国家或地区在特定环境条件下抽象的、概括性的、相对稳定的会计特征，会计模式是环境使然，这个逻辑本身是没有问题的，但是本书认为，法系渊源、税收法律、资本市场类型及公司治理结构、民族文化特性等较为典型的会计环境只是外在环境与浅层环境，而外在环境与浅层环境对会计模式的解释力存在“隔靴搔痒”的外生性局限，这一局限通过以下几个问题进行分析。

（1）关于法系特征问题。会计学领域几乎毫无争议地认为我国法律体系归属大陆法系，依此是否可以推定我国会计模式应该选择或者借鉴法德模式？

（2）财务会计与税务会计分离问题。与法系特征相关联，大陆法系的法德会计实行财务会计与税务会计合一模式，那么，我国是否也应该选择或者借鉴财税合一模式？

（3）关于资本市场类型问题。我国未来的资本市场是债务导向还是权益导向？这显然涉及两种类型资本市场的效率论证问题。

（4）关于民族文化特征问题。无论依据荷兰学者霍福斯蒂德（Hofstede）的社会价值观，还是从英国学者格雷（Gray）的会计价值观来看，我国似乎应该归属于法德会计模式的文化层面。

由此可见，以“浅层（事实或外在）环境—会计模式”模型进行推断，那么基本上法德会计模式也似乎应该成为我国会计模式选择主导性的路径参照，“浅层（事实或外在）环境—会计模式”模型几乎引致了我国会计模式选择问题在认识与研究上的“锁入效应”。有研究结论认为，中国的法律是成文法，属于欧洲大陆法系，文化属于集体主义文化，具有这种法律和文化特征的国家适宜制定较详细的会计规范。也有观点指出，目前流行的会计概念结构不适合中国的法律、金融和财政环境，认为会计制度的性质是民商经济法律制度、财税制度与会计技术融合生成的收益分享规则，我国需要以法律原则为基础自主设计会计制度，财务会计与税务会计应该融合而不是分离，并认为通过审视欧盟会计协调和法国会计发展状态，我国应自主建设会计法制。这些研究结论是众多将法德模式作为参考路径意见中最具有代表性的。由于我国适用新的《企业会计准则》（2006），这样会计制度事实（新企业会计准则）与会计制度逻辑（理论论证）似乎出现了矛盾。

应该给予思考的有以下几个关键的问题：

（1）我国法系特征与大陆法系特征究竟是“形似”还是“神似”？如果从根源上考察与追溯，即便我国与法德同为大陆法系，我国是否与法德所依据的历史基础具有相同的文化根源和文化背景，比如法德的“集体主义传统”是否与我国传统的家族文化及当代的“集体主义”思想有着一致的内涵，即从历史与逻辑的分析框架来审视，我国深度性文化（包括习惯、习俗）内涵究竟是不是与法德模式相近？这个问题之所以关键是因为以下两个原因：

第一，文化传统在制度演化与制度变迁中到底有什么经济学意义？汪丁丁（1995）认为，以哈耶克为代表的奥地利经济学派关于“知识”和“市场过程”的观点，将知识结构引进制度演进的一般均衡过程。人们从传统学习知识，并且在他们习得的知识结构基础上达成他们选择的制度均衡，前代人行为的均衡及所习得的知识通过教育与模仿变成对后代人而言的传统，制度的演进过程可以描述为一系列均衡定义的“传统”，因此，一般均衡依赖于某个社会的知识结构；而知识结构具有道路依赖性，是由一个社会所考察的特定时点上的文化传统的内容所决定的，人们能够选择的不是传统，而是在给定环境以后，从许多可能的均衡点中选择一个大家都能接受的。这个研究观点是说，任何制度演化与制度变迁都是以“传统”的允许为前提的，而每次选择即新均衡产生的环境是由文化传统决定的内生环境，这样制度变迁便是一个内生性选择的过程。

第二，文化传统在制度演化与制度变迁中的经济学意义还在于“边际突破”的功能。社会制度分为正式规则和非正式规则，在正式规则没有定义的地方，非正式规则起着约束作用——惯例或标准行为，非正式规则主要指习惯及习俗（没有进入正式规则的那部分习俗）。非正式规则体现了文化特征，文化是一代人通过教育和示范传授给下一代人知识、价值，或其他影响人们行为的因素的过程，一种行为若能成功地应付反复出现的某种环境，就可能被人类理性（工具理性）固定下来成为习惯，诺斯称之为“习惯性行为”。汪丁丁（1992）认为法律、商业规则、宪法、政治规则及经济规则、管理规则这些正式规则的具体执行和进一步的演变更多地是作为某种结果——制度中人的习惯性行为的结果，习惯对于正式规则而言占有极大的优势，他认为诺斯在1990年把制度研究推进了一步——

正式规则的演变总是从非正式规则的“边际的”演变开始，正是制度在边际上的连续演变造成了制度中正式的也是可见的规则的变迁，边际的演变就是习惯的演变——文化作为一个主角开始发生作用。与此相关的问题是，我国传统的文化在边际上能够发生哪些可预测的、必要的自发性和强制性变迁？这是我国会计模式选择的路径参照问题需要考量的一个因素。

（2）在无差别假设下——浅层环境条件下，法德会计模式与英美会计模式是否存在纯粹的经济学意义上的效率比较？杨小凯（2002）关于后发优势与后发劣势的经济学讨论中的制度安排及宪政比较问题，对于会计模式的比较问题不啻是一种启示。其实制度经济学家诺斯的理论背后，始终潜藏着一个没有明言的“盎格鲁—撒克逊制度优势”的信念或假设，尽管这一点被一些经济学者视为“片面”，但讨论中的确有经济学者承认，即使文化因素有差别，也存在宪政及制度安排优劣的事实，比如英国对比法国的宪政优势、天主教对比基督教的劣势、普通法对比大陆法更具有民众性等。因此，在文化根源无差别假设下，即在浅层环境条件下，应该存在法德与英美会计模式的比较——纯粹经济学意义上的效率比较。

（3）如果法德与英美会计模式存在纯粹经济学意义上的效率比较，就不能忽视哈耶克所说的道德传统在人类社会演化中的决定作用，那么会计模式选择的路径参照便不应该是外生性的，而应该是沿着习惯演变的方向去甄别现有典型会计模式与我国文化的内生性对接。正如汪丁丁（1993）指出的，惯例为正式规则的演变定出了成本较小的方向。也就是说，我国深度文化内涵（保留的和经过边际演化的）与高效率会计模式是否存在内生性对接的和谐逻辑？这里又涉及两个问题：

第一，虽然制度模式及其效率具有文化适应性，即在特定文化传统的环境系统中即便“劣势制度”也有其合理性，但制度模式参照不能采取折中与拼凑的路径——对各种制度模式进行“剪裁”，这不是内生性的扬长，而是外生性的移植，其特征是非线性的，因而其效率是不可预测的，制度模式参照应该是总体上内生性对接其中一种典型模式，并按着内生性原则进行合理的取舍—— 一个参照性创新，其特征是线性的，也是可预测的。

第二，我国深度文化与高效率会计模式的内生性对接应该包括两个层面：固有价值、效率的对接和边际演化的趋势性对接。边际演化的趋势性对接意味着为了会计制度安排的效率，改变可以改变的、接受不需要改变的，即可以预期的我国传统文化为趋向高效率会计模式而发生的可能的边际演变。

三、法德与英美会计模式的差别研究：文化维度解析

文化是制度演化中内生性的一个维度，汤因比将现存人类社会分为五个：西方社会、东正教社会、伊斯兰教社会、印度教社会、远东社会。汪丁丁（1992）认为当制度演化的理论涉及文化现象时，对汤因比所说的现存的五种文化中任何一种的研究都可以对理论的进一步抽象做出贡献，因而研究中国文化对经济理论的发展是有意义的。奥地利经济学派关于制度演化中的“公共知识”无疑是来自文化传统，当然文化不能决定制度演化的一切。也就是说，文化决定论是片面的，但是文化对一切制度变迁过程及均衡结果具有内生的解释力，文化对制度变迁也因此具有了预测的能力。对法德模式与英美模式背后的文化根源进行探讨，可以厘清两种典型会计模式产生与形成的内生性线索，即两者差别的根源性与终极性因素，这种差别研究为审视我国传统文化提供了一个参照，同时也为“浅层（事实或外在）环境—会计模式”外生性的理论关照及其结论提供了研究层面的提醒——会计制度演化的认识、论证及会计模式的选择极易被“锁入”一个非适宜的视野之中。

（一）商业传统、商业理念与法德会计模式的文化根源

1. 集体主义文化的渊源之一

希克斯（1969）发现欧洲文明经历了一个城邦阶段，这一事实是欧洲历史与亚洲历史迥异的重要关键。欧洲古代的城邦历史与商业传统对法德会计模式在文

化与传统根源上产生了历史与逻辑的积淀作用，中世纪之前（包括中世纪）的经济思想对这种城邦与商业传统进行了深刻的抽象。综观这一阶段的经济学思想，从欧洲古代文化的发源地希腊，到重视实践活动与法律制度的古罗马，再到欧洲中世纪的经院学研究，在经济学思想方面始终把商品、交换、货币、利息与利率、资本、价格与价值这些经济学范畴作为关注的中心，“这些见解历史地成为现代经济理论的出发点”。[①] 顾准（1973）对古希腊、古罗马的城邦历史与商业传统的论述更多地是着眼于宪政制度的历史与逻辑的探讨，认为古希腊、古罗马的民主宪政得力于当时的城邦体制与商业本位，商业在西方文明的起源上总占有重要地位。由此可见商业传统与商业理念对欧洲文化的根源性意义及至关重要的积淀作用，因此公认的观点是，从文明起源看，欧洲是典型的城邦文明，“航海、贸易、商业、殖民”成为这种城邦传统的符号和象征，甚至可以说这种城邦文明带来的是商业文明——商的传统和理念。商是什么？商在当时是交换、贸易之事，“虽然商业资本在重商主义时期有重大发展，但以商业资本为代表的资本统治，仍然基本上限于流通领域”。[②] 商事需要合作，具体表现为信贷、结算、票据等交易规则的约定俗成或者制定，商业促使商事主体之间对规则在理解基础上积淀了一种合作的传统习惯，或者说这时的规则是合作的结果、合作意愿的表达。现代制度经济学对此做了通俗而又经典的例解，诺斯（1981）对一个买卖柑橘的市场交易进行了制度经济学分析，认为使交易成为可能的基础是一套规则结构以及对它的实施，交易中的不确定性被一个可接受的产权及其实施的结构减少了或者完全消除了，机会主义会因大量的竞争（并通过人格化的交易）而受到约束。诺斯最后解释说：“即使莫里斯（卖者，笔者注）知道他将再也看不到我（买者，笔者注），他大概也不会把一些坏橘子藏到筐底；就我而言，我肯定，当莫里斯转过身装筐时，我也不会拾两个橘子塞进我自己的袋里，尽管不可能被发现。理由是，我们两个人都视交易为公平或合法，我们的行为都因对此的确信而受到约束。”因此，本书认为，法德等大陆法系（成文法）的集体主义文化背后的本质在传统上应该是一种合作理念，因为对于商事来说，不合作意味着商事达不成交

①② 胡寄窗. 西方经济学说史［M］. 上海：立信会计出版社，1991.

易，长远利益激励的结果是：经过一次或数次博弈后，商事的最终行为习惯必然是合作——一种经济学意义上的珍贵的集体理性。

2. 债务融资传统的渊源

商业交换还相应地积淀了另一个传统——发达的借贷资本传统，借贷资本具有较低的风险。希克斯（1969）有一个非常重要的论断："商业经济制度演进在很大程度上是一个如何找到减少风险的途径问题。"除了积淀了前述的理性的合作主义传统，商业本位同时也内含低风险的保守传统，与英国工业革命后的大机器工业生产的"商事"相比，此时的以交换、贸易为主的，相对小的商事，大多依赖借贷资本便可满足行商的需要，发达的借贷资本传统可以作为当今法德会计模式的一个浅层环境——债务融资主导的资本市场类型背后的一个根源性解释。

（二）哲学思维、价值观念与两大会计模式的文化根源

1. 集体主义文化的渊源之二

古希腊哲学是西方哲学的源头，欧洲后世哲学思想主要出自古希腊哲学的框架，古希腊哲学的最大特征是对宇宙的组成及其运动——大自然的思辨，即古希腊哲学天然地蕴含自然科学的思维。顾准（1973）认为，古希腊哲学一开始提出来的问题便是宇宙问题，因此古希腊的数学、几何学及与科学思维相关的辩解、修辞、文法、逻辑等学科比较发达，古希腊人并非不关心政治，然而思考宇宙问题是他们首先看重的，也是古希腊思想的特色，这种哲学思想便成为欧洲大陆理性主义的发端，古希腊思想中的理性主义传统大大有助于科学的发展。顾准认为西方文化是宗教文化，基督教是古希腊思想的基督教，基督教吸收了古希腊思想，基督教的宗教性虽然抑制了科学，但它的唯理主义又培育了科学，西方许多科学家同时也是基督教徒，这种理性主义也因此保留在中世纪的经院学术中，并成为文艺复兴及其后的资本主义发展的一大动力。近代欧洲及德国经典哲学的代表人物黑格尔的所谓理念思想同古希腊理性主义是一脉相承的，顾准（1973）认为柏拉图所谓的"第一原因"——"理念世界"，是基督教的哲学基础，"理念世界"是通过理性分析、抽象现实世界而达到的，"理念世界"才是真的世界，而现实世界是有缺陷的世界，所以只是"理念世界"的影子，所以"理念世界"的

渊源应该是一个超人——全能的上帝，即一切同一、集中于“理念”。本书认为，哲学家黑格尔的理性主义及其“理念”成为德国直到现在的文化思想的经典表征—— 一种恪守理性、追求有机统一、整体划一的相对稳定的思维方式与行动逻辑——所谓集体主义的文化渊源之二。

欧洲的基督教是从犹太教的反对派开始的，受古希腊思想的影响，欧洲的基督教也体现了欧洲大陆的理性主义哲学。顾准（1973）认为欧洲基督教圣父、圣子、圣灵三位一体说分明与古希腊思想有关，成为罗马帝国国教的新宗教在很大程度上是没落的希腊人的宗教，它是犹太教的圣史和古希腊思想的混合品，新宗教的教义，因为古希腊思想而精致化了，所以它才能在那时候的西方文明世界不胫而走，新宗教是古希腊思想的宗教化，顾准的这个观点是西方学者公认的。顾准还认为柏拉图的“第一原因”——理念世界，是基督教的哲学基础，理性渊源所追溯的万能者——上帝是基督教与古希腊思想的结合点，柏拉图所代表的古希腊思想是基督教的两大组成部分之一，顾准的这一观点在学术界也是定论了的。

2. 大陆法系思维渊源

从法律角度看，古罗马法学家将法律分为人法和自然法，现代习惯法（普通法）和成文法（大陆法）即从古罗马的人法和自然法演变而来，而成文法（大陆法）的主要特征也深刻地烙印了欧洲大陆理性主义传统，因为自然法学受理性主义支配，理性主义要求法律的形式也符合人类理性的要求，即要求法律的形式要符合逻辑，表达明确，内容完整并采用成文法的形式，在法律的思维和运作上采用演绎推理的方法，注重概念的抽象和法律规则体系的严谨，内容细致完备，理性主义法律思维反对自由裁量和职业判断。唯理主义的最大好处是推动人们追求逻辑的一惯性（顾准，1973），因此，理性主义传统的恪守理性、追求有机统一、整体划一的相对稳定的思维方式，可以作为法德会计模式中实行法律化会计、财务会计与税务会计合一及会计职业不发达这些浅层环境的一个根源性解释。

3. 哲学思维、价值观念与英美会计模式的文化根源

大陆理性主义与英国经验主义并行于欧洲哲学思想中，这是公认的研究结论，英国的思想传统、价值观念以及制度安排的设计也独特于欧洲大陆的其他区域。在杨小凯（2002）关于后发优势与后发劣势的讨论中，有学者认为这源于英国的“岛民意识”及比大陆更强的危机感，是一种比欧洲大陆理性主义更强的理性主义。其实英国的“理性主义”之所以“强于”欧洲大陆理性主义，深刻的原因在于英国的“理性主义”实质上是一种经济学上的理性经济人主义，一种实用主义与功利主义，而不是欧洲大陆的哲学理性主义。英国的哲学贯穿了经验主义、实用主义，在英国由培根首创的、经霍布斯和洛克完善的唯物主义经验论，重视直接从经验中获取知识，轻视理性思维在认识中的作用，主张实验与归纳的思维方法，“培根把实效作为衡量真伪标准的思想，把实用视为知识的主要价值，是一种实用观”（王元晓，2008），英国哲学的功利主义渗透了各个思想领域，在经济学领域“休谟哲学中的自利思想对后来的亚当·斯密有很大影响，哈其森是功利主义创始人，斯密在世界观方面深受哈其森的影响”。①

相比欧洲，美国则相对缺少历史和传统，“美国是世界上最大的移民国家，与‘母国’文化联系最少”（何道宽，1994），因此其哲学思想与价值观念是典型的通过偶然事件的“锁住”而形成的，即美国历史上绝无仅有的西进运动——冒险家的锤炼历程，西进运动塑造了个人本位——个人主义、英雄主义和美国价值观念中的实用主义。“美国文化的突出特点是个体本位，美国发展了新教传统中最激进的个体本位思想，‘希望之乡’的美好向往、‘边疆生活’的拓荒经历、‘美国梦’的痴心追求、美利坚的认同力皆源于此，美国人的哲学传统是经验主义、功利主义、实用主义、工具主义、实证主义”（何道宽，1994），美国学者杜威曾对美国个人本位和实用主义价值观念做过这样的积极评价：“实用主义和工具的实验主义强调个人的重要地位，个人才是创造性思想的承担者、行动者和应用者……美国生活中那种片面的、自私自利的个人主义，在我们的实践中留下了它的印迹，不论从不同的观点来看它是好是坏，它已把欧洲旧文化中的那种审美的和固定不变的个人主义变为一种能动的个人主义。”个人主义和实用主义文化同欧洲大陆的理性主义传统是有区别的，如果说大陆理性主义核心是唯理，那么个人主义和实用主义核心就是唯实，个人主义和实用主义不注重有机性和整体性，在价值取向上唯实必然导致注重实践，崇尚实用，偏好效率便成为诺斯所谓

① 胡寄窗. 西方经济学说史［M］. 上海：立信会计出版社，1991.

的“习惯性行为”，效率也成为美国文化及其制度设计中最突出的内在特征。“美国个体本位的价值观念是追求人人不同、个个相异，求异思维成为发明创造的催化剂，强烈的功利追求与实用主义哲学一旦结合，就产生强大的创造活力”（何道宽，1994）。

美国的基督教则明显受到个体本位及实用主义文化思想的渗透。与“母国”联系最少，因此，美国实行政教分离最早，受罗马教廷影响最少，政教分离的原则创造了宗教宽容和文化宽容的气氛，这一点使美国有别于欧洲国家（何道宽，1994），因此在美国基督教信仰是一种包容性信仰。杨小凯（2002）在关于后发优势与后发劣势的经济学讨论中，强调了文化差异导致经济发展的不同——效率的不同，他特别指出美洲地区宗教和经济发展的相关性问题，并指出诺斯的研究也得出了类似的结论。此间中国经济学者盛洪（2002）也强调，新教到了美国后，逐渐走上完全根据自己对上帝的理解去理解上帝、不需要别人判别是否正确的道路，这在西方是非常重要的一步。

从法律角度而言，英美法系除了因为一个历史事件意外地“锁住”之外——拿破仑没有征服英国，从而没有使大陆法系推广渗透到英国——其法系特征还深受个人主义和实用主义文化及其价值、效率取向的影响，“美国文化不是整齐划一的均质文化，而是非均质文化，虽然它有整合程度较高的一面，但是它没有走向排除多样性、提倡整齐划一、坚持大一统的极端”（何道宽，1994）。英美法系在法律思维和运作上采用归纳方法，重视判例和职业判断，注重能动的个人主义。“在天人关系上，美国人主张人定胜天”（何道宽，1994），欧洲理性主义传统则趋于人法自然。因此，即便从经济学角度看，欧洲的理性主义及商业本位也更趋于规避风险，而实用主义及个体本位精神更偏好冒险，这也是英美以股票融资主导资本市场的一个文化根源。

综观以上分析，哲学思维、价值观念对英美会计模式的内在影响不言而喻。

（三）经济学理论、观念与两大会计模式的制度选择根源

1. 经济学理论与经济学观念对两大会计模式的意义

以经济学家布坎南为代表的公共选择理论反对罗宾斯 1932 年的经济学定义，

认为经济学不是一门选择科学或资源配置理论，公共选择理论认为经济学的核心原理是自动秩序原理或市场协调原理，经济学理论是集中注意人们行为的相互作用过程以及人们的相互作用赖以发生的社会制度的基础，因而经济学是对约束交易的规则进行选择的科学。[①] 与其他的制度演化中的"知识结构"比较，经济学理论、经济学观念与制度或规则、机制，包括宪政规章、制度安排，尤其是经济安排，有更为直接的渊源关系，是考察制度或规则、机制的设计及其规律的又一个内在线索。不同的经济学理论、经济学观念对于制度或规则、机制的选择，有不同的主张、论证、预期，受传统和哲学思维的积淀性影响，法德会计模式与英美会计模式背后的经济学理论、经济学观念也呈现出"巧合"的、总体上的规律性差别，这种规律性差别与上述已经探讨的"知识结构"一道，构成了两大会计模式背后同质性的、相互印证的根源性证据。

2. 一个反差的线索——政治经济学、政策经济学与市场经济学、交易经济学

总体上看，从历史角度说，法德会计模式背后的经济学表征了一个突出的、宏观性的、以政策为中心的政治经济学、政策经济学的传统，而英美会计模式背后的经济学则诠释了一个强烈的微观机制的交易及行为，以效率为检验标准的市场经济学，交易经济学的理念。

（1）法德会计模式背后突出的政治经济学、政策经济学传统。从为经济学成为科学奠定基础的重商主义经济思想开始，法德经济学思想的主体线索就表现为政治经济学、政策经济学的传统。

1）孟克列钦是法国早期重商主义的代表，其在 1615 年出版的《献给国王和王后的政治经济学》一书中，首次使用了"政治经济学"这一术语，法国晚期重商主义代表柯尔培尔的思想主要体现在他所实施的一系列经济政策上，对法国经济产生了重大影响，被称为柯尔培尔主义。德国的重商主义是"德国官房学派"，也主张国家干预经济事务。

2）法国古典经济学创始人布阿吉尔贝尔虽然反对重商主义，并把研究从流通领域转向生产领域，但其思想主要也表现为宏观政策经济学，坎铁隆最早对社

① 方福前. 公共选择理论——政治经济学［M］. 北京：中国人民大学出版社，2000.

会产品流通进行探讨，同样是基于总量的宏观经济学思想。

3）法国重农学派的创始人和最重要代表魁奈强调自由放任，经济学说史研究观点认为魁奈的思想很难用古希腊的传统思想作为其渊源，或者认为其受中国哲学的影响，并把此作为一个“悬案”，或者认为魁奈和斯密同为近代经济科学的创建者，但是笔者认为，魁奈的自由放任与主流经济学中英美的自由市场主义无法相提并论，客观分析魁奈的重农学派思想，将其列入宏观政策经济学一点也不过分，也就是说，魁奈的“自由放任”与斯密的自由放任有着本质的不同。首先，18 世纪，英国已经成为一个具有一定实力的工业国，而相对来说，法国的资本主义发展还较缓慢，农业对法国的影响仍然举足轻重，法国当时的社会状况引起了启蒙学者的批评，启蒙思想从人的理性出发，否定一切权威，攻击迷信、特权和压迫，主张自由、平等和不可侵犯的天赋人权，“启蒙思想对重农主义产生了很大影响，而重农主义则成为启蒙运动在经济领域的一个强有力的思想”，[①] 因此，魁奈的“自由放任”是理性主义的反对封建特权和等级束缚，本质上是对政治权利“自由”的诉求。其次，魁奈的“自由放任”强调“自然秩序”，这是希腊传统理性主义传统的延续，是所谓“人法自然”的思想，重农学派将重视农业看作“自然秩序”的一种体现，这与中国古代“道法自然”、“天人合一”、“自在和谐”的哲学观有着近似的逻辑，笔者认为，这就是“不少法国学者承认重农学派受到中国哲学影响”的原因。再次，魁奈认为个人利益是社会公共利益的仆人，而斯密古典经济学认为个人利益是社会利益的前提，因此魁奈“自由放任”的思想在本质上是国家利益而不是个人利益。最后，重农学派认为重商主义政策使法国农业受到破坏，因为它违反自然秩序，因此，魁奈的“自由放任”在本质上是要求“政策自由”，而不是创造财富的“自由市场”，魁奈的“经济表”在本质上也是描述社会宏观性的财富的流通，而不是微观性的财富的创造。因此，魁奈的“自由放任”与在功利主义、实用主义哲学支配下的“经济人”追求分工效率、崇尚自由市场机制、探究创造财富的动力、研究微观生产性质的斯密的“自由放任”相比，有着本质上的区分，斯密的“自由放任”的本质在于“市场与效率”

---

① 胡寄窗. 西方经济学说史 [M]. 上海：立信会计出版社，1991.

的微观经济学机制，魁奈的“自由放任”是一种“政策自由”的政治经济学观点。

4）在法国，对英国斯密、李嘉图的古典经济学，经济学者萨伊、巴师夏等采取了继承的态度，英国经济学长驱直入，但笔者认为，萨伊、巴师夏的经济学理论尽管丰富、补充了英国人的古典经济学说，仍然脱离不了宏观的政治经济学特征。

5）在德国，对于英国斯密、李嘉图的古典经济学，“国家主义学派”、“历史学派”采取反对的态度，强调经济的整体性，强调国家力量和民族利益，主张实行贸易保护，反对古典经济学的个人主义和自由放任主义，例如斯密赞扬分工，而缪勒则强调趋同。由此可见，哲学思维即使在经济学思想与经济学观念中也得到了内在的体现，“德国哲学强调事物的有机组织性及整体性对德国经济学思想产生了深刻的影响，理论经济学始终未在德国扎根，对德国人来说理论经济学始终是一种舶来品，这种哲学思想影响了德国一代学者，其中包括国家主义和历史学派”（胡寄窗，1991）。

6）虽然自称新自由主义的德国弗莱堡学派既反对古典传统的自由放任主义，也反对各种形式的中央指挥经济，并且缪勒—阿尔马克根据学派创始者欧根的“理念模型”和“竞争秩序”理论，创立了“社会市场经济”这个名词，理论主旨是以市场机制为基础又兼顾社会整体利益，“然而强调国家在社会方面的功能是德国的传统，在经济学领域中，国家主义学派和国家社会主义均系德国首创的土产品，直到现在，德国经济学家仍乐于将经济学称为‘国民’（直译应为国家）经济学，因此，新自由主义仍念念不忘国家干预，创建社会市场经济之说，是有其历史根源的”（胡寄窗，1991）。

（2）英美会计模式背后强烈的市场经济学、交易经济学理念。自由的经济主义或自由市场经济体制，是西方经济学中最被接受的观点，即使以主张国家干预的凯恩斯学派而论，他们仍然以自由市场机制为其理论前提，至于一向以坚决维护自由主义而闻名于世的学术中心，应以英国的伦敦经济学院和美国的芝加哥大学最为典型。[①] 自亚当·斯密的古典经济学开始，英美经济学思想便围绕交易与效

① 胡寄窗. 西方经济学说史［M］. 上海：立信会计出版社，1991.

率，突出强烈的市场经济学、交易经济学理念，即使距离政治规则、国家政策最近的立宪经济学，其核心也仍然是交易和效率问题，“立宪经济学被包括在‘政策科学’之内是一点也不合适的”（布坎南，1989）。

1）理性人或经济人范式与市场驱动力。理性人或经济人范式是英美与西方经济学大厦的基石，经济人是一个有理智、会计算、有创造性并能获得最大收益的人，它可以用来解释社会经济活动中一系列广泛的问题，“可以说没有亚当·斯密的经济人范式，便无法建立现代微观经济学的理论大厦”（方福前，2000），经济人是市场交易及其行为的驱动力。受自利主义和功利主义哲学影响，自亚当·斯密的古典经济学开始，到边际分析的新古典经济学，再到科斯领衔的新制度经济学，一直到布坎南为代表的公共选择理论与立宪经济学，经济人范式不仅作为英美主流经济学中经济市场交易的最基础假设，也作为政治市场交易的最基础假设，因此，在方法论上英美经济学主要表现为个人主义方法论，个人的目的性及个人利益是经济行为分析的逻辑起因。

2）分工、交易与财富、经济增长。受实用主义哲学的影响，自亚当·斯密开始，英美主流经济学始终把分工、交易作为财富、经济增长的重要原因之一，亚当·斯密认为，分工不是人类智慧、计划或政府干涉的结果，而是一种人类倾向的结果，这种倾向是互通有无，物物交易，相互交易，新古典经济学利用边际分析手段研究既定分工制度或规则下，以价格机制为中心的交易及其行为，科斯领衔的新制度经济学围绕产权、交易成本、契约等诸范畴对市场交易环境（制度安排）进行研究，公共选择理论、立宪经济学将交易环境拓展到政治市场，以杨小凯为代表的新兴古典经济学则继承了亚当·斯密的分工理论，发展了超边际分析方法。正如公共选择理论所定义的，经济学是一门交易科学或市场理论，经济学的主题是研究个人的交易倾向、交易过程、交易秩序，经济学的基本命题是个人之间的交易，就连布坎南（1989）也认为立宪经济学可以被看作亚当·斯密古典理论更为全面复兴的重要部分。

3）行为选择、规则选择与生产理论的微观机制。尽管公共选择理论不同意1932年罗宾斯将经济学定义为“选择理论”，但布坎南（1989）也承认新古典经济学（马歇尔主义或瓦尔拉斯主义）是既定约束内的选择，立宪经济学是考察对约束的选择，新制度经济学是特定制度形式内的互动。因此可以说，亚当·斯密古典经济学是分工的选择，新古典经济学是价格机制自发调节的需求与供给的个体选择，新制度经济学是对制度安排的选择，公共选择理论、立宪经济学是对宪政规则的选择。与法德经济学注重宏观政策与分配理论不同，英美经济学重视微观生产理论与交易理论，亚当·斯密将生产性劳动视为财富增长的原因之一，新古典经济学既关注需求消费的行为选择，又关注供给生产的厂商的行为选择，新制度经济学以产权、交易成本、契约作为企业生产理论的分析范畴，公共选择理论、立宪经济学则关注政治结构、政治规则对企业生产选择的约束。

4）以效率为中心的规范标准。英美经济学的核心是对于效率的甄别、检验、预期，在新古典经济学、制度经济学等正统经济学中，标准的效率规范处于这些学科的中心，既是解释的标准，又是规范的典型。如马歇尔主义或瓦尔拉斯主义的规范的讨论是按照福利经济学的效率标准进行的，并根据这些标准做出评价，尽管布坎南（1989）对此有所批评，但公共选择理论、立宪经济学最终也还是确立了对政府失灵救治的效率标准——宪法改革，即改革决策规则。从亚当·斯密古典经济学的分工效率，到新古典经济学的市场交易效率，到新制度经济学的制度安排效率，再到公共选择理论、立宪经济学的规则效率，效率成为英美经济学规范的检验标准。

（四）差别研究的结论——强制性与市场性的制度均衡偏好的差别

本书认为，法德与英美的文化传统及其思维惯性对会计模式的影响不是一种偶然的巧合，而是一个必然的结果。从历史角度出发，经由文化维度的差别研究，可以搜寻这样一个线索：从逻辑角度而言，受理性主义哲学支配的政治经济学、政策经济学思想，往往与对市场及交易的集权、干预相联系，而受个体本位哲学思想支配的市场经济学、交易经济学思想，常常与对市场及交易的分权、自治相关。

1. 制度的层次性

在经济学理论中，制度作为范畴是有层次的。布坎南（1989）阐述了立宪经济学与其他经济学的区别，认为亚当·斯密直接地致力不同制度结构的比较——

亚当·斯密发现既要对高度政治化的重商主义经济的运转性质做出说明，也要对非政治化的经济的运转性质做出说明，公共选择理论及其后来的立宪经济学是对亚当·斯密古典分工经济学的复兴的一个重要部分；而新古典经济学（马歇尔主义或瓦尔拉斯主义）的注意力却从古典经济学的制度结构转移开了，试图在现存的法律制度立宪结构下解释经济行为者的选择，产权经济学、法学的经济分析、管制经济学与新古典经济学更接近一些；新制度经济学更多地是关注特定制度形式内的互动而不是政治规则的广泛结构，新经济史学的某些内容以一种历史的角度同立宪经济学十分相近。

制度可以定义为约束人们行为的规则或契约关系。正如上述布坎南所指出的，新制度经济学的"制度"与公共选择、立宪经济学的"制度"是有区别的，前者主要是指法律制度、经济制度、合约安排，尤其是产权制度、组织结构等合约形式，可以称为制度安排，这种制度安排的建立称作制度设计、制度创新，由旧制度安排到新制度安排的更替称为制度变迁；后者主要指决策规则或政治制度，最根本的决策规则是宪法，制定决策规则就是制宪，决策规则改革就是宪法改革，宪法改革是为解决政府失灵。

从制度变迁角度，诺斯将制度结构引入对制度演进的经济史学分析中，在《制度、制度变迁和经济绩效》中，诺斯区分了正式约束（有形制度）和非正式约束（无形制度），[①] 文化对制度变迁的意义被引入制度变迁经济学中。诺斯和托马斯（1971）将制度结构分为基础性制度安排和次级制度安排，前者主要是指宪政制度及法律制度，后者主要是指强制性较弱的制度安排和合约方式，诺斯在制度变迁的经济史分析中，既包括一般的制度安排，又包括层次较高的宪政制度、法律制度。正因为如此，布坎南认为"新经济史学的某些内容以一种历史的角度同立宪经济学十分相近"，他区分了两种法——高级法和普通法，宪法是高级法，它确立了制定普通法的规则。

经济活动总是在一定的制度框架中进行的，因此，从层次上看，制度可以划分为宪法及政治制度、制度安排（包括普通法律、非法律性制度、其他合约形

---

① 盛洪. 现代制度经济学（上卷）[M]. 北京：北京大学出版社，2003.

式）、习惯等文化传统，从构成上制度可以划分为正式规则、非正式规则。制度层次越高，集中度越高，强制性越强，市场性越弱；制度层次越低，集中度越低，强制性越弱，市场性越强。

2. 契约精神与契约理念的比较

从契约精神角度看，在欧洲以卢梭为代表的社会契约理论，是对国家、国家公共权力及人民主权起源的解释，与宪政制度高度相关，“社会契约论是契约观念在宪政关系中的法律表现”（汤唯，2004），“卢梭的《社会契约论》为民主政治确立了一个完美的理想主义范型”（陈端洪，2006），欧洲的社会契约论体现了公共契约的理论特征；与卢梭的公共契约相反，英美经济学思想则较为突出地体现了市场及经济交易的私人契约理念，在个人理性的经济学假定下，英美经济学始终贯穿着交易中的私人契约理念及其效率标准。布坎南认为应该用“交易范式”描述经济学的内容——研究人类相互作用的合作安排，这种合作从最简单的两个人、两种商品的交易过程到最复杂的多个国家组织的准宪法安排，这种合作观可以扩大到非商业活动或政治活动上，这就把宪法经济学与政治学区分开来了。①

3. 强制性与市场性的制度均衡偏好

综合以上分析，欧洲大陆的哲学思想、经济学观念及契约思想在制度均衡方式的选择上，倾向于在宪法政治、法律、国家政策等较高的制度层次上进行，表现为对市场及其交易的集权与国家干预，即偏好采用强制性的制度均衡。与此相反，英美的哲学思想、经济学观念及契约理念在制度均衡方式的选择上，趋向于在强制性较弱的制度安排及其他合约形式等较低的层次上进行，表现为对市场及其交易的分权与自治，即偏好采用市场性的制度均衡。法德与英美的这种制度均衡方式偏好的差别，在会计制度安排中也得到了典型的反映：法德实行强制性较强的法律型会计，市场交易主体无会计选择权，税务会计不独立，英美则实行强制性较弱的准则型会计，市场交易主体有会计选择权，税务会计是独立的。

---

① 方福前. 公共选择理论——政治的经济学［M］. 北京：中国人民大学出版社，2000.

四、法德与英美会计模式的无差别研究：经济学效率比较

（一）会计模式的经济学效率比较的理论依据

1. 经济学视角对会计模式研究的意义

不考虑文化传统根源的差别，运用经济学理论对法德与英美会计模式主要的外在性安排进行纯粹经济学意义上的效率比较，是与差别研究相对应的一种无差别研究。在制度安排的问题上，科斯（1960，1993）不止一次提到经济学视角分析对法律视角分析的、独特的纠正与补充功效。法律是制度安排的一种形式，科斯（1988）认为在零交易费用的情况下，资源配置不受法律影响的观点也表明：在正交易费用的情况下，法律在决定资源如何利用方面具有极为重要的作用。法律视角制度安排的规范标准与经济学视角制度安排的规范标准是不同的，经济学的规范标准是效率标准，制度安排是否适宜以及制度变迁的趋势预测，都与效率相关，制度经济学在本质上是关于制度效率及制度变迁的理论，制度不仅是一个重要因素，也必然是一个重要的经济学变量。诺斯（1971）强调制度安排的发展才是主要的改善生产效率和要素市场的历史原因，进而诺斯（1981）认为在稀缺和竞争成为普遍存在的条件时，效率较高的制度安排将取代效率较低的制度安排。

2. 会计产权对会计模式研究的价值

权利的界定是市场交易的基本前提（科斯，1988），制度安排的核心范畴是产权问题，产权的本质是关于资源的权利，“将资源等同于财产还不如将它等同于权力、资格或利益”（阿尔奇安、德姆塞茨，1973），阿尔奇安认为在任何社会里，资源的使用权（即产权）都能得到解释。科斯（1960）关于产权本质的论述是十分恰当的：人们通常认为，商人得到和使用的是实物，而不是行使一定行为

的权力，我们说某人拥有土地，并把它当作生产要素，但土地所有者实际上拥有的是实施一定行为的权力。

产权是一种社会契约，它的意义产生于这样的事实，即它有助于形成一个人在同他人的交易中能理性地把握的那些预期（德姆塞茨，1967）。产权制度是一种基础性的经济制度，它不仅对经济效率有重要影响，而且又构成了市场制度以及其他许多制度安排的基础，产权界定与否、如何界定，直接影响成本与收益，不同的产权界定产生不同的市场动力，进而不同的产权制度带来不同的效率。

产权结构是产权范式的一个基本问题，阿尔奇安、德姆塞茨（1973）将产权结构分为两个重要问题：第一个问题是存在哪些产权，第二个问题是权利所有者的身份，并认为产权结构具有社会后果——产权结构影响效率。

会计是一种资源，私人因会计资源的生产投入而承担了成本，存在会计产权界定及其效率问题，不同的会计安排将导致不同的社会后果。因此，会计模式的经济学效率比较，其核心问题在于会计的产权安排。其中，会计产权结构本质上是利益结构，这种利益结构体现在会计制度结构中，内含利益导向的会计制度结构便使会计模式具有了经济学的效率意义，这构成了本书对于法德与英美会计模式进行无差别研究的主要线索。

（二）会计产权结构的含义

1. 会计产权结构的界定

从历史与逻辑角度而言，会计的产权结构主要是明确具有经济职能的会计能够提供哪些服务、被谁使用及为谁服务。在产权范式层次上，会计的产权结构首先要从理论上界定的问题是会计存在哪些产权，其次是认定会计产权人的身份问题，结合阿尔奇安、德姆塞茨的产权结构理论，本文认为有两种会计产权——个体会计产权与公共会计产权。个体会计产权意味着会计服务于明确的单个主体——会计设置成本的承担者，个体会计产权人是指私人个体（如家庭、商户、公司企业等）、国家或政府个体（如古代官厅会计、现代政府机关及事业单位等非营利组织会计）。毫无疑问，个体会计产权人主要是指为数众多的私人个体。从会计的历史发展来看，会计及其制度演变主要指公司企业的会计演变，因此，本书使用“个体会计产权”主要是基于公司企业这些私人产权人的视角。公共会计产权是会计的公共性管制的结果，意味着会计服务于不明确的主体——公共利益主体，公共会计产权人指对会计的经济职能、会计信息提出公共性的服务需求的人，如金融机构等债权人、股东等投资人、国家征税、国家宏观经济管理等。[①]

2. 会计产权结构的嬗变

宏观地审视会计演变的历史线索，可以看到会计作为资源为人们提供服务的会计产权结构的嬗变过程。

古代会计的使用主体为民间和官厅，会计的主要经济职能只是一种记录活动，此时的民间会计和官厅会计具有记忆、检查、核对、监督、财产管理等功效，早期近代会计的使用主体依然为民间和官厅。相比古代的民间会计和官厅会计，货币、信用、商业及资本的发展使会计增加了成本、利润等方面的记录、计算、管理等功效。从古代与早期近代会计资源的使用看，此时的会计产权结构是典型的单一的个体产权。因此，从发生学的角度看，会计作为资源出现是特定的有形个体需求的结果，也就是说，会计作为资源天然不是为无形的公共利益而服务的。

工业革命后的近代会计阶段，尤其现代会计阶段，会计产权结构中出现了公共产权因素，主要表现在对会计的经济职能、会计信息的公共需求上，为实现市场公平交易、社会资源最佳配置、体现国家宏观经济管理等目标，以会计法律、会计准则、会计信息披露规范等进行会计管制，以满足金融机构等债权人、股东等投资人、国家税务机关征税、国家宏观经济管理等对会计信息、会计经济职能提出的公共性服务需求。同时，个体会计产权得到了前所未有的深化与提升，具体表现为以现代公司制企业为中心的私人主体在盈余管理、税务筹划、有效契约安排、治理结构、财务价值管理、控制与决策等方面对会计资源的使用。

会计产权结构演化的必然趋势是从单一的个体会计产权，到个体会计产权与

---

① 现代会计理论公认的是，私人对债权人、投资人等相关契约方的会计信息披露具有私人市场动力，但是不进行管制的会计信息披露会导致披露不足、搭便车等外部性，披露泛滥以及披露机会主义等，即市场失灵，因此，现代会计信息披露是在管制之下进行的，因而既是出于私人契约关系需要，又是维护公共利益的社会性会计职能的会计信息披露的体现。

公共会计产权共存。因此，现代会计产权结构既包括个体会计产权，又涵盖公共会计产权，公共会计产权需求的满足与实现，通常以国家法律强制或者国家权威做后盾。

3. 会计产权结构的本质

从利益导向角度而言，如果说个体会计产权主要是为私人个体利益服务的话，那么公共会计产权则主要是为公共利益服务，因此现代会计产权结构在本质上是一个“利益结构”——个体利益与公共利益的结构。因此，紧跟而来的关于会计产权安排的最深刻的问题是：会计产权结构究竟应该是私人利益导向还是公共利益导向，即作为利益结构的会计产权结构，如果存在个体产权与公共产权的协调性与矛盾性，该如何定位？

（三）法德与英美会计模式的会计制度结构

由此可见，如何从协调与矛盾的关系角度，去定位会计产权结构中的个体会计产权与公共会计产权，表现为会计制度结构层次上的核心机制。

1. 会计制度结构的含义

制度结构是指不同层次的制度安排形式及其组合与构成，如上所述，会计产权结构在本质上是一种利益结构，这种利益结构通过会计制度结构体现。也就是说，会计制度结构可以定义为通过不同层次的制度安排的组合与构成，以对个体会计产权与公共会计产权进行定位，即会计制度结构的实质是一种利益导向型的制度安排方式的组合与构成，不同层次的制度安排表现为宪政制度、国家政策、强制性较强的法律、强制性较弱的规则、其他契约安排及合约形式等。

2. 法德会计制度结构

法德会计模式的基本特征为强制性较强的法律型会计，强调国家政策、国家征税与宏观经济管理等公共需求，会计制度均衡的层次较高，企业自主会计选择的权力较小，没有独立的税务会计安排，倾向于将公共会计产权优先定位，弱化个体会计产权。因此，法德会计模式主要表现为一种强公共会计产权、弱个体会计产权的会计制度结构。

3. 英美会计制度结构

英美会计模式的基本特征表现为强制性较弱的准则型会计，突出微观市场运行与交易的私人需求，会计制度均衡的层次较低，企业自主会计选择的权力较大，有独立的税务会计安排，倾向于将个体会计产权优先定位，淡化公共会计产权。因此，英美会计模式主要表现为一种重个体会计产权、轻公共会计产权的会计制度结构。

（四）会计模式的经济学效率

就私人利益与社会利益角度而言，会计产权存在自然优序机制，公共会计产权并不必然降低个体会计产权效率，因此会计模式中公共会计产权的安排设计是否体现了对自然优序机制的遵从，便具有了经济学上的效率意义；经济学研究认同近现代人类社会的经济发展的原因，是生产性努力增长的结果，这个结论也同样适用于会计制度变迁、会计制度创新的历史与逻辑，会计产权结构究竟是从属于生产性结构还是分配性结构就显得至关重要；会计作为资源具有市场可交易性，包括会计职业在内的会计资源是否充分进行市场交易是衡量会计模式经济学效率的重要标志，在这个意义上，会计可以视为一个经济变量；有必要从经济学视角审视会计制度安排的层次性，以及由此带来的经济学意义上的效率性；会计制度安排的目标是提高交易效率，因而会计制度安排的实质是增长模式的改进与演化，而不是收益分配规则。

1. 会计产权的自然优序机制——会计产权的应然秩序

在历史与逻辑意义上，会计作为资源是私事优先还是公事优先？如前所述，从发生学的角度看，会计资源是为私事被首先使用的，即使到了后来的现代会计阶段，会计资源也是在私事使用的基础上才为公事服务。在逻辑上可以说，没有会计的私事服务就不会出现会计的公事服务，作为市场主要交易主体的私人如果不设置会计，那么债权人、投资人的信息需求就不会通过会计资源的使用得到满足，国家征税、宏观经济管理与调控就无法通过会计资源的使用而实现，会计首先是一种私人使用的经营资源。顾准认为会计是商业及其他经营活动必要的“合理的经营知识”。会计被称为“企业的语言”、“商业语言”，美国会计师协会对会计的定义“是反映交易和事项的过程及解释其结果的一种应用技术”，“会计首先表现为一种技术，然后表现为一种经济后果”（葛家澍，2003），个体会计产权不仅是经济学家所谓的“自然趋势”，而且是一种“生产性努力”的产权，本书认为个体会计产权优先于公共会计产权是会计产权的自然优序机制——会计产权的应然秩序。

2. 个体会计产权与公共会计产权的可协调性

在会计产权自然优序机制框架下，个体产权与公共产权的可协调性可以定义为会计作为资源在为公共利益服务的同时，不破坏个体产权及其相关利益，即会计公共产权没有使个体产权产生经济学意义上的外部性。独立税务会计模式下的国家征税及债权人、投资人出于信息对称需求的公共会计产权，与个体会计产权具有可协调性，因为这种公共会计服务本身是私人会计产权人对这些契约方进行契约管理的有效方式之一，即这种有效契约安排本身“自然”地成为个体会计产权目标函数的一个函数变量，会计资源的公共服务没有使个体会计产权人产生较多的“额外付出”，对个体会计产权人来说存在相对完整的直接的市场交易——契约成本支付与契约回报收益的激励机制，而且，由于不强制会计履行宏观经济管理与调控的经济职能，私人会计的经济职能相对独立，个体会计产权受到的干扰与侵害较小。因此，尽管会计产权演化的必然趋势是从单一的个体会计产权到个体会计产权与公共会计产权共存，但公共会计产权并不必然与个体会计产权产生矛盾。

3. 个体会计产权与公共会计产权的非协调性

与个体会计产权与公共会计产权的可协调性相反，个体产权与公共产权的非协调性意味着行使会计公共产权干扰侵蚀个体产权，使个体产权产生了外部性。以强制性法律会计为特征的非独立税务会计模式下的国家征税、宏观经济管理与调控的公共会计产权，要求会计履行宏观经济职能，损害并削弱了个体会计的自主选择权，进而降低了个体在盈余管理、税务管理、有效契约安排、治理结构、财务价值管理、控制与决策等方面的效率，私人会计相对不独立。此外，履行宏观经济职能的会计资源的公共服务还使个体会计产权人产生较多的“额外付出”，因为对个体会计产权人来说不存在相对完整的直接的市场交易——不能使个体会计产权人的有形成本支付得到补偿。

4. 法德与英美会计模式均衡效率的深层次讨论

（1）公共会计产权的契约性质与会计模式效率。如上述分析，公共会计产权并不必然与个体会计产权相矛盾，因此个体会计产权与公共会计产权的协调性与非协调性，就其本质来说是会计制度结构所体现出来的一种机制——市场性机制与非市场性机制。也就是说，公共会计产权安排设计的市场性问题内含着经济学效率，即公共会计产权与个体会计产权能否形成直接的市场交易关系决定会计模式的经济学效率。运用经济学视角对公共会计产权进行分解性分析，如前所述，可以看到独立税务会计模式下的公共会计产权，是个体会计产权对外的"自然"延伸——市场契约，而以强制性法律会计为特征的非独立税务会计模式下的国家征税、宏观经济管理与调控的公共会计产权，是个体会计产权的"强制"拓展——非市场契约。因此，从公共会计产权安排设计看，法德会计模式的可协调性差，英美会计模式的可协调性强。

私人由于生产经营与市场交易的需要，设置会计人员与会计机构、设计并运行相应的会计机制，发生了私人的会计设置与设计成本。也就是说，个体会计产权人承担了会计资源使用的全部成本，在法德会计模式下，由于存在个体会计产权与公共会计产权的非协调，部分私人会计成本并没有得到补偿。同时，产权意味着权利对产权人自己或他人有益或有害，注意到这一点是十分重要的（德姆塞茨，1967），因此在法德会计模式下，公共会计产权侵害了个体会计产权，表现为个体会计产权人的自主选择权力受到约束，如不能行使独立税务会计产权等权力。因此，从理论上来看，法德会计模式下的会计产权安排具有经济学上的外部性，德姆塞茨（1967）认为"由于交易中'固有'的困难和法律的原因，成本和收益内部化的交易费用会很大"，因此在法德会计模式下，将这种外部性实现内部化的交易成本是十分高昂的，原因在于法德实行法律型会计，会计制度均衡的制度层次较高。

阿尔奇安、德姆塞茨（1973）认为最重要的产权区分介于国家（公共）产权与私人产权之间，在资源产权问题上，的确有可能存在国家（公共）产权与私人产权的模糊与混乱，因此阿尔奇安、德姆塞茨特别指出，这个问题之所以重要，是因为“权利结构能对资源配置造成重要的后果”，即产权结构具有社会后果——产权结构影响效率，阿尔奇安、德姆塞茨认为产权结构演进的预期是“促使人们将权利转变成最有价值的形式”。因此，个体会计产权人有强烈的动力以最有价值的方式使用其会计资源，这对会计模式选择来说应该是很好的一个启示。

（2）会计制度结构——分配性结构与生产性结构。科斯（1990）声明，他写作《社会成本问题》是运用交易成本这一概念证实法律体系可以影响经济体系运转的方式。从上述分析可以看到，法德会计模式的公共会计产权在制度层次较高的合法配置之下，存在对个体会计产权的国家干预而造成的侵害问题，这种会计产权侵害实质上是一种经济学意义上的“共同产权”——在产权界定时被无偿占有，也就是说个体会计产权在由会计制度结构进行界定时，被一部分公共会计产权无偿占有的会计产权。正如上文所分析的，会计产权中的这种共同产权是一种交易成本，法德会计模式以法律化形式在会计制度结构中安排了这种侵害，科斯（1960）将这种情况称为“合法妨害”——无须补偿的妨害。但科斯强调，问题的关键在于衡量消除有害效果的收益与允许这些效果继续实施下去的收益，必须决定的是，防止妨害的收益是否大于停止该损害行为而在其他方面遭受的损失。也就是说，科斯认为“合法妨害”的经济学条件是必须保证“最终产值最大化”——总的效果最佳。如前文所述，科斯反复指出经济学视角对法律视角而言的独特的纠正和补充功能。也就是说，法律制度关乎经济效率问题。因此，按照科斯的“法律在决定资源如何利用方面起着极为重要的作用”以及“在设计与选择社会安排时应该考虑总的效果”的经济学观点，法德会计模式下公共会计产权对个体会计产权的“合法妨害”，能不能产生价值最大化总的效果的探讨就显得必要，就此自然引申出关于会计产权结构是从属于分配性结构还是生产性结构的问题。

会计产权结构是从属于分配性结构还是生产性结构，与会计制度结构对会计产权的配置导向相关。生产性结构意味着会计产权的行使是对私人生产与交易的价值贡献，如果会计作为一种资源是既定的，那么私人理性的驱动必然是充分的且是最大价值化地运用会计资源，私人投入会计设置成本，运用会计资源的各种管理功能和契约功能，追求私人在市场交易中的利益最大化。正如前文所述，顾准在论证欧洲资本主义产生及其发展必须具备的条件时，指出“复式簿记”是资本主义必备的合理经营的知识，“复式簿记”作为会计资源首先是私人经营资源，是会计产权的自然优序机制的历史证据。从现代会计阶段看，私人会计资源在具体使用上既包括内部管理、内部契约功能，又包括外部管理、外部契约功能，如行使控制与决策、财务价值管理、盈余管理、独立税务会计及税务筹划、有效契约安排、治理结构管理等会计产权。从属于生产性结构的会计产权结构要求公共会计产权对个体会计产权施加最小的“妨害”，以达到个体会计产权最大化效率的使用，英美会计模式在较低的制度安排层次上以会计准则和独立税务会计形式配置个体会计产权，强调微观经济运行效率，私人主体的会计自主选择权力相对较大，私人会计资源的运用比较充分，英美会计模式下的会计产权制度结构对会计产权的配置倾向于生产性结构。为国家财政、税收等服务，反映宏观经济政策及其执行的公共会计产权的行使，是会计产权的拓展与延伸。从经济学角度来说，国家是不从事生产的抽象的组织形式，因此这种会计产权结构从属于分配性结构。诺斯（1971）认为“分配类型的制度安排，需要采取强制性的手段，又因为政府是唯一合法的、施行强制力量的单位，这时的制度安排通常成了立法机关或者政府命令的产物”，法德会计模式的会计制度结构对会计产权的配置导向倾向于分配性结构，这与法德以强制性的制度均衡为特征的会计制度相吻合。

从经济学的经济增长与制度变迁角度而言，生产性努力的结果是创造新财富，是社会总财富的增加，而分配性努力并不创造新财富，使得社会总财富不增加。因此，从经济学角度来说，一种制度之所以选择分配性努力而不选择生产性努力，其原因主要有四点：一是界定生产性努力的成果产权的交易费用较高，社会由此选择了分配性努力制度，这种情况主要发生在前现代社会；二是对生产性努力与分配性努力认识上的误区，如前现代社会对一些生产性活动的认识不足，导致对这些生产性活动进行压制（盛洪，1991）；三是诺斯（1981）在历史上经济组织的分析框架中认为国家只按照与国家管理者财富最大化目标相一致的程度去鼓励并规定有效率的产权制度，有可能使相当缺乏效率的制度形式生存下来；四是诺斯认为政治规则是决定经济规则的，政治规则并不是按照效率原则发展的，它受政治、军事、社会、历史和意识形态的约束，因此完全有可能使一个民族长期地停留在低效率的经济制度中。本书认为，法德会计模式对分配性会计制度结构的选择，可以从后三点中得到不同程度的解释，尤其是至少可以在最后一点当中得到解释。正如本书在文化传统方面所做的差别研究而得出的结论一样，对会计资源作用及价值的认识及文化传统等“知识结构”，导致了会计制度均衡的经济学意义上的“锁入效应”，正如诺斯（1971）所指出的“不是所有的生产性制度都能预见到”。

会计产权结构的分配性结构与生产性结构问题，实质上是会计制度结构中的集权与分权、公共财政权益与私人会计权益、国家宏观本位与私人微观本位的权衡问题，与生产性会计产权结构对应的是收益增长性会计模式，与分配性会计产权结构对应的是收益分配性会计模式。因此，除了上述分析，倾向于收益分享性会计模式的“合法妨害”是否会产生产值最大化的总的效果，还涉及国家税收利益与会计的宏观经济功能问题。也就是说，依据科斯的社会成本经济学理论，集权的收益能否大于集权的社会成本——分权的收益，在损失个体会计权益情况下，税收等公共财政收益是否一定增长，且增长利益一定大于社会成本——个体会计产权外部性带来的损失，即“合法妨害收益”是否一定大于“合法妨害成本”？由于会计制度结构下的监管成本是有限的，因此可以不考虑法德与英美会计模式的监管成本，或者假定监管成本相同，这里主要涉及四个考察的经济变量：集权收益、分权收益、税收等财政收益、外部性损失。可以从规范的视角进行分析（尽管这也许也是个实证问题），从经济角度看，宏观经济控制的最终目的是微观经济收益，也就是说宏观经济最终要落实到微观经济运行上，微观经济收益决定经济总收益，因此分权收益、外部性损失的微观变量是“源”，集权收益、财政收益是“流”，没有微观利益的增长就没有宏观收益的增加。因此在理论上，生产性会计制度结构的效率要优于分配性会计制度结构，私人微观本位优于国家宏观本位，社会财富（如经济总量）与微观效率（如公司企业）的比较也印证了英美与法德会计模式的这一命题。

还可以考察两个个案问题：第一个问题是会计能够对宏观经济政策起到功效吗？比如，为鼓励企业购置生产性资产，美国在税法中规定“投资减税”条款，引发了收益确认的争议，1986 年投资减税作为税制改革的一部分被废除，因此普遍认为会计准则对宏观经济决策只起中性作用。[①] 第二个问题是独立税务会计产权制度能够助长微观偷税、造成国家税收损失吗？将会计制度视为民商经济法律制度、财税制度与会计技术融合生成的收益分享规则的研究观点，在这个问题上无疑是持肯定结论的。本书认为微观偷税的主要相关因素不在于会计产权配置，而在于税收法律本身与税收监管以及纳税人税收法律意识，如果说法德会计模式对税收的保证与防范效率优于英美会计模式，一个是经验证据不足，也就是说没有始终一贯的经验和理论来证明，另一个最关键的理由依然是科斯的产值最大化总效果的制度经济学理论——即使独立税务会计产权制度造成了更大的国家税收损失，如果微观经济收益大到足以抵消税收损失，那么独立税务会计产权制度依然是有效的。

5. 会计模式对会计资源交易及其效率影响的制度意义

资源需要进行交易（德姆塞茨，1964），会计作为私人生产的资源投入，具有可交易性。同时，会计作为社会资源也参与了微观与宏观经济的交易，不同会计模式下的会计制度结构对会计资源的交易及其效率具有不同的制度意义。

在经济理性人假设下，作为私人生产投入的会计资源，其交易效率取决于个体会计产权配置情况，即私人可支配使用的会计资源的多与少。英美会计模式下的会计制度结构对个体会计产权的配置较为完善，私人可以最佳的市场理性方式使用会计资源，包括独立税务会计、税务管理、控制与决策、财务价值管理、盈余管理、有效契约安排、治理结构管理等；与英美会计模式相比，法德会计模式下的会计制度结构对个体会计产权相对限制较多，最典型的是缺乏独立税务会计产权配置，税务会计是否独立具有传导性机制，无独立税务会计配置会限制私人部门其他会计资源的利用，私人会计资源交易动力不足。因此，在个体会计产权充分的条件下，私人会计资源具有较高的市场交易动力，反之，则市场交易动力较低。

与独立税务会计这种典型的私人会计资源相对应的是另一种社会会计资源——会计职业。葛家澍（2003）表述了一个巧合的现象：当今世界会计职业界

---

① 王松年. 国际会计前沿［M］. 上海：上海财经大学出版社，2005.

较发达的国家是美国和英国，相对较弱小的发达国家是德国与法国，而它们之间的一个重要的区别是会计职业界是否自治、是否享有会计准则的制定权。由此看来，会计社会资源的利用及其交易效率也与会计模式相关，以上分析的会计制度的均衡层次、会计制度结构的分配与生产性质、会计制度结构对会计产权的配置，也影响着社会会计资源参与微观、宏观经济交易的规模。

如何对会计资源的交易效率在经济学的市场交易与制度费用意义上进行解释？分工能够提高生产效率，市场规模决定分工程度，市场规模越大，分工越细，反之市场规模越小，分工越少，而市场规模由交易效率决定，因而分工水平也就与市场交易效率——交易费用相关，即分工的边际收入大于分工的边际成本，分工有效，反之分工无效。经济学家阿罗将交易成本定义为制度运行成本，因此，分工效率本质上用于度量决定分工程度的制度效率——制度交易费用大小。英美会计模式下的会计分工相对精细，如税务会计与财务会计分离、会计职业分工程度高；法德会计模式下的会计分工相对较少，两者在分工上分别具有“发散性”与“收敛性”特征。分工将增加交易成本，会计分工越细，会计规则的制定成本、会计监管成本、会计协调成本等资源耗散的制度运行成本越高，尽管会计分工必然带来制度收益。可以在理论上明确的是，会计分工引起的成本增加可以表示为“有形资源耗费”，会计分工增加的制度收益（好处）可以表示为“无形收益”，反过来法德会计模式分工问题的制度效率，可以表述为限制分工比增加分工节省的有形成本与限制分工损失的无形收益（恰恰是会计分工增加的收益，是限制会计分工的机会成本）相互间的比较。

如何度量制度效率？基于概念的可操作性，经济学家将“成本”定义为“机会成本”，即一切成本都是机会成本。汪丁丁（1995）提出了解决度量制度成本这个问题的途径，引进新古典经济学的比较静态分析方法来定义和度量各种交易制度的机会成本，建立一般均衡或博弈论的制度选择模型。由于制度是有着技术和制度知识的人们所选择的，如果加上初始产权的分配，就可以决定一组静态的均衡，而在全部均衡状态中具有最小成本的均衡可以用来度量其他一切均衡状态下资源配置的“机会成本”。因此，制度效率可以“机会成本”这个变量进行度量。

从亚当·斯密的古典学派到杨小凯的新兴古典学派及其他经济学派，一致的观点是分工必然提高生产效率，分工会导致“专业化经济”，在分析会计资源交易的制度效率之前，必须明确关于分工制度的这一公认的经济学结论——分工会提高生产效率，因而分工有正收益（不是总收益，总收益可能会是负的），或者有限，或者无穷；[①]而限制分工由于具有“收敛”特征，其收益是有限的，其总收益或者是正收益，或者是负收益。

对待分工制度的“无形收益”，可以采用博弈经济学中最大值最小值决策机制进行分析。先分析限制会计分工的机会成本：第一种情况是，增加会计分工的收益无穷大，因此其总收益也无穷大（因为增加分工引起的成本是有形的），那么对限制会计分工的选择来说，其机会成本就无穷大（相对无穷大收益，其节省的有形成本可以忽略）；第二种情况是，增加会计分工的收益不是无穷大的（有限的），且大于有形耗费，对于限制分工的选择来说，其机会成本是有限的；第三种情况是，增加会计分工的收益不是无穷大的，且小于有形耗费，对于限制分工的选择来说，其机会成本是有限的负数，可以表述为没有机会成本。这样，对于限制会计分工的选择来说面临几个机会成本：或者无穷大，或者有限，或者没有。再分析增加会计分工的机会成本，由于限制会计分工至多产生有限的正总收益，或者负总收益，这种有限的总收益恰恰是增加会计分工的机会成本，即使加上增加会计分工的有形耗费，那么也意味着增加会计分工至多产生有限的损失，或者没有损失，因此，对于增加会计分工的选择来说，其机会成本为：或者有限，或者没有。利用博弈经济学最大最小决策机制进行制度成本选择：选择增加会计分工，最大机会成本——至多损失有限收益；选择限制会计分工，最大机会成本——最大损失为无穷收益，其结果是对无穷收益“宁可信其有”；选择增加会计分工制度，以取得“保留支付”——最大损失中的最小损失。

制度的机会成本分析框架与科斯的产值最大化总效果的制度经济学理论，在适用于会计模式对于会计资源交易效率影响的制度意义上，有着一致的检验性价

① 新兴古典经济学家杨小凯在超边际分析中，以“专业化经济”替代“规模经济”，因此可以假定专业化的内生性收益可以达到近似无穷大。

值。因此，既然分工存在一个无条件的经济学优势——生产效率，那么分工制度就不会被轻易否定。制度经济学理论认为制度不仅是一个重要因素，也必然是一个重要的经济变量，在这个意义上会计安排可视为一个经济变量。但汪丁丁（1995）指出，虽然制度均衡有着最小的机会成本，但这并不意味着人们可以实现或者看到那个具有最小交易费用的均衡，因此社会仍停留在较高交易费用的均衡状态里，这就是诺斯反复强调的“锁入效应”。这个经济学结论对法德与英美会计模式研究同样具有一定的解释力。

虽然上述分析论证只是一个理论模型，但是对待“会计是一种资源”和“会计资源的充分使用及会计分工会带来正的总收益”这两个命题，有必要坚持“宁可信其有”的选择，尽管这些命题有时候表现为无形的经济状态，以至于无法准确计量与实证。而且从理论角度而言，限制分工的制度安排虽然能够节省有形的资源耗费，但往往会产生比较大的机会成本——新兴古典经济学所谓的“内生交易费用”。

6. 会计安排的制度层次及其适宜性

法德会计模式与英美会计模式有着不同的会计制度均衡特征。

法德会计模式下的会计规范的制度层次较高，法国的《会计总方案》（由法国国家经济和财政部颁布）、《商法》、《税法》、《证券交易管理委员会条例》、《金融安全法》等，以及德国的《商法》、《税法》、《公司法》等，均属于现代法律类别中的经济法范畴，如果细分，则 《商法》、《公司法》属于民商法中的商法，《税法》则属于经济法中的国家宏观调控法，《会计总方案》、《证券交易管理委员会条例》、《金融安全法》应该属于经济法中的市场运行法；从大陆法系的公法、私法的划分惯例看，税法无疑属于公法，而其他会计法规的公私法属性则不十分明确，尽管民商法在大陆法系看来属于私法系列。因为从法德会计模式注重宏观经济调控的经济职能这点来看，除了税法之外，其他会计规范也应该较多地倾向于公法属性。因此，从制度层次而言，法德会计模式下的会计规范虽然不是国家宪政，但仍然属于层次较高的、距离国家宪政最近的国家普通法，而英美会计模式的准则型会计规范距离国家宪政较远，制度层次较低。

大陆法系公认的主要缺点是比较僵化，难以适应不断变化的客观形势，这一局限从会计角度看尤其典型。诺斯（1971）认为基础性制度安排是一些“基本原则”，这些基本原则或者是宪法形式，或者是法律形式，或者是习惯形式，因此，法德会计模式下的会计规范属于基础性制度安排。诺斯进一步指出，次级制度安排和基础性制度安排的关系，虽然很典型地表现为两者之间有某些重叠，但最显而易见的差别是后者的变革成本远比前者的变革成本大，诺斯因此强调了一个命题，即制度创新往往从次级制度安排开始，“次级的制度安排创新将以低于改变基础性安排的成本被诱发、刺激出来”。会计首先是一种应用技术，是对交易、事项的过程及其结果进行反映和解释的应用技术，而会计所反映的交易、事项的变化频率是相当高的，因此，基础性制度安排的会计规范的变动成本将会非常之高。

如前文所论，会计产权存在自然优序机制——应然秩序，私事是基础，私事优先于公事，因此，会计规范的制度层次应该体现这一自然优序，以使会计制度具有经济学意义上的适宜性。诺斯（1971）认为次级制度安排形成的模型的一个限制条件是这个模型建立在利润最大化的假设之上，在这一模型中，引导制度创新的力量主要是私人盈利能力。汪丁丁（1992）也认为制度变迁的终极动力在于个人利益最大化的行为，像亚当·斯密提出的“看不见的手”，是以可以推断个体会计产权人有会计制度创新的最大动力。在制度变迁与经济增长问题上，诺斯（1971）总结认为，基本决策规则必须鼓励和迫使契约关系的形成——次级制度安排，这种关系能够促进社会性的有利后果。因此，以会计安排的制度层次来看，基础性会计制度安排不利于制度创新，从而抑制了潜在的利润的实现及社会利益的增加。

制度层次越高，制度的国家宪政性质越强，越倾向于公共利益，而现代会计理论公认的结论是会计首先是技术——体现中性，然后才表现为一种经济后果——对相关者利益及资源配置、社会经济运行和交易成本等公共利益产生影响，而对会计的经济后果的导向与控制，也是通过会计技术层面的规范进行的，从这个角度说，会计安排的制度层次不宜采用基础性制度安排形式。诺斯和托马斯（1971）指出，“基础性制度安排可以被认为是对社会规则的一般性陈述，而次级制度是对有关的特殊现象所进行的特殊陈述”。从法律技术角度而言，普通法律制度适合对“行为”或“宏观框架”进行约束，而不是对“应用技术”细节进行规范，“技术”内容适合采用“某种标准”的形式来进行规范，因为“技术”总是随着交易、事项的出现而频繁地进步、变化。也就是说“行为”、“宏观框架”往往具有“模式”特征，而“技术”属于“细节”，往往不具有“模式”特征，模式是相对稳定、固定的特征，因此，“技术”的会计规范应该远离国家宪政制度，不适宜采用普通法律制度形式。在会计安排的制度层次上，“会计技术”应该以次级制度安排形式出现，而“会计行为”、“会计宏观框架”可以以基础性安排形式出现，比如“会计技术”以“会计准则”这类标准形式出现，“会计行为”、“会计宏观框架”以“会计法”等普通法律形式出现，就相对具有制度的适宜性。从制度层次及其适宜性角度看，国际会计准则只是一个参考而不是国际法，英美会计模式采用准则型会计，这样在制度形式上使财务会计规范与税收规范处于两个不同层次上，一个是“标准”形式的次级制度安排，另一个是普通法律形式的基础性制度安排。因此，回顾前述分析可以得出结论：如果说生产性会计制度结构将会计作为私人的投入资源，使私人产生最大化价值地行使个体会计产权的动力，从而在交易效率上解释了财务会计与税务会计分离的必然性，那么会计规范的次级制度安排和税收的基础性制度安排则为财务会计与税务会计分离提供了制度层次适宜性上的依据。①

7. 会计制度安排的本质

正如科斯（1960）在论述社会成本问题时所提到“是要肉类还是要谷物”的选择一样，会计也面临着是首先作为微观资源还是首先视为宏观工具的选择，如果是前者，会计制度结构将从属于生产性结构，那么会计制度安排的目标是提高生产经营与交易效率，因而会计制度安排的实质是增长模式的产权安排，而不是收益分配规则。在前文已经指出，诺斯强调制度安排的发展才是主要的改善生产效率和要素市场的历史原因，但诺斯的观点并不否定这样一个事实，即如果会计制度安排的目标是提高分配效率，那么会计制度安排作为收益分配规则时，也同

① 但是应该看到，制度层次的分离作为财务会计与税务会计分离的依据之一，是强调实质性分离而不是形式分离，例如我国 1974 年、1980 年的会计制度虽然与税法分离，但会计制度仍然适应国家财经政策、国家财务制度的需要，因而不是实质性分离。

样存在一个效率。诺斯（1971）指出，如果对于那些相对于鼓励（通过利润动机）增加产量更强调收入再分配的制度安排，这些规则使之成本降低、收益提高，那么社会将相应地释放它的能量；如果是相反的情形，经济增长就会出现，诺斯说“这绝不是什么新发现，这是麦迪森谈过的，他希望鼓励人们投身于生产性的活动之中”。也就是说，经济学观点认为宏观工具性的制度安排也具有效率性——社会能量的释放，但是资源交易性制度安排的效率更值得去鼓励，因为它将导致利润源泉的增加——经济增长，因此诺斯呼吁对西方“生产性”决策规则进行研究。

会计制度安排的核心是会计产权问题，怎样的会计产权安排才是有效率的？诺斯（1971）认为，在产权使得私人的报酬率接近社会的报酬率的程度上，产权是会提高经济增长的适当的动力，尤其指出“产权结构必须这样设计，使得个人或集团活动的社会利益和成本由那些从事这些活动的人承担”。德姆塞茨（1967）在产权理论上也得出了“将收益和成本集中到产权者身上能够创造更有效使用资源的动力”的结论。私人对会计经营资源的投入是个体会计产权与公共会计产权行使的前提，这是会计产权的应然秩序，因此，应该使会计资源投入成本与会计资源使用收益由个体会计产权人承担，实现将收益和成本集中到产权者身上的会计产权安排设计。

从古代到近代，再到现代，会计产权结构的演化经历了由单一个体产权到混合产权——个体会计产权与公共会计产权共存的过程，个体会计产权始终是基础，个体会计产权具有制度安排的优先权利，独立税务会计等个体会计产权是私人应然之产权。正如诺斯（1971）所指出的，尽管制度安排覆盖了从纯自愿的到混合的，进而到纯政府，但制度变迁始终和经济增长紧密联系，生产性的制度安排是经济增长的原因。如果遵从会计产权的应然秩序，那么会计制度安排应该是生产性制度安排导向，会计制度安排的目标是提高交易效率，会计制度安排变迁的实质即是增长模式的演化与改进。

五、我国会计模式选择的内生性路径参照及其甄别

（一）制度变迁视角的两大会计模式

需要指出的是，尽管上述无差别研究对两大经典会计模式的经济学效率做出了比较，如果考虑文化传统根源差别，那么法德会计模式与英美会计模式在各自的深层环境因素中又存在各自的合理性。也就是说，依然需要重视“知识结构”在制度变迁乃至在会计制度均衡中的意义，但有必要强调经济学家诺斯的两个结论——“制度安排的发展才是主要的改善生产效率和要素市场的历史原因”，“在稀缺和竞争成为普遍存在的条件时，效率较高的制度安排将取代效率较低的制度安排”。从欧盟的会计协调看，颁布了三个涉及会计与审计的指令。其中，1978年采用的第4号指令《年度财务报表的格式和列报规则》的突出表现，是采用了英国会计长期遵循的“真实与公允”观点作为欧盟国家编制财务报表的指导思想，在1983年采用的第7号指令《合并会计报表和附属公司》中，出于协调需要，允许企业在编制合并会计报表时进行一定程度的会计选择，而这是在法德会计模式下以纳税为目的的单一报表所做不到的，因为法德会计模式下的单一报表的会计方法在很大程度上受法律和税制的约束。

虽然这两个指令的颁布对欧盟尤其是法德的会计制度与实务产生了很大影响，但是还不能对法德会计模式会大面积吸收英美会计模式而得到改进轻易地下结论，因为依据1957年签订的《罗马公约》，欧盟的管理机构发布的特定规则是各成员国必须立即执行的，而颁布的指令则是相对宽松的，各成员国可以在既定的期限纳入国家法律，也就是说指令的约束力是有限的。因此，虽然会计指令已经颁布和应用，但指令往往不能得到按时执行，如对第4号指令、第7号指令，很多欧盟国家并没有按时将之纳入法律，尽管欧洲委员会要求各家公司2005年前在欧盟上市按IFRS/IAS编制财务报告，欧盟也没有进一步发布新指

令的计划。

欧盟会计协调的动力、原因以及现状依然可以得到制度经济学的解释。诺斯和托马斯（1971）在他们著名的“庄园制度的兴起和衰落”研究中，构筑了一个经典的经济学“理论模型”——制度变迁与交易费用的解释模型。从封建庄园制到后来英格兰的土地私有制和劳动力自由市场安排，每一个制度变迁都是因为新的经济条件的变化，从而导致新的更加节省交易费用的制度安排的诞生，以至于最终取代不能适应新经济环境的旧的制度安排。欧盟会计协调的动力和原因在于跨国经营与跨国融资所引起的财务会计报告环境的变化，而第 4 号、第 7 号、第 8 号指令的颁布及实施也主要是为适应新的国际经营和融资环境，从而降低转换成本等交易费用。诺斯和托马斯在“庄园制度的兴起和衰落”研究中还注意到，新经济环境的出现会引起追求利润动力的增加，各种变化及利润动力首先会对次级安排产生压力——改变次级制度安排，违背、更改或其他绕过现存的基础性安排的这类变化不断积累力量，终将对基础性制度安排进行更基本的或成本更高的修改产生不断增长的压力，诺斯和托马斯的结论是“次级制度安排中那些积累的变化最终会导致一连串基础性法律的颁布”，欧盟颁布的第 4 号、第 7 号、第 8 号指令是对会计实务进行调整的次级制度安排，最终导致各国将其纳入基础性制度安排——各国会计法律之中。但诺斯和托马斯在“庄园制度的兴起和衰落”研究中也指出，当影响次级制度安排的各种参数的变化为建立新的次级制度安排提供潜在利益时，如果新的次级制度安排与基础性制度安排发生冲突，那么这种新的次级制度安排就不会实现，至少不会立即实现。欧盟颁布的第 4 号、第 7 号、第 8 号指令无疑是与法德会计制度安排相冲突的，因此欧洲多数国家“慢腾腾”地、“极不情愿”地改变基础性会计法律。

由于在跨国经营、跨国融资等方面改变次级会计制度安排和基础性会计制度安排的利益是可见的，因而可以导致法德会计制度的局部少许变动，但是实行准则型会计、将财务会计与税务会计分离、培育发达的会计职业等好处往往不能直接显现或者是不可见的。因此，对于法德会计制度的根本性变迁，目前依然不能得出精确的预期的结论，还应该看到“习惯”对于会计制度选择的约束力，经济学所谓的“知识结构”在制度均衡中的作用对于会计制度变迁的路径也具有同样的意义。

但在另一个意义上——从长期的意义上看，会计模式的变化仍然具有可以预见的趋势。在“庄园制度的兴起和衰落”研究中，诺斯和托马斯认为产权和制度变迁经济学更为关注长期的经济变化，制度变迁显示了变迁过程中一系列产权和个人权利的基本变化。本书认为，从长期趋势看，会计产权的有效配置依然是会计模式变化的内在动力，独立税务会计及其他自主会计选择等个体会计产权的内在价值终会得到证实。正如诺斯和托马斯在“庄园制度的兴起和衰落”研究中所坚持的，需要新的能使个人回报率和社会回报率相等的根本性制度安排，这样才能出现持久的经济增长。

（二）我国文化传统固有的价值与效率取向

诺斯（1971）论述“制度变迁与经济增长”时关于文化有一个重要观点：人们往往根据固定的思想意识去行动，因而意识形态是节约信息成本的一个途径。文化传统以其固有的价值及效率取向与制度安排产生共振，体现了文化传统对制度选择的内生性作用。本书以已有的经济学对文化的研究结论为基础，分析我国传统文化在会计模式选择上的价值与效率取向。

经济学者汪丁丁（1992）认为中国文化结构中最重要的，也是积淀最深的，至今仍是中国人行为核心的，是“家”的概念，以及以儒家思想为核心的哲学传统。需要分析的是，这两个具有代表性的文化积淀是个人主义的还是集体主义的内涵。从文明起源看，中国历史长时间处于农耕方式，与欧洲城邦文化导致的商业文明相比较，农耕方式带来的应该是农业文明。我国在历史上长期的农业文明导致了典型“各扫自家门前雪，哪管他人瓦上霜”的生存状态，即分散的“各自为政”或“各家为政”的小农意识，这种生存状态和意识与欧洲商业文明所培育积淀的“合作主义”是不同的，因而中国历史上“家”的概念与“私人”或“个体”的概念在内涵上是一致的，“家”不是合作的结果，因而“家”不是欧洲的“集体主义”的概念，“家”是遵从伦理与等级的宗法社会中的最小个体，是农耕活动中最小的个体，这种个体是缺乏合作精神的。如果说英美是一种纯粹的无限的“个人主义”与“个人本位”，那么中国历史上“家”的概念，则本质上是一种以“家族”为基本单位并受“家族”限制的有限的“个体主义”与“个体本位”。应该看到，从内在的文化传统内涵看，我国传统“家”的生活方式与法德的基于经济学理性合作的集体主义传统有着本质的区别，即使是我国社会主义制度提倡的“集体利益高于个人利益、个人利益服从集体利益”的集体主义思想，也不完全具有欧洲大陆的经济学理性合作的内涵。因此，尽管我国法律体系貌似法德大陆法律体系，但文化根源与文化内涵却有质的区分。从哲学和宗教角度看，儒家哲学虽然具有很强的伦理色彩，但儒家也强调“人际”——不把人从社会中孤立出来，即儒家重视人的社会人格，“中国没有宗教”（顾准，1973），但儒家哲学却体现了中国文化中的“包容性”传统。在这个层面上，我国也不同于欧洲传统的大陆理性主义，而趋向于前述的英美哲学、宗教等文化所具有的兼容性与包容性。在杨小凯（2002）等经济学者关于“后发优势”与“后发劣势”讨论中，我国经济学者盛洪也认为，“就是要看到中国的很多特点与法国不同，首先是中国在信仰上不是以某一教廷为集权的，中国的儒教不是西方的宗教形式，儒教在信仰方面非常宽容”，即使在哲学思维上，我国也不同于法德等欧洲大陆那种恪守理性、追求有机统一、整体划一的“大一统”的“唯理”主义。顾准（1973）认为，中国哲学思维在历史上从来都是经验主义的，我国经济学者盛洪在“后发优势”与“后发劣势”讨论中指出，从中国古代审判断案历史分析，中国在法律制度传统上应该推测为判例法律制度。

综合以上分析，从文化根源的主要特征上看，应该说中国传统文化固有的价值与效率取向距离英美较近而不同于法德。

（三）我国文化传统的边际性变迁

在经济学效率意义上，我国文化传统能够做哪些边际性的变化？也就是说在框架上中国传统文化有哪些方面与经济学效率相悖？从经济学角度说，除了上述固有的价值与效率取向，中国传统的家族文化与伦理意识及儒家哲学也具有非效率的一面。家族文化与伦理意识内含亲情与等级秩序，“由此决定的合约费用的结构使分工不能完全服从经济上有效率的原则”（汪丁丁，1992），即这种传统倾向于以“人情”与“等级”作为交易原则，因而缺乏合理产权界定与公平交易及效率分工的市场性交换与市场性契约精神，儒家哲学精神由于排斥“利润”进而其本身就不是一种以“利润”为动力的制度创新的激励体系。因此，虽然中国传统文化具有固有的价值与效率的禀赋，但没有有效的个体产权界定，缺乏市场契约与效率分工意识及缺乏激励体系也抑制了这一文化禀赋。

固有的价值与效率取向为我国传统文化指明了变迁的方向，市场效率、契约效率、分工效率以及创新这些理念应该说是符合我国传统文化固有的价值与效率取向的。变迁只能从“习惯”的边际开始，从实践看，虽然积淀了几千年，但这种边际性的变迁却是实实在在地在进行，制度变革与创新的动力是“看不见的手”，几十年的改革也验证了这一经济性原则，需要培育的依然是市场契约精神、效率分工意识、激励创新体系。如何合理甄别传统文化价值与效率的一面及如何改变非效率的一面，是我国会计制度变迁面临的一个重要问题。现实地选择应该遵循“接受不需要改变的、改变可以改变的”的原则，接受固有的价值与效率取向，通过诱致性变迁和强制性变迁在边际上去变革非效率的一面，从而实现那些固有的价值与效率取向。

（四）会计模式的内生性对接：一个路径参照

经由上述分析，在框架上而不是细节上，我国传统文化固有的价值与效率取向及可以预见的边际性变迁方向与会计产权配置更合理的英美会计模式具有共振性，因而选择英美会计模式作为我国会计模式的路径参照应该是一个内生性对接。为什么不以折中的方式同时对接法德与英美会计模式中各自的优势？经济学家杨小凯等（2002）关于“后发优势”与“后发劣势”的讨论，其中心也正是论证制度参照这个问题的，杨小凯认为只有成功的整体制度的内生性模仿才会产生“后发优势”，部分的制度或者只局限于技术层次的外生性模仿只能产生“后发劣势”。正如本书开始所指出的，制度模式参照不能采取折中与拼凑的路径——对各种制度模式进行“剪裁”，这不是内生性的扬长，而是外生性的移植，其特征是非线性的，因而其效率是不可预测的，制度模式参照应该是总体上内生性对接其中一种典型模式，并按照内生性原则进行合理的取舍——一个参照性创新，其特征是线性的，也是可预测的。

那么如何按照内生性原则对英美会计模式进行合理的取舍？本书认为在总体上对接英美会计模式的基础上，考虑文化传统对会计制度选择的内生性约束力，应该看到我国长期的农耕文明积淀了对皇权——权威的遵从，缺乏民间自治“习惯”，因此，财务会计概念结构与财务会计准则的制定可以采纳政府主导模式，财务会计标准在体例上可以采用英美的准则型会计——会计准则；在制度层次上，为保证执行效力，财务会计概念结构、财务会计准则应该采用法规或规范性文件的形式，以保证其权威性和执行力。从我国2006年颁布新的企业会计准则到现在的会计安排来看，在文化、效率的会计模式对接上，符合本书在理论上所推定的逻辑框架，因而依据上述分析，我国目前已经选择的会计模式在制度层次的安排上具有经济学意义上的制度适宜性，但是在财务会计与税务会计分工问题上，我国的会计安排依然存在制度的非适宜性，我国比英美面临着更大程度的财务会计与税务会计分工问题。原因在于我国是复合税制结构，除了所得税，增值税不仅大面积干扰财务会计，而且与财务会计的冲突更具实质性，而目前我国增值税会计处理依然是财税会计不分。在税收法律与会计较大的冲突事实下，个体会计产权中的独立税务会计产权配置尤其必要，但考虑我国独立税务会计产权配置的时间较短，因而观念较弱，财务会计与税务会计分离的程度应该在细节上区分对待。本书同意我国学者现有的研究观点：一个是实行财务会计与税务会计适度分离——在确认、计量、报告环节完全分离，而在记录环节仍然实行混合记录；另一个是在所得税会计处理已经实行财务会计与税务会计相分离的情况下，应该制定不同于英国财税不分的增值税会计准则，实现我国增值税会计处理的财税分离。

六、结束语

虽然欧盟的会计协调具有不确定性，但会计模式的变化仍然具有可以预见的趋势。有必要强调诺斯的两个结论：“生产性制度安排的发展才是主要的改善生产效率和要素市场的历史原因”、“在稀缺和竞争成为普遍存在的条件时，效率较高的制度安排将取代效率较低的制度安排”。从长期趋势看，会计产权的有效配置依然是会计模式变化的内在动力，独立税务会计等个体会计产权的内在价值终会得到证实。会计制度安排的每一步进展与演化都与效率相关，而其中也或明或暗地伴随着会计模式的影响，如前所述，国际准则并非法规体系，但一体化的大趋势表明，代表会计变革方向的会计准则国际趋同以经济学效率为标准，而不以某个国家、地区或组织为标准，这可以成为会计准则国际趋同的经济学内涵。目前，国际准则正在酝酿重大改革，我国准则也面临相应的修订与制定，作为制度安排，会计需要尊重个体会计产权，为企业等个体带来好处，使会计资源投入成本与会计资源使用收益由个体会计产权人承担，这种经济学设计同时也揭示了会计制度供给的一般框架。

第九章　后危机时代存货准则变革研究

现阶段研究的一般结论表明，先进先出法与后进先出法会产生不同的资产与盈余报告，且在税收和盈余的管理上，后进先出法容易诱发报告主体的节税筹划与后进先出（LIFO）清算。但从实验逻辑上看，两法各自会产生“好品循环”效应与“坏品循环”效应，两种效应又分别表征为“价值前置”与“价值沉淀”显示机制，后进先出法也因此具有更深刻的资产信息报告价值与市场信息传达价值，两法互斥会面临税收监管、盈余信息监管与资产信息报告、市场信息传达的两难选择。理论分析与相关证据也表明，受契约成本约束，后进先出法对节税筹划与 LIFO 清算的诱发往往只是一种理论假定而不是实际结果，因而现行会计准则取消后进先出法的安排仍然不能诠释制度的最优均衡。

一、后进先出法对税收管理与盈余管理的诱发性

存货成本流转包括三种假设，[①] 即平均成本、先进先出（FIFO）、后进先出（LIFO）。平均成本假设所有商品的价值都以平均成本计价且发出的存货是随机

① 在会计方法上，如果存货项目系同质商品，则存货发出的计价可以引进成本流转假设。

的；先进先出假设最先采购的商品最先消耗或出售，余下的存货由最近采购的商品组成；后进先出假设最近采购的商品最先消耗或出售，余下的存货由最早采购的商品组成。

对于报告主体（企业）而言，存货计价方法的选择由管理性决定。而对于会计准则来说，作为存货发出的两种计价方法，先进先出法与后进先出法却具有不同的会计处理意义。现阶段研究的一般结论是：在价格持续上涨的假定下，先进先出法在利润表上将报告较低的商品销售成本，在资产负债表上将报告较高的存货价值，采用先进先出法的收入建立在现行市场条件下，而销售成本却是以较早的时间计量，这样会高估盈利能力；与此相反，后进先出法在利润表上将报告较高的商品销售成本，在资产负债表上将报告较低的存货价值，采用后进先出法的收入与销售成本都建立在现行市场条件下，后进先出法使存货价值和利润计量都达到最低。两种计价方法相比，虽然先进先出法报告的盈余信息和资产信息欠稳健，但报告的存货信息则比较接近重置成本，后进先出法报告的盈余信息和资产信息较稳健，但报告的存货信息却容易低估存货重置成本，因而不符合日趋流行的资产负债观。

一般来说，较为稳健的会计计价方法应该被优先选择，但事实却并非如此。例如，我国 2006 年《企业会计准则第 1 号——存货》与《国际会计准则第 2 号——存货》（IASB 2003 年修订后的 IAS2）一致，两者都取消了后进先出法计价选择。根据对其他国家研究有关资料，除美国《会计研究公告 43 号》（ARB43）允许使用后进先出法外，英国《标准会计实务公告第 9 号——存货与长期合同》（SSAP9）规定，企业若采用后进先出法，董事具有特殊的责任，法国、日本等也都禁止或限制后进先出法的使用。其原因何在？

除了因重置成本报告而使得存货信息不符合资产负债观之外，会计准则取消后进先出法[①]还应该缘于两个诱发因素。一是在税收管理[②]上，后进先出法为报

① 会计准则取消后进先出法的原因也包括通货治理与物价波动环境改善因素，文章将在最后的总体讨论中对此加以阐述。

② 西方研究中，有的将采用后进先出法的税收管理动因与盈余管理分开，有的将税收管理动因也纳入盈余管理范畴，即广义的盈余管理动因包括税收管理动因。本书将两者分开阐述。

告主体提供了减少应税利润的技术条件，能够诱发报告主体的节税筹划；二是在盈余管理上，后进先出法为报告主体提供了会计利润报告的操控空间，能够诱发报告主体的 LIFO 清算（Liquidation）。

（一）对节税筹划的诱发

当存货价格上升、存货水平不下降、税率不上升这三个条件都具备时，后进先出法是使税负最小化的一种存货计价方法。采用后进先出法将会报告较低的会计利润，若会计利润与应税利润一致，则后进先出法能够帮助报告主体节约所得税、降低税负。斯科尔斯等认为，在 LIFO 选择中，节税是最主要的因素。斯科特认为，所得税节约是盈余管理最明显的一个税收动因，他指出，由于税务部门是采用税务会计的规定来计算应纳税款，这在一定程度上缩小了企业可操纵的空间。一般而言，税收在盈余管理中不会发挥主要的作用，但 LIFO 的选择却是一个例外，税负节约是决定后进先出法或先进先出法选择的一个重要因素，选择后进先出法最主要的目的是为了获得税收利益。简·R.威廉姆斯等认为，后进先出法被使用的主要战略原因是对所得税的考虑，所得税考虑是选择后进先出法的特别重要的战略理由，使用后进先出法是一个管理策略。

（二）对 LIFO 清算的诱发

当存货价格持续上升时，如果企业当期的商品销售数量超过购买数量，那么 LIFO 向企业提供了一个增加报告利润的条件，这个条件称为 LIFO 清算，因为此时企业利用 LIFO 核算销售成本时，已经涉及较早购买的存货的成本，而较早购买的存货的成本较低，因此，在这种情况下采用 LIFO 清算就可以报告较高的会计利润。此外，由于 LIFO 清算反映已经销售货物的最新成本数据，企业可以通过在年末购入额外存货而增加销售成本，以降低报告的会计利润。这样，利用 LIFO 清算和期末补购，企业可以操控报告的会计利润——既可以报告较高的会计利润又可以报告较低的会计利润。LIFO 清算和期末补购的利润操控如图 9-1 所示。

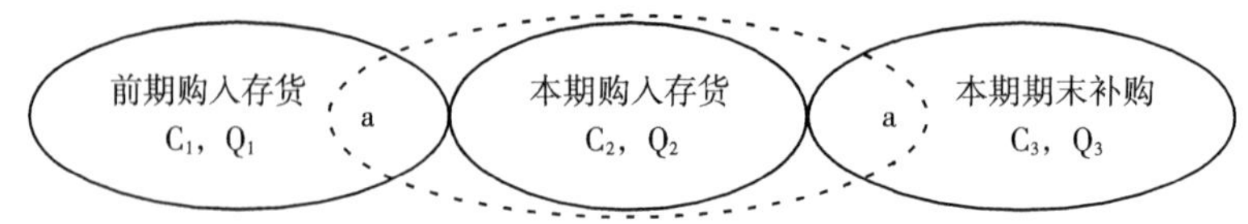

图 9-1　LIFO 清算和期末补购的利润操控

图 9-1 中，前期购入存货的单位成本为 C_1，数量为 Q_1，本期购入存货的单位成本为 C_2，数量为 Q_2，本期期末补购存货的单位成本为 C_3，数量为 Q_3，假定存货价格持续上涨，则 $C_1 < C_2 < C_3$。a 为本期消耗或出售超过 Q_2 的存货数量，即本期消耗或出售的数量为 $Q_2 + a$，超过了本期购买的数量 Q_2，超过部分为 a，报告主体可以采用两种方法处理 a：第一种方法是，a 从前期 Q_1 中出，$Q_1 \geqslant a$，则本期存货消耗或销售的总成本为 $C_2Q_2 + C_1a$；第二种方法是，期末补购不少于 a 的存货，a 从本期期末补购的存货 Q_3 中出，$Q_3 \geqslant a$，则本期存货消耗或销售的总成本为 $C_2Q_2 + C_3a$。假设本期有足够的存货数量 $Q_2 + a$，也即 a 不需要从 Q_1 或 Q_3 中出，那么，此时 a 的成本为 C_2，则本期存货消耗或销售的总成本为 $C_2Q_2 + C_2a$。由于 $C_1 < C_2 < C_3$，因此，$C_2Q_2 + C_1a < C_2Q_2 + C_2a < C_2Q_2 + C_3a$，$C_2Q_2 + C_1a$ 较低，$C_2Q_2 + C_3a$ 较高，利用 $C_2Q_2 + C_1a$ 这个总成本报告本期的利润，本期利润就会比较高，而利用 $C_2Q_2+C_3a$ 这个总成本来报告本期的利润，本期利润就会比较低。有关研究已经检验了这一结论，研究的证据也表明对财务报告的关注会影响企业的存货管理。哈利瓦尔等于 1994 年及亨特等于 1996 年的案例研究也证实，在企业存货管理中，报告主体利用 LIFO 清算对收益进行平滑，以及报告主体利用 LIFO 清算在杠杆比率较高时增加收益，以便降低违反债务契约的可能性。

二、基于循环效应的先进先出法与后进先出法的一项实验逻辑

（一）实验逻辑的理论创建

“坏品”（Economic Bad）是经济学效用意义上的商品，与“好品”（Economic Good）相对。“坏品”意思是变质物品等商品的消费会带来负效用，也称为经济负商品，而“好品”的消费会带来正效用，“好品”也称为经济商品。虽然先进先出法报告的存货信息比后进先出法更接近重置成本，但从更深刻的实验逻辑上看，后进先出法会带来“好品循环”效应，先进先出法会导致“坏品循环”效应。具体实验逻辑见图 9-2 和图 9-3。

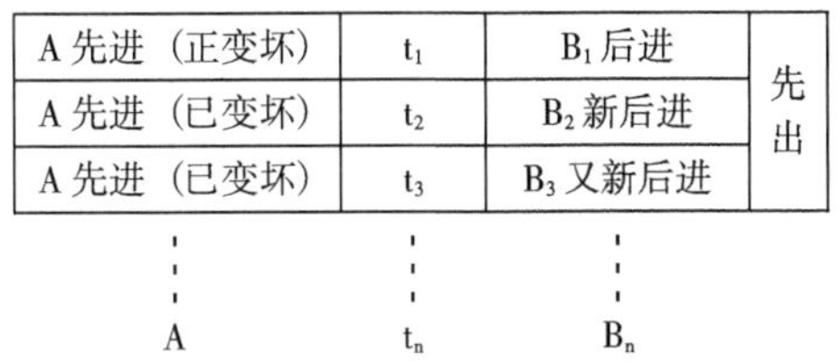

图 9-2　后进先出法“好品循环”效应的实验逻辑

图 9-2 为后进先出法产生“好品循环”效应的实验逻辑。以生产、加工等制造业为例，[①] A 与 B 代表企业购买的生产或加工所使用的原材料、零部件、元器件等存货，A 与 B 系同质商品。A 代表第 1 期期初最先购买的存货，B 代表 1 到 n 期每期最后购买的存货。t 代表期间，假定存货经过一个期间就会变成“坏品”，每期期末存货出库一次，用于车间的产品生产或加工。

① 对于商业企业来说，这个实验逻辑依然成立。本文选用制造业为例的目的是为便利于后面的问题阐述。

在第 1 期，A 为本期期初最先购进货物，B_1 为本期最后购进货物，由于 A 入库早、库存时间比 B_1 长，所以 A 正在变坏，第 1 期期末，后进的 B_1 先出库，A 仍然在库。

在第 2 期，本期新购货物 B_2，根据假定，经过一个期间，此时 A 已经变坏，第 2 期期末，后进的 B_2 先出库，A 仍然在库。

在第 3 期，本期又新购货物 B_3，此时 A 已经彻底变坏，第 3 期期末，后进的 B_3 先出库，A 仍然在库。

依次类推，第 4 期、第 5 期……一直到第 n 期。如果进货和出库时间是均匀的话，那么从第 1 期到第 n 期，后进先出法产生的“坏品”（Bad）是有限的，即只是第 1 期购进的 A 的数量和价值，而出库消耗的货物永远是“好品”（Good），其产生的“坏品”效应是非循环的，但其产生的“好品”效应却是循环的，因而是一种“好品循环”效应。

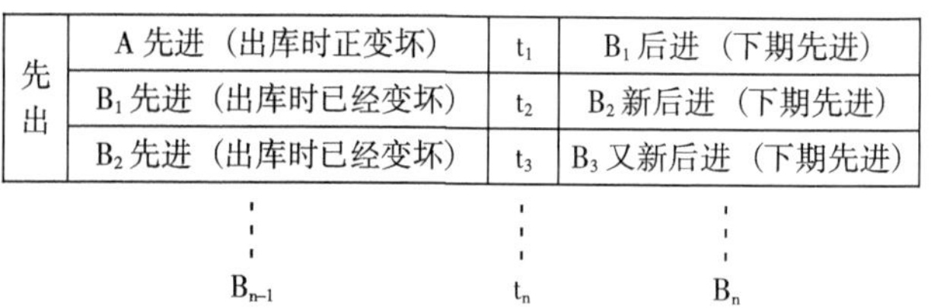

图 9-3 先进先出法“坏品循环”效应的实验逻辑

图 9-3 为先进先出法产生“坏品循环”效应的实验逻辑。A 与 B 仍然代表企业购买的生产或加工所使用的原材料、零部件、元器件等存货，A 与 B 系同质商品。A 代表第 1 期期初最先购买的存货。与图 9-2 中的 B 不同的是，图 9-3 中的 B 代表每个期间最后购买的存货以及在下个期间又转化为先进先出的货物。t 代表期间，同样假定存货经过一个期间就会变成“坏品”，且每期期末出库一次，用于车间的产品生产或加工。

在第 1 期，A 为本期最先购进货物，B_1 为本期最后购进货物，由于 A 入库早、库存时间比 B_1 长，所以 A 正在变坏，第 1 期期末，先进的 A 先出库，B_1 仍然在库，出库时 A 正在变坏。

在第 2 期，本期新购进货物 B_2，第 1 期的 B_1 成为先进的货物，根据假定，第 2 期期末，B_1 出库时已经变坏。

在第 3 期，本期又新购进货物 B_3，第 2 期的 B_2 成为先进的货物，根据假定，第 3 期期末，B_2 出库时已经变坏。

依次类推，第 4 期、第 5 期……一直到第 n 期。如果进货和出库时间是均匀的话，那么从第 1 期到第 n 期，先进先出法产生了这样一个循环的结果——永远都在消耗“坏品”（Bad），先进先出法消耗的“坏品”为 $(A+\sum B_{n-1})$ 的数量和价值，这远远大于后进先出法产生的 A 的数量和价值，因为每次出库消耗的都是“坏品”，因而是一种“坏品循环”效应。

（二）实验逻辑表征的“价值前置”与“价值沉淀”显示机制

可以用日常生活的消费逻辑类比“好品循环”效应与“坏品循环”效应。人们在日常生活中存在这样一种消费习惯，假如有两批水果，一批是较早购买的，一批是新购买的，为不浪费家庭支出，往往先吃已经开始变烂的水果，把好的水果留到以后消费。消费掉烂水果后，再吃后买的水果，而到那时，后买的水果也开始变烂，如此反复，消费的永远是“烂水果”（坏品），其货币支出产生的效用也大打折扣。反之，如果总是先吃后买的水果，则消费的永远是“新鲜水果”（好品），其货币支出产生的效用就会大大高于前者。从实验的逻辑过程看，货物出库的消耗逻辑与日常家庭的消费逻辑非常吻合，产生了相同的循环效应。后进先出法使存货中“好品”的价值前置，使“好品”永远被优先耗用，先进先出法则使存货中“好品”的价值沉淀下来，使“好品”变为“坏品”，因而两种效应本质上又分别表征为“价值前置”与“价值沉淀”显示机制。

三、基于实验逻辑的后进先出法信息报告价值的重新审视

“坏品循环”效应与“好品循环”效应及其表征的“价值前置”与“价值沉

淀”显示机制有何现实意义？本书认为，现阶段对于研究先进先出法与后进先出法信息报告意义的一般结论中，忽视了这样一个因素：先进先出法与后进先出法不仅报告销售成本，以及企业已经采购但尚未消耗或尚未出售的原材料、零部件等仍然在库的存货价值（如前所述，后进先出法在这些存货的信息报告上不符合资产负债观），还要报告构成产成品、在产品的已经消耗了的原材料、零部件等消耗信息，如果这些产成品、在产品没有销售，则将在资产负债表的存货项目中得到反映，如果这些产成品已经销售，则构成它们的原材料、零部件等存货信息会反映在销售成本信息里。先进先出法与后进先出法报告的存货项目和销售成本如图 9-4 所示。

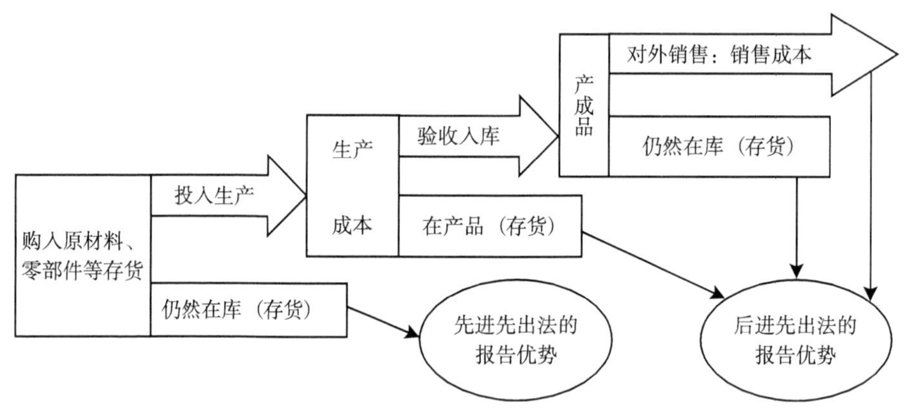

图 9-4　先进先出法与后进先出法报告的存货项目和销售成本

本书正是通过构成产成品、在产品的原材料、零部件等信息报告，重新审视后进先出法与先进先出法的信息报告价值。国际会计准则委员会（IASC）将会计信息可理解性定义为“对于预计具备业务、经济和会计的合理知识，并愿意努力研究信息的使用者，信息是易于理解的”。基于信息具有现实的或者潜在的可被解读性、可被理解性假设，本书从信息报告视角即从资产信息报告价值与市场信息传达价值两个方面，剖析两种效应及显示机制所内含的四点会计意义。

（一）与生产消耗相联系的资产信息报告意义

从国际上看，英美对损益信息报告的编制侧重“面向销售”，采用销售成本法计算企业业绩。德国对损益信息报告的编制侧重“面向生产”，采用总成本法反映企业经营业绩，报告期的业绩，不仅包括生产已经完成且已销售的产品价值，还包括期内产成品与在产品的价值增加数。“面向生产”的损益信息具有一定的启示意义，期内产成品与在产品的价值增加数属于“产值业绩”，是对“面向销售”的“销售业绩”的一个补充。试想，如果期内产品与在产品被充分披露，企业整个业绩的信息内涵也得到扩展。因此，可以设想，如果将资产负债表上的存货项目分拆，单独列报期内产成品与在产品信息，加上“面向销售”的损益信息，这样会带来资产负债表信息与利润表信息的关联与整合，则不仅同时兼具“面向销售”和“面向生产”两种损益信息报告的整合优势，还将增加资产信息报告的透明度。从这个意义上讲，后进先出法的存货信息报告就体现了较高的优势。与后进先出法相联系的资产信息有两部分——尚未消耗的原材料、零部件等库存信息和已经消耗的原材料、零部件等信息（这部分信息是通过使用原材料、零部件等生产出来但尚未销售的产成品、在产品来反映的）。先进先出法对前者的报告具有信息优势——重置成本报告优势，而后进先出法对后者的报告具有信息优势，因为“好品循环”效应反映了市场最前沿的资产价值及其持续更新的会计信息，“坏品循环”效应则使资产价值沉淀下来并使其变成连续滞后的会计信息。后进先出法不仅适时地报告了能够反映市场信息的销售成本，而且“好品循环”效应同时也提高了资产负债表上存货项目中的产成品与在产品资产信息的报告质量。资产负债观意图让更多的信息进入资产负债表，借以提高资产负债信息的透明度和相关性，在报告与生产消耗相联系的资产信息意义上，后进先出法较先进先出法更符合资产负债观。

（二）与高科技时代产品特征相联系的技术与价值信息报告意义

“好品循环”效应表征为“价值前置”显示机制，“坏品循环”效应表征为“沉淀价值”显示机制，在高科技时代，两种效应导致的信息报告意义也有差别，由此形成对上述第一点意义的扩展。高科技时代产品技术更新、产品功能变化日新月异，即使企业购买的用于生产加工的原材料、零部件、元器件、半成品等存货是同质商品，其技术含量、功能、价值也会因时间变化而有所差异。“高科技产品具有技术含量高、附加值生命周期短的产品特征”，依据产品生命周期理论，每个周期的更替都表现为产品技术优势与附加值不断更新的过程。一般情况下，新购存货的技术与价值应该高于早购存货，后进存货一般应为“好品”，先进存货一般应为“坏品”，因此，先进先出法与后进先出法同时也传达了企业生产加工过程中的技术与价值信息，并最终反映在产成品与半成品的资产信息中。知识经济环境下的会计创新应该“实时报告”企业的各种生产经营活动和事项，报告主体的会计信息披露功能也应拓展以顺应时代产品特征，向外部传递及时的先进的产品技术信息与价值信息，而不是报告过时的落后的产品技术信息与价值信息，在这个层面上，后进先出法较先进先出法更具时代意义。“好品循环”效应能够连续地传达构成产成品、半成品的原材料、零部件等最新技术信息与价值信息，从而达到会计信息意义上的企业生产条件、技术条件、产品技术组合、产品价值组合等信息揭示。虽然存货计价信息不能直观、完整、细节、具体、动态、全面地传达产品技术信息与价值信息，但对于那些努力挖掘和用心解读会计信息的信息使用者而言，“好品循环”效应所传递的与高科技时代产品特征相联系的信息报告已属难能可贵。存货计价、无形资产、研发事项等会计信息一起构筑了企业所处的产品、技术、知识环境，尽管只是冰山一角，但这正是实证会计学者瓦茨等所指出的“会计数据的信息潜力”。

（三）信息经济学视角产品竞争的信号传递意义

从信息经济学角度而言，存货计价信息具有产品市场的信号意义。阿克洛夫在“柠檬市场理论”中指出，信息对称市场的交易规模要大于信息不对称市场的交易规模，对于报告主体来说，市场信息传递的完美与否会影响自身产品的市场交易，而从另外一个角度来说，“市场的参与者都在努力克服信息不对称”。这就为会计信息参与产品市场的信息传递提供了条件，市场参与者不仅会解读各种非会计信息来识别产品，也会努力提炼会计信息来辅佐产品交易的决策，这不仅是一个假设，在会计信息具有可理解性条件下也是一个现实可能，因而存货计价信息便可成为报告主体的产品信息结构中的竞争性信息之一。信息经济学者斯蒂格利茨指出，价格在交易中不仅传递了商品的稀缺性信息，更传递了商品的“质量”信息。存货发出的会计计价也具有价格属性，后进先出法下，产品制造或加工循环地消耗原材料、零部件等存货中的“好品”。如前所述，在经济学意义上“好品”代表正效用的商品，“好品”反映了构成产成品的原材料、零部件等存货的最新价格信息。因此，后进先出的会计计价具有质量层面的信息含量，“好品”向市场传递了较高的效用信息，而“坏品”则容易向市场传递较低或负的效用信息，后进先出法与先进先出法表达了不同的市场信号传递意义。

（四）隐性契约视角交易关系改善的信息沟通意义

作为一种非正式契约或关系契约，隐性契约产生于企业与众多利益相关者的长期关系中，代表一种基于企业过去表现的未来期望。显性契约解释了企业的产生，隐性契约则解释了企业的发展。隐性契约对市场交易关系改善具有重要意义，企业可以采用各种行为履行隐性契约义务，满足交易关系方（如市场客户、消费者）的隐性契约要求，借以发展长期的良性交易关系。如前所述，“好品循环”效应持续地向市场报告技术含量较高、价值较为前沿、效用较高的信息，因而能够长期地向市场传达产品的正面信息，以取得市场交易方对企业未来的良好期望。斯蒂格利茨认为，如果信息与要解决的问题有关，信息就会有正的价值。对于报告主体产品的交易关系方来说，与产品有关的信息都有价值，这是交易关系方成为报告主体会计信息解读者的内在动力。后进先出法存货计价具有一定的信号显示功能，形成了交易双方独特的信息沟通方式，有助于降低报告主体与交易关系方的市场交易成本，有利于报告主体在市场交易中与利益相关者达成长期、稳定、互利的隐性契约，因而具有交易关系改善的信息沟通意义。

四、契约成本约束下报告主体对先进先出法与后进先出法的实际选择

做上述分析后，应该进一步提出并加以明确的问题是，后进先出法对节税筹

划和盈余管理的诱发究竟有多大的实际效果，以便于对先进先出法与后进先出法的会计准则安排做出讨论。后进先出法对税收管理和盈余管理的诱发及其实际效果受多种因素约束，其中非税成本、契约成本最为典型。[①] 本书利用斯科尔斯和斯科特等学者提供的理论分析与相关证据 [②] 来加以阐述。

（一）非税成本对后进先出法诱发性的约束

（1）财务报告成本。在美国，如果后进先出法被用来计算应税利润，则也必须被用来报告会计利润，这样，报告主体只能通过减少报告给股东、债权人及其他利害关系人的会计利润来降低应税利润。这个一致性要求也可能会挫败企业实施的税负最小化方案，以后进先出法为基础计算的企业盈利在利润表、企业契约甚至资本市场参与者中均有反映，所以审计报告的企业盈利往往采用后进先出法计算的数字。因此，选择后进先出法节省税收的同时，也会带来财务报告成本的增加，例如报告较低的利润会影响投资人的投资信心，进而会增加企业融资成本，这就是一种财务报告成本。

（2）存货管理成本。尽管利用 LIFO 清算进行盈余管理会带来较高的利润报告，但会抵消后进先出法的节税筹划效果。因而意图节约税收而采用后进先出法的企业都会努力避免 LIFO 清算，避免的结果只能是增加存货，这样又导致存货储存、融资、保险、管理簿记费用等存货持有成本比较高。

（3）监管资本。在美国，银行必须保持一个最低水平的监管资本。在减少报告应税利润同时也会减少监管资本的情况下，银行可能会理性地牺牲税收节约。相关证据表明，银行在管理其资产组合过程中，将非税收因素与税收筹划相协调，尽量不确认亏损，甚至放弃税收节省以至于导致税收成本增加。相关研究也表明，银行对监管资本和财务报告的关心程度超过对税收的关心程度。

---

① 非税成本与契约成本有时候很难分开，多数情况下，非税成本也是一种契约成本，如财务报告成本作为非税成本同时也会带来契约成本，因此，本文在此节有时将两者分开阐述，有时也将两者放在一起来阐述。

② (美) 迈伦·斯科尔斯，马克·沃尔夫森. 税收与企业战略 [M]. 张雁翎译. 北京：中国劳动社会保障出版社，2004；(加) 威廉·R.斯科特.财务会计理论 [M]. 陈汉文等译. 北京：机械工业出版社，2006.

（4）税收成本替代。先进先出法也会带来税收节约效果，先进先出法的税收成本低于后进先出法，即先进先出法对后进先出法产生了税收成本替代。实证研究表明，一些情况下，企业选择先进先出法比后进先出法更能节省税收，对于存货数量少、存货变动大、存货周转率高的企业，实际税率低，因而企业并没有承担巨额税负，企业放弃后进先出法还会具有较大的经营净亏损（NOL）向后结转额，从而使实际承担的税收成本较低。

（二）契约成本对后进先出法诱发性的约束

（1）企业与管理者契约。企业管理者在以盈利报告为基础的契约报酬和市场声誉的激励下，会放弃后进先出法而选择先进先出法，借以报告较高的会计盈利，从而获得预期的契约报酬与较好的市场声誉。较高的利润报告能提高管理人员的契约声誉，因为这能增强股东对管理人员将会继续履行合同责任的信心，而采用先进先出法将会报告不利于管理者的会计利润，从而增加企业与管理者的契约成本。

（2）企业与股东等投资者契约。采用后进先出法会降低报告的会计利润，影响企业与股东等投资者的契约关系。作为投资人，股东关注企业的盈利情况，借以判断投资回报，较低的盈利报告会影响现实的投资人对企业的未来预期和投资信心，也会因此失去那些潜在的投资人，从而导致企业的融资成本和契约成本增加。

（3）企业与金融机构等债务人契约。放弃后进先出法带来有利的财务报告影响，较高的当前和未来盈余、较高的存货价值（尚未消耗或出售的存货价值）会放松企业与金融机构债务契约的约束条件，从而降低技术上的违约成本。相关证据也表明，财务杠杆高、负债权益比率大、营运资本指标低的企业往往放弃后进先出法，因为金融机构等债权人为保证债权安全，往往对企业的财务指标提出技术性约束，企业采用后进先出法容易使财务杠杆变高、负债权益比率变大、营运资本指标变低，从而增加对金融机构债务契约的技术违约风险。

（4）企业与其他相关者契约。一些证据表明，具有较高销售成本和应付票据的公司（销售成本代表与供应商的关系，应付票据代表与短期债权人的关系），更可能采取先进先出法和直线折旧法，以提高净利润。这类公司意图与供应商、短期债权人保持长期的有效契约关系，采取先进先出法和直线折旧法，会增加报告的会计利润，以引起对公司未来的良好期望。

五、先进先出法与后进先出法会计准则安排的总体讨论

会计准则作为一种降低交易成本的制度安排，具有经济学的效率内涵，先进先出法与后进先出法的会计准则安排从属于制度效率的评价范畴。选择先进先出法还是后进先出法？抑或两者都选？本书结合所有前述分析对现行会计准则进行非实证的总体讨论，认为取消后进先出法是一种非适宜的制度安排，具体阐述分为如下五个方面。

（1）税收监管不能成为会计准则取消后进先出法的依据。从两个诱发因素的性质看，节税筹划诱发属于税收监管的考虑因素，LIFO 清算诱发属于会计准则制定的考虑因素，两者不能混为一谈。从会计准则独立性角度说，会计准则制定不应受到其他经济制度或规则的干预。会计准则的目标是使报告主体遵循一定标准，向会计信息使用者提供真实公允的财务报告。财务会计与税务会计分离的制度安排即体现了会计准则的独立性，会计准则独立于税法规则，财务会计报告遵循会计准则要求而不是遵从税收法律制度。财务会计的服务目标是以投资人、债权人为主而不是以税务部门为主，“我国制定会计准则时不应过分迁就税务部门征税的要求”。但一些国家的会计准则却在不同程度上将税收监管纳入会计准则制定之中，如英国，由于《税法》不允许采用后进先出法，因而会计准则中通常也不采用该计价方法，其他国家禁止或限制后进先出法也存在不同程度的税收监管因素考虑。“会计规定与监管规定分离是国际趋势”，从会计准则独立性角度，如果说因为企业利润操控而取消后进先出法还算是一种合理解释的话，那么因为企业税收管理而取消后进先出法就显得不那么合乎逻辑。

（2）先进先出法和后进先出法的互斥会产生两难选择问题。实验逻辑的深入分析表明，后进先出法不仅具有销售成本的信息报告优势，也具有现实的或者潜在的资产信息报告价值与市场信息传达价值。放弃后进先出法意味着会计信息报告将失去这些现实的或者潜在的价值，而放弃先进先出法则会诱发报告主体进行节税筹划与盈余信息操控，从而产生税收和盈余信息风险。因此，后进先出法与先进先出法的互斥会面临税收监管、盈余信息监管与资产信息报告价值、市场信息传达价值的两难选择。

（3）各种契约成本能够自动调节并抵消后进先出法的盈余操控。斯科尔斯和斯科特等学者提供的理论分析与相关证据表明，受非税成本与契约成本约束，后进先出法的选择会得到限制，后进先出法对节税筹划和 LIFO 清算的诱发往往成为一种理论假定，而不是报告主体的实际行为结果。报告主体会通过权衡各种契约成本来决定是否选择使用后进先出法，契约成本会自动调节报告主体的会计选择，乃至于抵消报告主体进行盈余操控得到的好处，从而成为后进先出法的自动调节器。

（4）后进先出法对存货重置成本信息的报告不是一个劣势。虽然先进先出法在报告存货的重置成本信息方面具有优势，但重置成本具有不可克服的局限性。在现代会计计量属性中，重置成本只局限于极少数情况下的资产计量。按照“价值剥夺”理论，重置成本信息的价值总是小于可变现净值信息和使用价值信息，也就是说比起重置成本，经营者和投资者更看重存货的可变现净值和使用价值。在可变现净值面前，重置成本已经没有信息价值，任何存货的账面价值都需要按照可变现净值来调整。在这个意义上，先进先出法和后进先出法报告的存货重置成本信息不具备优劣比较性。

（5）我国会长期存在后进先出法运用的宏观经济条件。取消后进先出法的一个考量因素是，当今的通货膨胀治理和物价波动环境已经大大改善，这样就使得后进先出法报告稳健信息的条件消除了。然而必须要明确的是，尽管当今几乎世界各国都在注意通胀和物价治理问题，但仍然没有显著证据证明通胀和物价治理在全球已经取得显著成效。很明显，就我国近期而言，物价上涨和通胀压力已经成为一个全民关注的重要经济热点，而且就经济增长模式来说，可以预期在未来相当长的一段时期，物价上涨和通胀压力问题会依然存在。因此，我国当今乃至未来数年将一直具备后进先出法运用的宏观经济条件。

通过上述五个方面的总体讨论可以得出结论：单纯放弃先进先出法或者单纯放弃后进先出法都会存在制度效率缺失，现行会计准则取消后进先出法的安排仍然不能诠释制度的最优均衡，应该同时将先进先出法和后进先出法纳入制度选择，以最小化制度效率缺失。

第十章 后危机时代会计准则、金融监管与顺周期性矫正研究

现有研究基本观点认为金融危机中会计准则对顺周期性具有强化作用。金融危机后，各国政府与国际组织开始研究商业银行顺周期性的矫正，巴塞尔委员会与 IASB 分别提出了逆周期资本缓冲与预期损失模型，但是并不能从根本上解决顺周期性问题。原因在于会计准则与金融监管目标存在内在差异，会计准则遵循“如实”原则，旨在及时反映经济的真实波动，金融监管恪守“审慎”，旨在熨平可以预见的经济波动。只有会计准则与金融监管规定分离，才能从根本上矫正资本监管下银行信贷的顺周期性，因此建议弱化金融监管对会计信息的依赖，对于部分金融事项在会计报告之外建立单独的监管报告体系。

一、综述

顺周期性（Procyclicality）是指经济周期中金融变量围绕某一趋势值波动的倾向，金融稳定理事会（FSB）将其定义为一种相互强化的正反馈机制，在该机制下，金融系统会放大宏观经济的波动程度，反过来又加剧金融系统的不稳定性。金融危机显示出商业银行顺周期性的巨大破坏力，引发了各界的广泛关注和思考。金融稳定理事会提出的一系列改革设想，很大程度上都着眼于如何缓解顺

周期性问题。自 1988 年巴塞尔协议出台后，资本监管成为现代商业银行监管体系的核心，由于资本的计算通常是在银行提供的会计信息的基础上进行少量的调整而得，银行监管的成效不可避免地受到会计准则的影响。事实上，国内外大量研究表明，在当前银行监管过度利用会计信息的模式下，会计准则通过资本充足率这一传导机制极大地强化了商业银行的顺周期性。总结金融危机的经验教训，必须转变金融监管的理念和方式，而如何协调会计准则与监管规定之间的关系已成为重要议题。

国外理论界围绕商业银行的顺周期性从理论和实证两方面展开了广泛深入的研究。会计准则方面，公允价值计量属性和贷款损失准备计提方法的顺周期性及其矫正成为学者们关注的焦点。Enria（2004）研究表明，公允价值会计准则下交易类资产和可供出售类金融资产的公允价值变动分别被计入当期损益和所有者权益，因而放大了收益和资本的波动性，导致金融体系顺周期效应加剧。Borio 等（2001）认为，银行在经济繁荣时期若能计提较多的拨备或者提高资本比例，将起到“内置稳定器”的作用，从而更好地应对风险，增强金融稳定性。Barth（2004）主张扩大公允价值的运用范围，他指出，在会计计量中引入公允价值属性后会产生固有不稳定性、估计误差不稳定性和混合计量不稳定性，从而加剧财务报表的波动性。其中，固有不稳定性属于真实的经济波动，应在会计计量中予以客观反映；而估计误差不稳定性和混合计量不稳定性属于虚假的人为波动，应当通过完善估值应用指南或扩大公允价值的运用范围等方式最大程度地予以降低。Bikker 等（2005）实证研究结果表明，银行贷款损失准备拨备在 GDP 增长速度较快时显著降低，而在 GDP 增长速度较慢时显著增加。Plantin 等（2008）认为，历史成本忽视了价格信号因而无法很好地反映信息，盯市会计运用现行交易价格，尽管能够克服前者的上述缺陷，但在挖掘市场价格的信息含量时引入了与基本面无关的干扰因素，放大了资产价格和利润水平的波动。Matherat（2008）指出，公允价值会计会导致宏观经济的顺周期波动，并呼吁各国积极应对，协调会计准则与金融监管规定的差异。Wailison（2008）认为在公允价值计量属性下，资产价格的周期性波动会对会计信息的稳健性水平产生不利影响。

国内学者立足于本国实际情况，对我国商业银行的顺周期性及生成机制进行了研究。此外，作为商业银行顺周期性矫正的一大热点问题，不少学者对如何协调会计准则与金融监管的关系进行了探讨。刘灿辉等（2012）运用最小二乘法对6家中国上市银行2003~2010年的面板数据进行实证分析，发现中国上市商业银行的缓冲资本具有顺周期特征。吉余峰等（2013）在论述商业银行顺周期性形成机理的基础上，对16家全国性及地区性上市银行2000~2011年的相关数据进行实证分析，认为中国上市银行资本缓冲具有逆周期性，而股份制银行资本缓冲则具有顺周期性。唐梅等（2011）以沪深两市31家上市金融企业2007~2009年季度财务报表数据为研究样本，发现公允价值变动损益与上证指数之间存在明显的正相关关系，证明在我国上市金融企业中运用公允价值会计会产生顺周期效应。鹿波等（2009）指出，我国商业银行在经济快速发展阶段以及自身贷款增长率较高时期都会减少计提贷款损失准备金。刘玉廷（2010）指出，金融保险会计准则与监管规定的分离是大势所趋，体现了会计准则制定的独立性，有利于在全球范围内建立一套统一的高质量会计准则。黄世忠（2009）分析了公允价值会计顺周期性的传导机制，认为FASB和IASB于2009年提出的从会计层面应对顺周期效应的策略只是权宜之计，且具有不容忽视的负面效应，只有从监管层面应对顺周期效应，从制度上建立起有利于金融稳定的长效机制，才能实现标本兼治的目的。郑伟（2010）对国际会计准则理事会2009年11月发布的《金融工具：摊余成本和减值》（征求意见稿）进行了深入的分析，认为预期损失模型的采用体现了会计准则对来自金融监管部门压力的妥协，意味着会计独立性遭到破坏，我国对此应当秉持充分谨慎的态度。刘星等（2011）在通过计算实例对预期损失模型进行介绍的基础上分析其优缺点，认为预期损失模型在我国银行业的实施只是时间问题。姚明德（2012）从模型计量的对象、内涵和方法层面上分别论证了国际会计准则理事会提出的预期损失模型与巴塞尔协议计量预期损失的模型的异同，为协调会计准则和金融监管提供了借鉴。

二、资本监管下会计准则对商业银行顺周期性的强化机制

1988 年推出的巴塞尔资本协议被各国普遍采用，确立了资本监管在现代商业银行监管体系中的核心地位。在金融危机前，监管部门主要通过资本充足率监控商业银行的行为，且通常是在银行提供的会计信息的基础上做少量调整并作为确定资本的基础。正是由于监管部门对会计信息的过度依赖，使原本旨在客观公允地反映企业财务状况的会计准则得以通过资本充足率这一传导机制影响到监管的成效，大大强化了商业银行的顺周期性。在金融危机前的资本监管制度下，会计准则对商业银行顺周期性的强化作用主要是通过两条途径实现的：基于“已发生损失模型”的贷款损失准备计提规则和针对交易账户金融资产的公允价值计价原则。

（一）资本监管下贷款损失准备计提规则的顺周期性

金融危机前，各国会计准则普遍要求商业银行采用“已发生损失模型”来确定应计提的贷款损失准备。所谓已发生损失模型，采用的是基于过去交易或事项的“发生观”，要求会计主体在确定贷款损失准备计提数量时，应当以实际发生的交易或事项为依据。换言之，银行只能对已发生损失事件等客观确切的损失确认减值，而不能将未发生事项作为计提贷款损失准备的依据。这一规则有效地限制了银行管理层通过非公开透明的方式操纵利润，保证了会计信息的可靠性，充分体现了会计准则客观公允地反映企业财务状况的目的，但被用于监管目的时，则具有明显的顺周期性。

从监管的角度看，银行经营应充分遵循审慎原则，以维持金融与经济稳定。当经济处于上行阶段时，贷款的信用风险渐渐累积，银行应当预见到即将发生的信用损失，计提较充足的贷款损失准备，一是为经济衰退时集中出现的贷款违约

损失作准备，二是银行得出的净利润减少，导致可被计入资本的数量下降，银行为维持监管要求的最低资本充足率水平不得不限制信贷投放，从而避免风险过度累积。当经济处于下行时期，信用风险集中具体显现出来，由于此前计提了较为充足的贷款损失准备，银行不必大量确认减值损失，净利润下滑幅度小，银行放贷能力受到的制约减少，从而避免信贷过度紧缩导致经济一再下滑。然而会计准则在规定计提贷款损失准备规则时并不考虑监管目的，而只关注当前时点所显现出的信用风险状况，因此表现出相反的作用。经济繁荣时，由于企业经营状况良好，贷款违约率仍处于较低水平，银行按照会计准则计提的贷款损失准备不能反映已逐渐积累的信用风险，因而低于银行监管所需水平，信贷的过度扩张对经济变化起到推波助澜的作用。经济衰退时这一作用更为明显，大量确认的减值损失限制了银行的放贷能力，导致经济继续下滑，贷款违约情况进一步恶化，银行不得不继续确认减值损失，从而形成恶性循环，这一机制使商业银行的顺周期性被大大强化。

（二）资本监管下公允价值计价的顺周期性

公允价值计价主要针对银行的交易账户（Trading Accounts），规定银行对交易账户的金融资产按公允价值计量，若能够获取市价资料应尽可能地运用盯市原则，若无法获取市价资料应采用模型估算其公允价值。由于交易账户的金融资产和金融负债是银行为实现短期获利或维持流动性而持有的，市价的变化与之密切相关，因此公允价值计价原则在理论方面是合乎逻辑的，有利于反映银行的真实经营状况。但在实践中，由于金融资产价格受到市场供求影响可能发生较大波动，采用盯市原则确定资产的公允价值往往与资产实际价值发生偏离，表现出明显的顺周期特征，在资本监管过度依赖会计信息的情况下，强化了商业银行的顺周期性。

当经济处于快速发展时期，金融资产价格往往会出现非理性上涨，严重时导致资产泡沫的形成。盯市会计原则下，银行对交易账户中的金融资产大幅增加账面价值，同时按照交易性金融资产和可供出售金融资产的分类，分别在利润表中确认收益和在资产负债表中确认估值利得。虽然资本监管将后者从资本计算中剔除，但监管资本要求仍然相对容易满足，使银行得以继续扩张信贷，推动经济继续上涨，金融资产市场价格进一步偏离真实价值，引起下一轮信贷扩张。经济不景气时期，资产泡沫破裂，恐慌抛售使金融资产价格出现非理性下跌，银行不得不大量确认账面损失。与此同时，按监管制度的规定，银行资本基础被严重侵蚀，银行为将资本充足率水平维持在最低监管要求之上，不得不抛售金融资产和紧缩信贷，导致金融资产价格继续下跌，而盯市原则下，下跌的金融资产价格又成为新的公允价值确定基础。此外，由于监管部门在计算资本充足率时会将金融资产未实现估值损失直接从资本基础中扣除，使公允价值计量原则在经济衰退时期的顺周期性更加明显。金融危机爆发后，美国的金融监管部门曾试图要求修改会计准则，甚至要求暂停公允价值计量属性的运用，这从侧面体现出公允价值计价原则对商业银行顺周期性的强化作用。

三、只有会计准则与金融监管规定分离才能从根本上消除顺周期性

（一）现有方案尚不能消除顺周期性

针对商业银行的顺周期性，以巴塞尔委员会为代表的金融监管部门和以IASB为代表的会计准则制定机构都提出了相应的解决方案。前者要求各国监管当局建立逆周期资本缓冲政策框架，根据实际情况确定银行是否计提逆周期资本缓冲以及计提的数量，后者则建议在会计处理中，确认金融资产减值损失时以预期损失模型（Expected Loss Model）代替现行的已发生损失模型（Incurred Loss Model）。然而上述方案在理论上都存在缺陷，无法从根本上解决顺周期性问题。

1. 逆周期资本缓冲及其困境

2009年4月，二十国集团（G20）要求巴塞尔委员会和金融稳定理事会提出缓解顺周期性的政策工具，我国也同意了二十国集团的方案。2009年11月，巴

塞尔委员会成立宏观变量工作组，负责逆周期资本缓冲的研究，我国银监会也全程参与了该项目。2010 年 7 月，巴塞尔委员会宏观变量工作组提交了逆周期资本监管框架，并在全球征求意见。2010 年 12 月，巴塞尔委员会公布了逆周期资本监管《指引》，要求各国遵照执行。我国“十二五”规划正式提出了实施逆周期资本的基本路径。

逆周期资本缓冲的思路是在信贷扩张期计提逆周期资本缓冲，从而提高整体监管资本要求，以控制信贷规模，在经济转向下行，信贷规模开始收缩时释放逆周期资本缓冲。逆周期资本缓冲的目标在于通过资本的计提与释放，控制银行信贷的顺周期性，降低信贷扩张期所积累的系统性风险，从而防止信贷危机。逆周期资本缓冲的核心在于信贷周期识别指标的构建。国际清算银行通过对近 40 年全球 30 多个国家 40 多次金融危机的实证分析，表明 3/4 的信贷激增导致了银行危机，7/8 的信贷激增导致了货币危机，指出信贷规模÷GDP 指标具有最佳的识别效率。

但逆周期资本缓冲的实施存在以下三大困境，难以有效解决我国银行信贷的顺周期性。

第一，我国尚未形成完整的经济周期，数据积累明显不足。近 30 年来，由于各种经济增长动力的释放，以及政府高效率的宏观调控，我国经济一直处于高速增长阶段，并未出现过经济危机，也没有形成真正的经济周期。而要检验信贷周期的识别指标，需要多个完整的经济周期，尤其需要积累经济危机的数据。国内现有的实证研究，大多是通过信贷规模÷GDP 指标与表示金融脆弱性的指标体系之间的关联度，来检验信贷规模÷GDP 指标的效率。主流观点认为信贷规模÷GDP 指标具有较好的识别功能。但金融脆弱性指标体系毕竟不是金融危机本身，且信贷规模÷GDP 指标是大多数金融脆弱性指标体系的重要组成部分，较高的关联度更多地是因为检验本身就是自己解释自己。所以，数据的缺乏严重阻碍了我们对于识别指标可靠性的把握。

第二，我国的融资结构正处于调整之中，指标取值不稳定。我国目前的融资结构还保有很多计划经济体制遗留下来的痕迹，主要表现为银行信贷在整个社会融资中具有极大的规模。随着我国融资结构的不断成熟，直接融资占比将会提高，银行信贷占比将有所降低，这也是金融战略的重要改革方向。由于信贷规模在整个社会融资规模中的占比将会出现可以预见的降低，所以信贷规模÷GDP 指标并不具有稳定性。且近年来，随着我国影子银行的发展，信贷占比已经出现了急速的下滑，信贷规模÷GDP 指标已经出现了极大的不稳定性。

第三，我国并未取消信贷规模控制，资本监管的信贷传导机制不顺。由于货币政策传导渠道不畅，为了更为有力地实施经济调控，我国自 2008 年重新恢复了对信贷规模的直接控制。虽然信贷规模控制一直以来就是学界的众矢之的，但其在货币调控中确实起到了重要的作用，所以备受政策制定部门的青睐。信贷规模控制的存在，使得逆周期资本监管通过资本约束向信贷规模的传导存在障碍。我国近 30 年的数据表明，中央对于信贷规模的控制在一定程度上已经直接起到了逆周期资本缓冲的作用，而通过资本充足率对于信贷规模的间接调控缺乏有效的传导机制。

2. 预期损失模型及其困境

金融危机后，会计准则因其对商业银行顺周期性的强化作用而备受指责，为此，IASB 于 2009 年 11 月 5 日发布 《金融工具：摊余成本和减值》(征求意见稿)，建议采用预期损失模型确认金融工具减值损失。在该模型下银行对于以摊余成本计量的金融资产进行会计处理时应当以其整个存续期为时限，以对未来现金流量的预期为基础，在出现减值迹象之前即预先估计损失并计提相应的减值准备。也就是说，银行在对以摊余成本计量的金融资产进行初始确认时即应考虑预期信用损失并确认相应的减值，而在此后每个计量日，银行都要重新修正对预计现金流量的估计，并将资产账面价值的变动计入当期损益。由于银行各期都根据对损失估计的变化调整账面价值，因此确认损失进而使各期利润相对平滑，理论上减轻了会计准则造成的商业银行信贷能力的周期性变化，有助于减缓经济波动。

然而大量研究表明，预期损失模型并不能根治会计准则的顺周期性，而且会带来新的问题。首先，造成金融危机的根本原因并非会计准则制定不合理。G20 峰会上，各国普遍认为，金融危机的根源包括经济结构失衡、金融创新过度、金融机构风险管理疏失和金融监管缺位。因此修改会计准则只能在一定程度上缓解顺周期性，是治标不治本之策。其次，这一方法在估计未来现金流量时很难将全部影响因素考虑进去，其估计值仍然可能受到外部经济环境的影响，如在经济衰退时高估预期损失，从而具有一定的顺周期性。最后，预期损失模型的引入很可能导致会计信息质量下降。一方面，预期损失模型更多地反映了监管部门维护金融稳定的需要，本质上要求银行多提准备确保资本充足，因而财务报告使用者很难了解银行的真实经营状况；另一方面，预期损失模型建立在对未来的估计基础上，主要参数均由会计主体自行确定，主观性较强，因而具有较大的盈余管理空间。而且由于预期损失的估计涉及大量金融专业知识，不仅增加了会计处理的操作难度和成本，也使除专业机构以外的信息使用者难以理解相应的会计数字，影响了会计信息的可理解性。

（二）会计准则与金融监管规定分离是两者目标差异的内在需求

针对财务会计的目标，学界存在大量讨论，目前主流观点有两种：受托责任观和决策有用观。受托责任观认为，财务报告应当以恰当的方式提供有关管理层对其承担的受托经营责任的履行情况的信息。换言之，会计必须如实反映企业经济活动及其成果的真实情况。决策有用观认为，会计信息应当有助于财务报告使用者做出合理的经济决策，这里的财务报告使用者，既包括现有和潜在的投资人及债权人，也包括其他使用者。当前世界最具影响力的会计准则主要是 IASB 制定的国际会计准则和 FASB 制定的美国会计准则，两者在对财务会计目标进行阐述时均未将“受托责任观”和“决策有用观”对立起来。我国《企业会计准则——基本准则》将会计目标规定为“向财务报告使用者提供与企业财务状况、经营成果和现金流量等有关的会计信息，反映企业管理层受托责任履行情况，有助于财务报告使用者做出经济决策”，亦是“受托责任观”和“决策有用观”的有机结合。英国的会计原则以强调“真实、公允”而著称，而且这一原则也被欧盟会计在发展过程中借鉴以至于最终得到认可。综合四套准则的规定可以看出，会计准则的制定应当以确保会计信息的客观公允、真实可靠为宗旨，即无论在什么情况下，“如实反映”是会计生产、加工信息的一个基本原则。

金融监管的目标与会计准则的目标存在着明显差异。金融监管的目标在于防范和控制金融风险，保障金融机构稳健经营，维护金融体系稳定。与会计准则相比，金融监管明显侧重于审慎性而非客观性。例如，对于可供出售金融资产，会计准则为了如实反映其风险及价值，要求采用公允价值计量，并将账面价值的变动计入其他资本公积，金融监管出于审慎性考虑，更加重视公允价值波动会给金融体系的稳定性造成的影响，往往要求银行在计算资本充足率时不得将其纳入监管资本。此次金融危机中已发生损失模型与预期损失模型之争也根源于此，已发生损失模型以客观证据为依据确认资产减值损失，体现了会计准则客观真实反映银行经营状况的目标，但不够审慎，预期损失模型要求考虑未来信用损失，有助于降低商业银行顺周期性，体现了审慎监管的目标，但明显背离了会计准则客观真实的要求，损害了会计信息质量。

会计准则和金融监管目标的内在差异，决定了两者必须分离。混淆会计准则和金融监管的界限，或者难以保障会计准则的独立性和会计信息的真实可靠性，或者损害金融监管的有效性，只有实现分离才能同时兼顾会计准则和金融监管目标。

四、我国会计准则与金融监管规定分离的对策与建议

资本监管下，以减值迹象为基准的贷款损失计提规则以及以市场价格为基准的公允价值计价原则强化了商业银行信贷的顺周期性。巴塞尔委员会与国际会计准则制定机构分别提出了逆周期资本缓冲与预期损失模型，但并不能从根本上解决顺周期性问题，原因在于会计准则与金融监管目标存在内在差异性。会计准则强调“如实”，旨在及时反映经济的真实波动；金融监管强调“审慎”，旨在熨平可以预见的经济波动。因此只有会计准则与监管规定相分离，才能从根本上矫正资本监管下银行信贷的顺周期性。本书建议，弱化金融监管对会计信息的依赖，对于部分金融事项，在会计报告之外建立单独的监管报告体系。

（一）对于贷款损失准备分别采用“已发生损失模型”和“预期损失模型”

对于商业银行的贷款损失准备，在会计报告中继续沿用已发生损失模型，在金融监管报告中引入预期损失模型。所谓已发生损失模型，即银行在确定贷款损失准备计提数量时，只能对已发生损失事件等客观确切的损失确认减值。而预期损失模型下，银行以信贷资产的整个存续期为时限，以对未来现金流量的预期为基础，在出现减值迹象之前即预先估计损失并计提相应的减值准备。前者能够及时反映经济的真实波动，体现“如实”的会计目标，但只表现了当前时点的减值迹象而不具有前瞻的跨周期特点，以此为基础计提监管资本会具有极强的顺周期性。后者有效地平滑了各期损失以及利润的波动，能够较好地抑制顺周期性，但违背了会计的如实反映原则。因此对于贷款损失准备，应当实现会计准则与监管规定的分离，在进行会计处理时采用已发生损失模型，在进行资本充足率监管时采用预期损失模型。

（二）对于弱流动性资产分别采用“盯市模型”和“内部模型”

对于商业银行交易账户的弱流动性资产，在会计报告中继续沿用盯市模型，在金融监管报告中采用内部模型计量。盯市模型即要求银行按市场价格对于持有的资产进行估价，内部模型则要求银行建立一套内部估价体系确定资产的价值。前者及时反映了资产的价格变化，如实地向信息使用者展现了银行的真实状况，但波动性较大，尤其是在经济危机时更加明显，具有较强的顺周期性，后者反映出的资产价值变化相对平缓，顺周期性得到抑制，但赋予了银行较大的自由裁量空间，可靠性较弱。因此对于弱流动性资产，应当使会计准则与监管规定相互分离，在会计处理时采用盯市模型计量，在金融监管报告中利用内部模型确定资产的价值。

第十一章 后危机时代公允价值计量、贷款损失准备与资本监管研究

会计准则与资本监管成为围绕顺周期性而被探讨较多的两种制度因素。会计准则的顺周期性主要通过公允价值计量与贷款损失准备计提发生作用，资本监管的顺周期性源于风险评估技术的内在缺陷。从资本监管视角，应该采取依据经济逆周期状况变更资本充足率标准来矫正顺周期性。从会计准则视角，在不活跃市场中应该慎用公允价值计量，同时引入动态贷款损失准备机制，加强会计准则制定机构与资本监管机构的协调，实现会计准则协同资本监管矫正顺周期性。

由于具有公平、客观、精确等优点，量化监管被金融监管越来越多地使用。然而量化监管也具有不足之处，在金融监管领域表现为量化监管依靠数据输入，但数据本身则很大程度上带有周期性特点。这会使得监管宽松度产生周期性的变化，以至于带来信贷创造的周期性问题，从而加剧宏观经济的周期性波动。会计准则与资本监管可以说是围绕顺周期性而被探讨较多的两种制度因素。与国际持续趋同的会计准则和新巴塞尔协议已经在我国逐步实施，顺周期性的消除再次成为学界关注的问题。

针对商业银行顺周期问题研究，国外理论界最早可追溯至 Fisher（1933）发表的债务—通货紧缩理论，Fisher 认为在金融危机时期，由于债务清偿困难，引发银行信贷紧缩，导致经济衰退。尔后很多学者先后经过实证研究发现了顺周期行为的证据。Glaudio Borio 等（2008）对 OECD 国家 1979~1999 年真实资产的价值水平和私人的信贷与 GDP 的比率问题进行了研究，认为两者在经济繁荣期间

呈现快速上升势头，在经济下滑期间则显著回落。Jacob Bikker 等（2009）研究认为，银行的拨备水平在国家经济增速下降时明显提高，在国家经济增速上升时则显著降低。IMF（2010）曾指出欧洲银行业的贷款损失准备金与失业率相比较，与经济增长应该具有更强的顺周期特征。关于商业银行的顺周期成因，Bernanke 等（2011）指出，巴塞尔协议制定的资本监管体系存在的问题是，在经济繁荣时期容易低估风险，而在经济下行时则容易高估风险，这会强化金融系统顺周期效应。Tarineu-Rabell 等（2012）认为，BaselⅢ诱使商业银行采纳时点评级法而不采纳跨周期评级法，在某种程度上强化了商业银行的顺周期性。Henrik Anderson（2013）对 1988~2007 年挪威经济数据进行研究发现，在巴塞尔新资本协议框架下基于 20 年移动平均的风险加权资产于模拟周期中并没有表现出明显的顺周期性，也就是说，如果能基于一个足够长的观察期限确定风险权重，那么监管资本的顺周期性问题可以被有效克服。

虽然国内相关研究起步较晚，但危机后随着加强宏观审慎监管日益成为金融监管的发展趋势，理论界立足于国内现实针对商业银行顺周期问题展开大量研究。学者们通过实证研究发现国内商业银行也同样存在明显的顺周期问题。黄静如、黄世忠（2013）利用模拟方法，对完全公允价值与混合计量属性两种计量模式的顺周期特征进行比较，研究认为混合计量法在削弱顺周期性方面并不优于完全公允价值法。赵爱玲、韩文静、于瑶（2013）利用我国商业银行 1978~2010 年数据，采用 VAR 方法研究了我国商业银行顺周期性问题，对顺周期性表现及其制度因素进行了分析。朱宇（2013）研究认为资本缓冲是削弱巴塞尔协议顺周期性的关键举措，BaselⅢ对资本充足率标准的提高则有可能会加剧顺周期性。金雯雯、杜亚斌（2013）采用 TVP-VAR 模型研究指出，国内信贷规模的顺周期性主要来源于货币政策而非资本监管方面，资本监管方面应加强关注银行信贷的期限结构问题。胡建华（2013）研究认为，国内逆周期资本监管识别指标和经济周期关系尚待验证，因此对逆周期资本监管应持谨慎态度。

一、商业银行顺周期性的生成机制剖析

（一）风险评估方法与顺周期效应

根据资产的风险状况设置相应的权重水平是资本监管的核心环节，其目的在于确定监管资本相对于资产风险的敏感性。目前越来越多的资本监管开始运用内部评级法确定风险权重，内部评级法允许银行采用内部估计值成为计算风险权重的重要指标。在实际操作中划分为基于当前时间点经济状况的时点评级体系和基于完整经济周期状况的跨周期评级体系。但无论是时点评级体系抑或是跨周期评级体系，最终的评级结果都不可避免地和经济周期负相关，继而商业银行的顺周期性得以强化。

1. 时点评级体系产生的顺周期效应

顾名思义，时点评级体系是根据当前经济状况对风险做出评估，评级时间跨度一般不超过一年，比如估计违约概率时使用债务人在一年期内实际违约率的长期平均数来计算。这一思路意味着在该评级体系下，风险评估的结果仅仅反映了当前状况，与在经济周期中所处的位置有密切关系，且呈负相关关系，这使商业银行顺周期性问题得到强化，从而放大了经济的波动性。当经济走势处于上行阶段，商业银行仅就债务人当前财务状况做出评估，容易低估实际风险水平从而高估资本充足率，这样无形中降低了监管资本标准，导致商业银行的放贷能力增强，以至于为信贷的过度扩张提供了条件，助长了经济泡沫的积累。当经济走势处于下行阶段，商业银行又会高估实际风险水平从而低估资本充足率，会无形中提高监管资本标准，导致商业银行信贷不足，继而延长经济走势位于低谷的时间。特别是在信用风险高级评级法下，除违约概率以外，商业银行还可以自行计算违约损失率和违约风险暴露、期限等风险参数，这进一步加剧风险评估结果、监管资本要求跟随经济周期的波动性。同样的问题也存在于市场风险的评估方面，金融危机前后，商业银行在运用 VaR 模型评估市场风险时大多数情况下使用一年的数据，极易导致计算的交易账户的资本要求产生波动性问题。

2. 跨周期评级体系产生的顺周期偏误

跨周期评级体系是依据完整经济周期信息进行风险评估，其评估结果可以反映今后一个经济周期风险状况，从而使得出的监管资本要求可以覆盖经济周期各阶段损失。巴塞尔新资本协议第三次征求意见稿做出了一系列调整，鼓励运用跨周期评级体系，要求商业银行估计违约损失率时采用的数据观察期最少要涵盖一个完整的经济周期，在理想状况下对违约风险估计应该基于涵盖一个完整经济周期的时间段。

跨周期评级体系下确定的监管资本要求与在经济周期中所处的位置存在一定联系。因为对何为完整经济周期有不同见解，难以准确界定，并且未来经济状况并不是过去经济周期的复制，因而跨周期评级体系实质上是希望通过延长观察数据时间跨度以平滑风险估计结果，但这仍然会受到当前经济状况影响。经济繁荣时风险估计结果偏低，得出的监管资本要求也偏低，反之亦是如此。标普和穆迪等较早地开始运用跨周期风险估计，并尽力维持评级结果稳定性，避免短期内对其进行频繁调整，但评级结果依然呈现出一定周期性变化。特别是经济衰退明显超过预期时，最终的评级结果很可能因此下调。

（二）会计准则与顺周期效应

1. 贷款损失准备计提产生的顺周期效应

贷款损失准备计提产生的顺周期性，源于会计准则可靠性原则和谨慎性原则。计提贷款损失准备应该依据当前时点所显现出的风险状况，因此与时点评级法下资本计提逻辑相类似，两者皆与经济周期负相关。

会计准则规定企业进行会计处理时应依据可靠性原则，企业应根据实际发生的交易或事项进行确认、计量、记录和报告，尽量减少管理层操纵利润空间，以保证会计信息的真实可靠。根据可靠性原则，商业银行应当对已发生的损失事项等客观证据表明的在未来很可能发生并且可以有效估计的损失进行确认，亦即只能对已出现风险进行事后弥补。同时，会计准则要求遵循谨慎性原则，对不确定性的或有事项做出会计判断时，不应当高估资产或收益、利得，不应当低估负债或者费用、损失。基于此，商业银行在风险显现时应当充分计提损失准备。

事实上一般情况下，商业银行信用风险在经济上行期间就在逐渐累积增长，只是在经济下行期间才爆发出来。按照会计准则要求，商业银行应当按已显现出的风险计提损失准备。在经济上行期间即使已经预见到了潜在风险，商业银行也只能根据当前经济状况对违约概率及违约损失率进行判断，该判断对未来的预期往往是过于乐观的。而这会导致贷款损失准备计提不足，报告的净利润偏高，从而导致可被计入核心一级资本的一般风险准备、未分配利润被过高估计，无形中降低了监管资本标准，增强了银行放贷能力。经济下行期间贷款违约率、损失率大幅上升，前期发放贷款的风险此时便集中显现，商业银行不得不确认减值损失，导致报告的净利润大幅下滑，资本充足率此时会被低估，严重时银行不得不用资本填补部分亏损，这无形中提高了监管资本标准，使得商业银行放贷能力受到严重削弱。

2. 公允价值计量产生的顺周期性效应

公允价值计量会导致资产估值随着市场价格波动而变动，从而表现出顺周期性特征。我国现行准则要求对可供出售金融资产以及交易性金融资产在初始和后续计量中，都采用公允价值计量，可供出售金融资产后续计量的公允价值变动计入所有者权益（OCI），交易性金融资产后续计量的公允价值变动计入当期损益。

经济上行期间金融资产价格持续上升，商业银行会依据活跃市场报价过高估计金融资产的公允价值。交易性金融资产高估的价值会导致当期报告的利润增加，增加的利润会通过一般风险准备、未分配利润进入核心一级资本。可供出售金融资产高估的价值会计入所有者权益“资本公积”（OCI）项下，也要纳入核心一级资本。两类金融资产都导致资本充足率虚高，从而助长商业银行信贷扩张，而金融资产在过热的经济环境中其价格会继续上涨，形成正反馈机制。这一机制在经济下行期间的影响会更加严重。当金融资产的价格持续下跌，商业银行依据下跌的交易价格确认当期损失，特别是当大量金融机构被迫变现资产、流动性严重不足时，即便明知交易价格下跌更多地是源于市场恐慌心理而非真实价值体现，由于会计准则缺乏对不活跃市场使用公允价值的指导，使得持有类似金融资产的商业银行仍然不得不依据极低的交易价格调低资产的账面价值，从而大大拉低了资本充足率，削弱了银行信贷能力。而信心受到打击的投资者会继续恐慌性抛售金融资产，这也加剧了金融资产价格继续下跌，从而形成恶性循环。

二、顺周期性影响因素的简要实证分析

实证分析表明，银行最优资本充足率水平应由持有资本的成本决定，并且资本不足而破产或被惩罚的成本也是不可忽略的因素。本书选取了国内 10 家上市银行的会计数据进行实证分析，研究结果显示，量化监管下银行的信贷规模与经济周期之间具有较为显著的负相关关系。

设：

$$Cap_t = Cap_{t-1} + I_t$$

式中，Cap_t，Cap_{t-1} 分别表示银行在 t 时期末和 t－1 时期末的资本水平，I_t 表示银行在 t 时期的股票发行加上留存收益。

$$Cos_t = (c_t - p_t)Cap_t + \frac{1}{2}\varphi_t I_t^2$$

式中，Cos_t 为银行与资本有关的总成本，c_t 为筹集资金的成本，p_t 代表银行破产成本及资本不足时面临处罚的成本，φ_t 代表变动资本水平所花费的调整成本。

依据成本最小化的商业银行经营目标，可以建立如下模型：

$$\min_{\{I_{t+i}\}_0^\infty} E_t \sum_{i=0}^{\infty} \lambda^i Cos_{t+i}$$

$$s.t. \quad Cap_t = Cap_{t-1} + I_t$$

$$Cos_t = (c_t - p_t)Cap_t + \frac{1}{2}\varphi_t I_t^2$$

解得：

$$I_t = E_t\left(\frac{1}{\varphi_t}\sum_{i=0}^{\infty} \lambda^i (p_{t+i} - c_{i+t})\right)$$

因此：

$$E_t(Cap_t) = Cap_{t-1} + E_t\left(\frac{1}{\varphi_t}\sum_{i=0}^{\infty}\lambda^i(p_{t+i} - c_{i+t})\right)$$

期望的资本水平 $E_t(Cap_t)$ 相当于实际的资本水平 Cap_t 加上一个随机误差项，因此：

$$(Cap - \overline{Cap})_t = (Cap - \overline{Cap})_{t-1} - E_t\left(\frac{1}{\varphi_t}\sum_{i=0}^{\infty}\lambda^i c_{i+t}\right) + E_t\left(\frac{1}{\varphi_t}\sum_{i=0}^{\infty}\lambda^i p_{i+t}\right) + \varepsilon_t$$

从上述分析中可以看出，商业银行最优资本决策应当包含如下变量：一是滞后一期的被解释变量；二是与持有资本成本相关的变量；三是与银行破产成本相关的变量。本书借鉴国外学者已有的经验模型，利用银行净资产收益率代表持有资本的成本，利用银行不良贷款率代表银行破产成本，同时为研究顺周期问题，引入国内生产总值增长率。经过整理可以得到最终的实证模型如下：

$$Buf = \beta_1 \times Buf(-1) + \beta_2 \times ROE + \beta_3 \times NPL + \beta_4 \times GDP + \varepsilon$$

式中，Buf 表示银行资本充足率超过规定资本充足率水平的部分，ROE 表示净资产收益率，NPL 表示银行不良贷款率，GDP 表示国内生产总值增长率。

由于国内自 1998 年开始对国有商业银行实施资产负债比例管理，因而本书将 1998 年第一季度至 2012 年第三季度作为数据观察期，采用面板数据计量方法进行实证分析，得到结果如下：

$$Buf = 0.61 \times Buf(-1) - 0.02 \times ROE - 0.33 \times NPL - 2.34 \times GDP$$

$$(0.21) \qquad (-0.31) \qquad (-0.16) \qquad (-2.89)$$

上述实证分析表明，10 家商业银行资本充足率与 GDP 增长率呈现显著负相关性，表明我国商业银行的经营行为具有顺周期性，而在资本水平相对固定情况下，经济上行会导致商业银行扩大信贷规模，经济下行又导致商业银行收缩信贷；相对其他商业银行，四大国有商业银行资本充足率显示出更强的顺周期性，这种表现在经济上行期间对经济的助推效果尤为明显。上述实证分析还表明，10 家商业银行资本充足率与其滞后一期的变量之间在一定程度上呈正相关关系，说明商业银行调整资本水平是有一定成本的；而资本充足率和净资产收益率呈现不显著的负相关关系，也表明资本持有成本对资本充足率影响不明显；贷款损失率对资本充足率影响不很显著，说明国内商业银行的资本充足率不具有对风险水平敏感性，这也可以说明在信贷不断扩张过程中，资本市场状况、政策导向等因素对商业银行资本补充起到关键性作用。

三、顺周期性的矫正对策构建

（一）依据经济逆周期变更资本充足率标准

从上述分析可以看出，不管是时点评级体系下抑或是跨周期评级体系下，监管资本要求皆与在经济周期中所处的位置呈现负相关关系，亦即经济上行期间监管资本要求过低，经济下行期间监管资本要求过高。因而需要依据经济状况对监管资本要求进行动态性的逆周期调整，矫正其随经济周期而产生的偏误，进而削弱顺周期效应。具体举措是在原有的评级体系下计算的监管资本要求基础上，乘以一个基于宏观经济状况确定的逆周期系数，该系数应与经济周期所处的位置密切相关，且经济上行期间大于 1，这要求银行加强监管资本积累，抑制信贷的过度扩张，经济下行期间小于 1，使银行可以将经济上行期间多提的监管资本释放出来，弥补当前的信贷损失，保持一定的信贷能力。在逆周期调整方法下，逆周期系数如何确定是关键。GDP 增长指标、信贷增长指标、股票价格变化、金融机构杠杆率变动、银行业利润率指标、信贷利差变动等，都是可以纳入考虑的判断经济周期所处位置的经济参考变量。通过研究发现，所有金融危机之前几乎都历经一段信贷高速增长期，巴塞尔委员会建议各国应将信贷余额÷GDP 作为核心的挂钩变量，依据其与长期趋势值的偏离程度确定逆周期资本缓冲，但同时也强调该方法只是参考性的，各国可以根据国情设计出自己的逆周期资本缓冲机制。

（二）引入动态贷款损失准备机制

银行信贷风险在经济上行期间就已逐渐累积，在经济下行期间才具体显露。现有贷款损失准备计提准则规定未能充分关注这一特征，具有明显的顺周期性效应，因而需要另外引入动态准备机制。所谓“动态”是指随经济周期而变化，其具体操作方法为，以“跨周期”视角测算银行所需总准备，其与按会计准则计提准备的差额则通过计提动态准备弥补，亦即：在经济上行期间原有贷款损失准备计提不足就增提动态准备，从而为银行在未来经济衰退期间的信贷风险损失预先计提准备，同时可以避免银行过多分配股利和信贷过度扩张；经济下行期间，银行原有准备不充裕时可动用此前计提的动态准备，从而可以避免对银行放贷能力形成较大制约，影响经济回暖。此外，在操作中为避免与会计基本原则发生冲突，使财务报表能够真实反映银行财务状况，动态准备应该作为税后利润分配项目，而不应该作为税前抵扣项目。例如西班牙自 2000 年就已开始推行动态准备体系，在金融危机期间则充分显现了动态准备体系缓解顺周期性的作用，具有借鉴意义。

（三）在不活跃市场中慎用公允价值计量

公允价值适用的前提条件为自愿、公平、有序市场交易，现实中对公允价值估计往往存在顺周期偏误，因而需要加强引导，使公允价值得到合理使用。首先，会计准则应明确对在不活跃市场运用公允价值的指导，给予商业银行更大自主权、机动性，以使商业银行在市场流动性不足和价格严重偏离真实时可以借助内部估值体系确定金融资产公允价值。其次，监管部门应对商业银行内部估值信息的来源、模型及程序进行严密检查，敦促商业银行改进现行估值体系，以确保公允价值确定的客观性、准确性。同时，商业银行对使用的估值模型、程序应该予以充分披露，使投资者可以自行判断公允价值的估计是否合理。

（四）资本监管机构应加强与会计准则制定机构、货币政策制定机构的协调

首先，监管当局应加强与会计准则制定机构的沟通与协作。当前会计准则制定主要着眼于微观层面，亦即客观、真实反映企业财务状况，而这在一定程度上强化了顺周期性。考虑到商业银行对整个经济体系运行的重要影响，资本监管当局有必要同会计准则制定机构加强沟通，对现行会计准则进行单独修改，从而寻找真实反映银行财务状况和维护金融稳定之间的最佳平衡机制。

其次，资本监管当局应加强与央行合作。资本监管当局应当与央行联合起来，使逆周期政策与货币政策达到互相补充和配合的效果，从而更加有效地对顺周期性进行矫正，调节商业银行的信贷规模，达到维护金融稳定的目的。

第十二章 后危机时代税务会计准则问题综述

中美税务会计理论总体上的比较表现为结构的不平衡，最早将税务会计与财务会计分离的美国却未能构建系统的税务会计理论，我国从 20 世纪 90 年代开始萌生税务会计研究，至今却构建了相对完整的税务会计理论体系。实证会计学者瓦茨、齐默尔曼（1986）认为，理论的目标在于解释和预测，文章采用归纳与史证方法，针对中美税务会计理论事实上的差异提出一个解释视角的假说，从引致的制度基础、理论需求与剩余、会计研究选题约束等方面进行推断，认为美国税务会计理论是上述原因综合作用下一个实用主义观念的结果，我国税务会计理论体系不是杜撰的虚无，而应是一个诱致性的理论变迁。现存的关于财务会计与税务会计分离研究的理论缺位表现为税务会计理论体系的实体构建相对完整，财务会计与税务会计分离的有效性理论研究则相对不足，缺乏宏观制度层面的经济学效率研究与微观技术层面的会计价值研究，因此，现存的理论研究具有可拓展性。

一、税务会计准则研究的现状

经济学理论认为制度安排是一种重要的资源，因而制度安排是一个经济变量。虽然美国会计学会（AAA）1966 年提出“会计是一个经济信息系统”的观点，但美国学术界与政府对会计安排的倚重很早就开始了。美国的会计理论研究在 19 世纪二三十年代便出现了相对繁荣的局面，最为典型的是 1929~1933 年的经济危机，松散、混乱的会计实务被认为起到了“推波助澜”的作用，甚至被认定为罪魁祸首，而美国政府对会计的干预与管制也不亚于其他经济层面，1907 年的信贷危机后成立了联邦贸易委员会（FTC），1929~1933 年的经济危机后成立了证券交易委员会（SEC）。虽然把会计作为 20 世纪 30 年代经济危机的“替罪羊”有些言过其实，但不能否认会计与 30 年代经济危机的相关关系（葛家澍，2003），而最新的事件则是针对近期美国次贷引起的金融危机，SEC 于 2008 年底发布了“关于调至市价会计”的报告（Report and Recommendations Pursuant to Section 133 of the Emergency Economic Stabilization Act of 2008：Study on Mark-To-Market Accounting），对公允价值会计的反思也暗示了会计与经济波动的关联性，种种证据表明，无论第二次世界大战前抑或是当前，会计安排一直被美国视为经济发展不可或缺的动力变量。如果以新古典经济学的社会生产函数诠释会计的地位，那么，会计是一个不能忽略的生产函数变量，是社会生产这个因变量的自变量或解释变量。从微观角度看，会计不仅对经济交易进行反映和解释，同时也作用于经济交易过程，成为交易过程、交易结果的参数。可以说，美国把会计视为一个市场资源，这个市场包括产品市场与资本市场，会计资源在这两个市场进行充分交换，实现会计的市场价值，不仅市场交易主体（如企业）能从会计交易中获得收益，整个市场交易的利益相关者都会得到收益，个体收益与社会收益是均衡的，经济发展也验证了美国始终不渝地笃信会计市场资源的有效性。

近代会计诞生于现代社会的复式簿记时代，而现代会计则在 19 世纪后的现代社会产生。卡尔·波兰依认为仅在 19 世纪后的西方世界，市场才成为配置资源的占支配地位的制度，在 1800 年之前，是分配的制度决定资源的交换价值而不是市场决定资源的交换价值。波兰依的经济学观点无疑是认为经济资源及制度安排在前现代社会里主要是分配功能而不是市场功能，也就是说，会计的分配功能不是会计演化的发达阶段，在整个社会经济变迁中，会计变迁的趋势应该是会计资源的市场化及该资源充分的市场交换，市场具有立宪功能，从而解释了现代会计制度与现代会计理论滋生的市场制度根源，财务会计、税务会计、管理会计及发达的会计职业化的出现，与现代市场交易效率的需求是分不开的，财务会计、税务会计、管理会计的分工当然不仅是亚当·斯密所谓分工将导致技术熟练、效率提高那样简单，会计“三大分工”的实质是强化了会计作为市场资源的释放与充分交换，这种释放与交换内生地嵌入整体经济的市场过程，进而提升了市场制度安排的整体交易效率，这应该是会计“三大分工”最为深刻的内在原因。

因为对会计资源的市场有效性的笃信，美国也是最早实行“三大分支”会计安排的国家。然而应该注意到税务会计领域存在的两个“典型化”的客观事实：一是作为最坚定的税务会计与财务会计分离的倡导者与实践者，美国的税务会计缺少一个类似财务会计的概念框架，会计“三大分支”之一的管理会计和税务会计有着相似的命运，管理会计不但没有建立起概念框架，还经历了约翰逊与卡普兰所宣称的“没落”时代；二是尽管美国税务会计观念与实务的发端以及理论研究均早于中国，税务会计理论却并不系统，虽然以经济学家斯科尔斯为代表创建了系统的税务筹划理论，但企业税务会计理论是零碎的。而我国从 20 世纪 90 年代开始萌生税务会计研究，至今却构建了相对完整的税务会计理论体系，包括相对系统的企业税务会计理论及税务筹划理论。本书试图比较中美税务会计理论的客观差异，从历史与逻辑角度搜寻这种差异的原因，建立理论解释视角的假说，提出研究的问题。

二、美国税务会计准则理论的贡献与不足

（一）实务研究对概念的超越

美国的会计理论研究至今没有一个严格理论意义上的税务会计概念。依据对美国会计史的研究观点，美国南北战争期间为满足战争对资金的需求，林肯的财政大臣萨蒙·P.蔡斯的财政政策是直接对收入征税，此举创下了一个先例，那就是要获取个人收入记录，同时也标志着税务会计的产生（普雷维茨、莫里诺，

1998)。如果将纳税人向国家缴税与其会计记录相融合视为税务会计产生的标志，则在公元前 18 世纪的巴比伦王国就已经有税务会计了（盖地，2005），这同美国会计的史证研究观点在税务会计产生标志问题上取得了相互一致的印证，这表明税务会计缘起于税收对会计的依赖——税收与会计强相关而引起的一系列复杂实务及理论问题。

美国会计学者的研究体现了对税务会计的实务性解释，简·R.威廉姆斯、苏姗·F.哈卡、马克·S.贝特纳（2005）认为，财务会计、管理会计、税务会计是被用于描述经济广泛使用的三类会计信息，纳税申报表的填制是会计中的一个特殊领域，引入税务会计信息观念的目的是与财务会计及管理会计信息相对比，税务会计信息对一个公司的成功经营是重要的，并关系到财务和管理会计信息，税务会计来自不同系统。简·R.威廉姆斯等的贡献在于不但澄清了财务信息、管理信息和税务信息的关系，还明确指出税务筹划是税务会计的一个组成部分，认为税务会计最具有挑战性的领域不是编制纳税报表，而是进行税务筹划。可以说，简·R.威廉姆斯等在美国会计研究中阐述了至今最完美、合理的税务会计框架性问题，现代税务会计理论正如其所框定的，由两大领域构成：企业税务会计理论、税务筹划理论。需要指出的是，简·R.威廉姆斯等认为“税务会计来自不同系统”的观点十分精确地暗示了一个潜在的逻辑——税收对财务会计的异向性。税务会计产生的标志强调了税收对财务会计的依赖性即正向性，而异向性表现为一种冲突及随之而来的会计扭曲，这也正是税务会计独立的价值之一，但美国税务会计理论并没有沿着这个线索走下去。

美国的联邦收入法典体现了对税务会计实务的要求，并构成了税务会计准则的一部分，根据一项对美国著名会计学府伊利诺伊大学博士论文选题的调查研究，税务会计是美国会计一个重要的研究领域，在会计学理论（不包括财务管理、审计学）的 12 个领域中，税务会计选题比例达到 12%，仅次于会计基本理论，但选题与研究注重的是实务性强的较为具体的问题。

（二）准则论证对学科的替代

美国的税务会计实际上仅是所得税会计（盖地，2005），作为所得税会计学科理论的替代，FASB 于 1992 年 2 月在全部 6 位委员一致投赞成票的情况下发布 SFAS109《所得税的会计处理》，虽然 SFAS109 是一个财务会计准则，却以一个经济学意义上的“正式规则”宣告了税务会计与财务会计的分离，尽管此前税务研究作为研究的一个领域一直占有一席之地。SFAS109 的《附录 A：结论依据》实质上是部分地论证了税务会计与财务会计分离的必要性及其价值，FASB（1992）认为 SFAS109 采用资产负债表法生成了最有用和最可理解的信息，然而针对认为复杂的所得税处理方法不符合“成本—效益”原则的批评，FASB（1992）认为 SFAS109 成本与效益比是合理的。FASB 对于税务会计与财务会计分离两个至关重要的问题——会计信息质量与成本效益的论证是笼统的，而这两个问题的充分论证对于财税分离的有效性无疑是关键的。税务会计与财务会计分离如何细致而又结构性地影响并优化了会计信息？在经济学意义上，的确存在税务会计与财务会计分离产生的交易费用问题，该如何界定、描述、计量分析，这是税务会计目前尚未论证的一大难题。

SFAS109 对于税务会计的另外一个价值是在财务会计准则中提出“纳税筹划战略”（Tax-Planning Strategy），尽管现代税务筹划远远超越其所限定的范围，但 SFAS109 无疑是第一个正式提出税务筹划概念并指出税务筹划与会计的紧密关系的，当今的事实也验证了 SFAS109 的开创性意义和示范效应，税务筹划离不开税务会计，是税务会计的重要组成部分。税务筹划是现代会计发展的一个重大贡献，其为市场交易主体带来的价值是具体可见、客观的，会计市场能力与价值的验证、阐释也因此得到增强，是企业价值管理与价值创造新的增长点。因此，税务筹划在学科上又成为财务管理学、管理会计学新的组成部分，这表明税务会计的诞生引致了大面积的会计价值效应，成为税务会计与财务会计分离有效性的证据之一。

（三）经济学理性的路径依赖

美国的经济学学术思想对自由市场主义的坚决维护是闻名于世的，经济学伴随着现代会计理论的演进，“经济学是会计学的基础”（葛家澍，2002），“会计学科需要建立在其他领域如经济学的思想史文献基础上”（普雷维茨、莫里诺，

1998）。经济学思想与经济学家对美国会计理论的推动由来已久，从 20 世纪 20 年代起，一批经济学学者便加入会计研究中（如坎宁、贝尔、爱德华兹等），通过借鉴或引入经济学的一些核心概念（如收益概念）建立会计理论框架，而爱德华兹、贝尔的经济收益思想成为 FASB 提出“全面收益”概念并制定“报告全面收益”准则的滥觞，20 世纪 60 年代受财务经济学及其学者（如鲍尔、布朗等）的影响，会计盈余与资本市场关系的“经验会计”研究开始盛行，70 年代以经济学契约理论、代理理论及管制经济学为理论基础的“实证会计”及理论开始出现，20 世纪 50 年代末期到 60 年代，经济学者莫迪利亚尼与米勒的资本结构理论对现代会计学引申的相关学科——财务学的重大意义也是不言而喻的，被视为“财务理论家入侵会计领域”。

1997 年获得诺贝尔经济学奖的财务经济学家斯科尔斯同样再次“入侵”税务筹划领域，斯科尔斯以“期权理论”闻名，专门研究资本市场的金融工具和资本品经济学，斯科尔斯以经济学的计量方法、套利理论、有效契约理论为基础，创建了美国税务会计理论中最为系统的税务筹划理论。斯科尔斯的税务筹划理论主要以资本市场为中心，涵盖资本品与金融品投资、公司组织形式、融资方式、企业并购、分离等资本运作，围绕隐性税收、显性税收、税收成本、非税成本线索与理念，构建有效税务筹划理论。斯科尔斯等（1992）提出税务筹划是一种节税活动的观点，认为“有效税务筹划”包括三个关键思路：一是要求考虑交易各方的税收含义，即经济学契约观点在税务筹划中的运用；二是不仅要考虑显性税收，还要考虑隐性税收；三是既要考虑税收成本，又要考虑非税收成本。隐性税收与非税收成本是经济学机会成本观念在税务筹划中的运用，虽然有效税务筹划理论缺乏会计技术、会计手段在税务筹划运用中的探讨，但以斯科尔斯为代表的研究突出地表现了实用与理论的完美结合，是美国税务会计研究中的一个亮点。

2001 年诺贝尔经济学奖获得者斯蒂格利茨（2000）在公共经济学理论中论述了“避税”与“税收庇护”这两个税务筹划技术与概念问题，斯蒂格利茨（2000）关于税务筹划理论的最大价值在于认为“避税”(Tax Avoidance) 是由于税法漏洞（Loophole）引致的，避税是遵守税法而不是违法的市场行为，这和我国某些学者对避税的理论界定有着一致性。

三、中国税务会计准则理论的研究现状

（一）先入为主与后发优势

美国税务会计独立于财务会计对中国会计理论研究有示范效应。1994 年我国的工商税制改革为会计理论提供了一个诱致性的制度安排，税务会计理论发端于这个时期，但就理论本身而言，初始阶段的研究无疑受美国示范效应影响，存在先入为主的思路，是一种强制性的理论变迁——理论引进，但其后的本土化与理论深化却体现了后发优势——后来居上的创造性。迄今为止，中国税务会计理论包括相对完整、系统的两大领域：企业税务会计理论与税务筹划理论，注重理论研究的逻辑性、层次性、系统性、完整性。研究者的理论主要包括以下几个方面：

一是以历史演化轨迹和现实事实为依据，论证税务会计与财务会计分离的历史必然性，以税收与会计的关系为基础阐述税务会计独立的必要性，提出在我国建立“适度分离”税务会计模式的观点。

二是从学科角度讨论税务会计的概念并以高度的理论水准进行严格界定。

三是建立相对完善、真正意义上的税务会计理论结构（概念结构）。

四是构建了与国际模式不同的、以“费用观”为基础的增值税会计理论框架。

五是构建以产品市场为主体、以会计为核心、分税种的税务筹划理论，并提出基于财务价值最大化理念的税务筹划原则。

六是提出税务会计经营属性观点，并从学科角度概括性论述了税务会计与财务会计、管理会计、财务管理的关系。

完整、系统的税务会计理论使税务会计有了高度、合理的理论依据，增强了税务会计的学科性，实现了会计实务与会计理论的对称，在这个意义上我国税务会计研究体现了后发优势的创新与超越。

（二）基于会计权益的分权观与基于财税权益的集权观的博弈

在税务会计与财务会计分离问题上，我国一直存在着两种会计观点的博弈：基于会计权益的分权观与基于财税权益的集权观。前述税务会计研究观点为基于会计权益的分权观，可以概括为主张独立税务会计制度安排，尊重市场交易机制下市场交易主体（企业）对会计安排在一定程度上的自主有效选择权力。基于财税权益的集权观强调税收等法律对会计的控制与统领，如有观点指出我国财税法律、政策与会计差异是可协调的，这是税务会计与财务会计不必分离的基础，两者分离会带来操作成本；也有观点指出把税务会计单列一个分支的理由并不充分，税务会计并无独立成科的必要，并认为我国现有的税务会计理论缺乏对本土经济与制度的深刻理解，没有从制度根源上解读税务会计的功能，将技术属性当成学科理论，应该打造本土价值观的会计理论，会计制度的性质是民商经济法律制度、财税制度、与会计技术融合生成的企业收益分享规则，应该借鉴法德会计模式采用会计制度与税收法规同一化模式，税务会计不应成为我国会计制度安排。

四、中美税务会计准则理论成因的推断

历史的开始意味着逻辑的开始，中美税务会计理论差异的原因也应该从历史与逻辑的角度进行推断。

（一）美国税务会计准则理论的成因推断

与管理会计“曾经没落”不同的是，美国税务会计一直处于上升趋势、始终兴旺不减是由于税务会计的实用性，这在某种程度上契合了美国文化固有的实用主义价值观并起到推波助澜的作用，反过来实用主义又促进了美国税务会计的实务化。

1. 会计理论的需求与剩余

实证会计学者瓦茨、齐默尔曼（1979）认为，会计理论的研究可以用“需求与供给”进行“市场化”解释。虽然 2000 年 2 月 FASB 发布最后一个“概念公告”，但作为会计理论研究成果核心——财务会计概念框架的前 6 个概念公告在 20 世纪 80 年代就已经发布完成。此后 FASB 的核心依然是利用“财务会计概念框架”作为指导、评价标准来制定、完善一系列财务会计准则。因此，从会计理论需求角度看，代表权威性的 FASB 的理论研究需求接近饱和，会计理论剩余空间很小，会计概念结构研究的“边际利益”递减。但同时也隐含这样一个逻辑——既然财务会计概念框架基本完善，FASB 对税务会计的理论构建需求应该增加。而事实恰恰与此相反，如何解释？可以推断应该有这样几个原因：

一是从财务概念框架构建过程来看，在美国经历了漫长的时间，期间的争议和成本更是数不胜数，也让 FASB 认识到构建一个“概念框架”成本太高，况且美国已经构建会计中的“核心与老大”——财务会计概念结构，这在某种程度上产生了经济学意义上的外部性——对税务会计与管理会计理论的空间挤占效应。

二是税务会计的管制与参与不如财务会计那么单纯，不仅涉及会计行业，还涉及联邦财政、税务、国会、立法机构等众多具有行政权威的“非会计利益集团”与“非会计因素”，不但影响会计职业的权威性、垄断性，而且制定税务会计概念结构带来的租金或“剩余价值”也会被其他集团占有。

三是税务会计的复杂性极高，制定一个税务会计概念框架难度太大，这个推断也得到了美国会计研究领域的印证，简·R.威廉姆斯等（2005）认为比起财务会计、管理会计，“税务会计相当复杂”。

从以上分析来看，财务会计概念框架成熟后，以“经济人”理论推理，FASB 在实用主义观念作用下，由于成本、技术等原因对其他会计分支的理论建构以“消极”态度对待也是合乎逻辑的。

2. 税务会计研究选题约束——单一税制与发达的资本市场

美国是单一所得税制，因此美国税务会计面临的是理论选题的单一与狭窄。如前所述，如果从所得税会计角度看，FASB 几经周折于 1992 年发布的 SFAS109 已经有所论证，单一的税制再加上实用主义观念限制了美国税务会计的视野与规模；单一所得税制同样限制了美国税务筹划理论对产品市场的研究。然而，美国发达的资本市场为税务筹划提供了一个主要的研究选题，斯科尔斯等创建的是以资本市场为对象、高度系统的税务筹划理论，与我国以相对成熟的产品市场与处于新兴、转轨阶段的资本市场为选题约束的税务筹划理论形成对照。更应该引起注意的一个细节是：美国所得税结构中个人所得税的主体性质对税务会计研究“注意力”产生的“分解效应”，这与我国所得税结构中企业所得税主体的税法制度形成对比。

3. 税务会计的实务化倾向与实用主义价值观

第二次世界大战后，所得税成为联邦政府首要的收入来源，联邦税制的日益庞大与复杂化引起对税务会计空前的重视。依据美国会计史研究结论（普雷维茨、莫里诺，1998），“税收成为美国会计新的增长点”，个人所得税纳税人数迅猛增长，第一次促使社会对税务会计师的需求量大幅度增加，美国对外战争还产生了一种超额利润税，以投资资本的回报率为基础，对财务会计和税务会计师造成极大挑战，“公司管理层不得不关心如何进行税务筹划”，这又一次刺激了社会对于税务会计服务的需要。从史证角度来看这两次增长，显而易见，对税务会计实务与税务筹划这类实用性的会计供给是一种“需求—回应”的演化路径，而美国“对所得税会计只求操作上的可行，不求理论上的完整”同样是出自实用主义的理念。

实用主义还体现在美国会计职业界对“税务增长”的参与以及对“增长利益”的独占欲望上。税法成为各利益集团间博弈的写照（普雷维茨、莫里诺，1998），20 世纪 60 年代末期，美国取消简易纳税申报表，促使税务代理这一全新的职业悄然兴起，“但对注册会计师们却如同梦魇一般”，从事税务工作的会计师面临两大难题：①担心无限膨胀的税务代理行业给会计师职业带来冲击，所以，美国注册会计师协会（AICPA）还专门制定出税务从业人员道德标准，并努力促使美国国内税务局颁布了规则，规定非注册会计师只能以“登记代理”名义执业；②同律师行业在税务代理问题上进行博弈，因为 1956 年律师行业指责注册会计师税务服务是对法律业务的侵占。由此可见，税务会计牵涉众多利益集团，实际应用与理论创建上都表明会计职业及代表会计职业利益的 FASB 在税务会计“租金”与“剩余价值”的分享问题上一直存在实用主义的“隐忧”。

（二）中国税务会计准则理论的成因推断

1. 会计理论的需求与剩余

20 世纪 90 年代是中国会计理论反思与引进期，会计理论面对史无前例的研究需求，会计理论研究的“边际利益”处于迅猛递增阶段，这是滋生中国税务会计理论体系化的条件之一。在我国会计准则研究论证初期讨论的诸多问题中，“对会计准则影响较大的是财务税收制度，会计、财务、税务之间的关系问题，是所有问题中需要优先解决的”（葛家澍、刘峰，2003）。1994 年工商税制改革为税务会计研究提供了制度安排基础，可以说我国税务会计理论研究与以概念结构为核心的财务会计理论研究几乎同时进入一个此前近乎“零供给”的会计理论研究市场，这无疑大大降低了财务会计理论对税务会计理论的外部性——挤占效应。在经济学意义上，市场规模决定分工程度，市场越大分工越精细，分工提高了研究效率并由此产生规模效应。显然，当时的中国会计理论需求是一个巨大的市场，会计理论研究的分工产生了一定的规模效应，短短 10 余年的巨大变迁与成就也验证了这种市场分工带来的好处。

瓦茨、齐默尔曼（1979）认为只要能够以较低的成本提供会计研究，那么会计研究的供给就会对需求做出反应，葛家澍、刘峰（2003）也认为如果将理论视为一种“商品”，则它的提供者会因提供这种特殊的商品而获益。萌生于 20 世纪 90 年代的税务会计理论研究正处在“经济利润不为零”的非均衡时期，在这样一个巨大的市场里将会获得新兴市场“超额利润”的好处。理论提供者的收益可以视为会计理论的作用之一，尽管是比较间接的作用（葛家澍、刘峰，2003），当利润与创新之间的联系成为社会共享的信息时，利润将不再是创新的可能结果，它变成了创新的激励（汪丁丁，1992），巨大的“剩余价值”是我国税务会计理论研究持续增长并完成体系化建构的不可忽视的驱动力。

2. 税务会计研究选题约束——双重税制

税务会计研究选题的宽度带动了税务会计理论的深度与厚度，这是中国税务会计理论体系化的滋生条件之二，也是一个基础条件。1994 年税制改革后，我国实行增值税与所得税双主体税制结构，增值税使税收法律与会计发生更大面积的冲突，并使得这种冲突凸显实质性与细节性，如果说所得税是通过收益间接作用于生产过程，那么增值税则是直接介入生产当中，其对财务会计确认、计量以及目标的实现产生了强烈“噪声”。而实施增值税的国家和地区，其增值税会计处理方法基本上都是税法导向的财税合一模式，存在诸多弊端（盖地，2008），FASB 也因美国不实施增值税而没有制定增值税会计准则。因此，我国学者在没有国际参照与示范前提下的增值税会计理论的构建，便具有理论探索与准则指导的双重价值，研究者主张以会计目标为起点构建增值税理论框架，以增值税费用观构建财税适度分离的增值税会计模式、设计财税适度分离的增值税处理方法，并指出在增值税会计准则建设上我们不可能寄希望于 FASB 与 IASB，中国有必要、有条件制定区别于英国的增值税会计准则，从而对会计准则做出创新性贡献。

税务会计理论研究初期不可避免地要借鉴美国已有的会计安排及其理论，但其后创造性的增值税会计理论与税务会计概念结构的拓展，不能不说是一个“本土化”的诱致性理论变迁、一个选题约束下的理论创建。古典经济学家萨伊认为，理论规律只能由人们发现而非由人们创造，人们不能改变它或违反它，这是理论的内生性。如果说引进是外生性理论，那么本土化的理论便具有内生性，“税务会计是一种国内会计”，会计理论有“辩解”功能（瓦茨、齐默尔曼，1979），针对本土需要的理论辩解不能算是杜撰的虚无，尽管“辩解”供给也许不完美。理论创新与制度创新具有同样的价值与意义，一个重要的研究导向是，本土之外不能提供的理论我们能不能有？如果因为本土之外没有相应的理论就认为不该开发这种理论，就会出现逻辑悖论：引进替代研究不可行，自主开发也不可行，结果是没有理论。

（三）一个共同的问题——税务会计概念结构的提供

财务会计概念结构的功能是用来指导、评价财务会计准则的制定与应用，而所得税与增值税准则（如英国 SSAP5）是所得税与增值税的财务会计处理，属于财务会计准则。那么按照财务会计的逻辑，税务会计概念结构是不是没有存在的必要性？即便不考虑税务会计准则因素，税务会计概念结构仍然具有存在的客观价值与必要性，概念结构除了指导、评价会计准则，对会计准则没有规范的会计实务也具有解释和指导功能，大量客观存在的税务会计实务需要税务会计概念结构去解释和指导，而且理论需求也决定了税务会计概念结构的必要性，因为“在自由经济下对会计研究的需求除了辩解上的需要，还有信息需要与教学上的需要”（瓦茨、齐默尔曼，1979）。更为重要的是，不仅存在着税务会计准则，而且比财务会计更加复杂的是，税务会计具有双重准则，税务会计准则包括两部分——税收法律与财务会计准则，而税务会计最优先的准则是税收法律，财务会计准则是次优先准则。因此，税务会计本质是税收法律与财务会计准则既冲突又协调的一种会计机制，这是税务会计不可替代的价值之一。在这个意义上，税务会计概念结构就是这种会计机制理论化的系统框架——“辩解的借口”，与财务会计概念结构具有相同的功能。

税务会计在美国为什么未能构建会计概念结构？这个问题在一定程度上等价于这样一个问题，即税务会计概念结构以民间学术形式提供还是以准则制定部门颁布的形式提供？税务会计概念结构的提供极可能是以前者而不是以后者的形式。美国的实用主义在会计概念结构制定上体现得尤其充分，FASB 制定并发布概念结构，“其主要目标是为外界批评会计准则及其制定提供一种‘看上去很科学’的辩解借口，同时帮助会计职业界继续享有会计准则制定权”（葛家澍、刘峰，2003），这个实用主义的逻辑也意味着，作为概念结构和准则制定的权威者及组织者的 FASB，如果消极对待税务会计概念结构，那么民间对于税务会计概念结构的研究与提供便会缺乏相应的动力。从财务会计看，是先有财务会计概念结构，然后在其指导、评价下制定财务会计准则，但税务会计概念结构与税务会计准则存在部分倒置程序——先有税收法律后有税务会计概念结构。也就是说，作为税务会计最优先准则的税收法律不是由税务会计概念结构指导制定的。立法机构制定税收法律后，才有可能产生税收法律与财务会计准则既冲突又协调的会计机制理论化的系统框架——税务会计概念结构，税务会计概念结构最优先反映税收法律的约束，在其约束下又反映财务会计目标诉求并指导相关财务会计准则的制定与评价。尽管会计准则机构可以理所当然地行使制定税务会计概念结构权力，但如前所述，税务会计概念结构的制定涉及多元化的相关利益集团，以及众多复杂的且日益变化的税收法律与会计规范引起的复杂性与动态性，这意味着即便不考虑权威性与“租金”，准则制定部门组织、协调、研究等成本也十分高昂。综合考量这些因素，税务会计概念结构以民间学术形式提供更具有灵活的适应性及交易成本优势。葛家澍、刘峰（2003）在阐述 FASB 及会计职业的实用主义时，首先提出这样一个问题：“理论通常是由理论研究者提供的，而现代理论研究者主要是大学教员，但是财务会计概念的最终提供是由准则制定机构自身完成的，大学教员在其中发挥的作用较为间接。”由此看来，税务会计概念结构的提供改变了实用主义导致的逻辑，税务会计概念结构以民间学术形式提供也会产生一个经济学意义上的市场效应——一定程度的自由竞争所实现的好处。

五、税务会计准则研究问题的提出

在税务会计与财务会计分离问题上，我国一直伴随着两种会计观点的博弈：基于会计权益的“分权观”与基于财税权益的“集权观”。前述税务会计研究观点为基于会计权益的“分权观”，可以概括为主张独立税务会计制度安排，尊重市场交易机制下市场交易主体（企业）对会计安排在一定程度上的自主有效选择权力，基于财税权益的“集权观”或者强调税收法律对会计的控制与统领，或者倡导以税收法律为主导的税收法律与会计的协调，不主张独立税务会计安排。

税务会计制度安排的争议，就其深层次原因看，核心问题在于财务会计与税务会计分离的有效性。财务会计与税务会计分离从属于经济学的制度范畴，从而具有经济学的效率意义，“如果说技术创新的报酬直接表现为熊彼特的利润的话，对于制度创新的报酬的表现形式则更为复杂”（汪丁丁，1992），财务会计与税务会计分离的制度成本、损失、收益等变量往往不可数量化，通常表现为不可验证。尽管如此，仍然存在从理论角度对两者分离的逻辑检验。我国现存税务会计理论的构建的确存在这种逻辑检验的理论空位，概括来说有以下几个值得讨论的问题：

一是从宏观制度视角来看，缺乏经济学的制度效率研究，我国现存税务会计理论事实性与实体性构建研究多于制度根源性研究，我国现时的税务会计安排是暂时性事实还是最终有效选择，涉及如何从经济学视角解释、预测税务会计安排的制度变迁趋势及财务会计与税务会计分离的交易费用这两个问题。

二是从微观技术视角即从会计视角来看，缺少对税务会计的价值做进一步的研究，例如，如何从利益结构视角论证税务会计有利于实现税法与会计的有效协调，从组织视角看税务会计独立带来了怎样的会计价值效应，如何从确认、计量、记录、报告角度分析财务会计与税务会计分离的价值，如何分析税务会计的财务效应问题，税务会计对会计信息质量改进产生了怎样的影响。

第十三章　后危机时代税务会计准则的交易费用研究

现存关于财务会计与税务会计分离的交易费用研究，偏重考察外生交易费用层面，而忽视了内生交易费用层面的考量。以亚当·斯密为代表的古典经济学的分工理论，论证了社会生产分工的经济学效率，但对于非生产性的制度分工，还需要借助新兴古典经济学的分工理论与交易费用理论加以阐释。新兴古典经济学理论认为，分工水平受到交易效率的制约，交易费用不仅要考量外生交易费用，还要考量内生交易费用，内生交易费用对制度安排效率具有内在性的评价作用。作为一种会计制度安排，财务会计与税务会计无论分离还是合一，无一例外地既产生外生交易费用，又产生内生交易费用，因此，可以采用新兴古典经济学关于分工选择的超边际分析思路，运用外生交易费用与内生交易费用理论，借鉴现存相关的经济学研究方法，对财务会计与税务会计分合的制度安排进行经济学评价，以期达到理论上的探索性认知。

一、税务会计准则交易费用的经济学原理

（一）分工经济学理论

分工经济学理论的主要代表流派包括以亚当·斯密为代表的古典学派，以及以杨小凯等为代表的新兴古典学派。

1. 亚当·斯密的分工理论

经济学理论中最早较为系统地论述分工问题的为亚当·斯密的分工理论。亚当·斯密将劳动看作财富或价值的源泉，亚当·斯密（1776）认为，劳动生产力上最大的改进，以及在劳动生产力指向或应用的任何地方所能体现的技能、熟练性和判断力的大部分，似乎都是分工的结果，分工是劳动效率提高的主要原因。在分工的起因上，亚当·斯密（1776）认为有五个方面：第一，分工有如此多的好处，但它却不是任何人类智慧预见到的结果，它是人性中某种倾向的必然结果，虽然这种倾向是非常缓慢和逐渐发展起来的，这是一种没有强烈的功利色彩、物物交换、以货易货和用一种东西交换另一种东西的倾向，总之分工起因于人性中物品交换的倾向；第二，这种倾向是人性中无法给予进一步解释的原始本能之一，这种倾向只有人才有；第三，就像通过契约、交易和购买我们彼此能获得需要的绝大部分帮助那样，分工最初也是从这种相同的交换倾向中产生的，交换倾向受到自利心的鼓励，并导致分工；第四，不同的人在天赋才能上的差异，实际上比我们想象到的要小得多，成年人从事不同职业所表现出来的非常不同的才能，在许多场合，与其说是分工的原因，不如说是分工的结果，分工使得才能的差异比天赋的差异更加重要；第五，就像交换倾向形成不同职业的人们之间在才能上的巨大差异一样，交换倾向也使得这种才能上的差异可以利用，分工使才能的差异变为有用。

亚当·斯密不是第一个发现分工所带来的神奇效率的人，但分工理论受亚当·

斯密推崇，并与国民财富的增进相联系后，在经济学中具有了新的意义，尽管亚当·斯密交换引起分工的观点倒置了因果。①

2. 新兴古典经济学的分工理论

马歇尔等代表的新古典经济学撇开了古典经济学的分工理论，走向了求内点解——内点均衡的边际分析方向，而当代的新兴古典经济学则重新继承亚当·斯密的古典分工理论。新兴古典经济学代表杨小凯（2003）认为，在亚当·斯密那里，分工和专业化的发展是经济增长的源泉，而分工和专业化则是一个经济组织问题，这是内生比较优势的观点，而其后的李嘉图则是强调外生比较优势（资源禀赋），分工带来的好处与代价是分工经济——专业化经济，分工经济适用的是角点分析方法，可以解释边际分析学派不能解释的古典经济的发展问题：为什么在生产函数和资源禀赋不变的情况下，分工水平的提高却能提高综合生产力？

新兴古典经济学是在 20 世纪 50 年代数学发展了线性规划和非线性规划等方法，为处理分工与专业化问题涉及的角点解提供有利条件背景下诞生的。新兴古典经济学用超边际分析的方法，重新将古典经济学中关于分工和专业化的精彩思想变成决策和均衡模型，以专业化经济的概念，掀起了一股用现代分析工具复活古典经济学的思潮。新兴古典经济学认为，由于存在分工好处与分工产生的交易费用的两难冲突，故分工水平取决于交易效率的高低，交易效率越高，折中这种两难冲突的空间越大，分工水平越高。专业化经济不同于规模经济，它与每个人生产活动范围的大小有关，而不是厂商规模扩大的经济效果，不是规模经济那种纯技术概念，新兴古典经济学的最优解永远是角点解。②

（二）交易费用经济学理论

1. 综述

亚当·斯密的古典分工理论已经涉及现代制度经济学意义上的交易费用问题，

① 胡寄窗. 西方经济学说史［M］. 北京：立信会计出版社，1991.
② 杨小凯，张永生. 新兴古典经济学与超边际分析［M］. 北京：中国社会科学文献出版社，2003.

如上所述，亚当·斯密认为人与人生产力的差别与其说是分工的原因，不如说是分工的结果，他将工业与农业中生产率差别的原因即分工程度不同的原因归结为：工业制造业容易分工，工业中分工的好处大于坏处，而农业不容易分工，农业中分工的协调费用高于好处。①

科斯（1937）阐述企业的性质时，运用马歇尔的边际与替代概念，对市场价格机制产生的成本与组织成本进行分析，以确定企业与市场的边界，科斯的“市场价格机制成本与组织成本”属于交易费用范畴。科斯（1960）阐述社会成本问题时，对交易费用进行了内涵上的扩展，认为产权界定受产权界定成本制约，在外部性的解决上科斯坚持“社会总成本”的考量而不是私人成本的评价，也就是科斯一再强调的“社会总产出”或“总产值”、“总效果”最大化。科斯（1988）指出，在零交易费用的情况下，资源配置不受法律规定影响的观点也表明：在正交易费用情况下，法律在决定资源如何利用方面起着极为重要的作用。

斯坦福大学经济学家阿罗把交易费用直接定义为制度运行费用，而阿尔奇安、德姆塞茨等经济学家提出的产权安排也与交易费用问题相关，米歇尔·詹森、威廉姆·马克林及尤金·菲莫等经济学者所阐述的代理费用本质上是一种交易费用。

对于交易费用概念的明确解释，还有几个代表性定义。David N.Hyman 的定义：交易费用是指在寻找贸易伙伴、谈判贸易条件、签订合同、完成产权方面所使用的投入等，包括达成协议和完成交易所需的时间、精力和物质耗费；② 经济学者樊纲的定义：交易成本包括事前发生的为达成一项合同而发生的成本，以及事后发生的监督贯彻该项合同而发生的成本，它们区别于生产成本，即为执行合同而发生的成本，具体包括获取信息、讨价还价、确定合约、监督执行、贯彻合同、保护权益等几项成本支出；③ 经济学者汪丁丁的定义：

① (英) 亚当·斯密. 国富论（第一版）[M]. 北京：华夏出版社，2005.
② David N.Hyman. Modern Microeconomics [M]. Times Mirror/mosby College Publishing，1986.
③ 樊纲. 有关交易成本的几个理论问题 [J]. 经济学动态，1992（5）.

交易成本是机会成本。[①]

2. 新兴古典经济学外生交易费用与内生交易费用理论

以杨小凯为代表的新兴古典经济学，明确地将交易费用划分为外生交易费用与内生交易费用。经济学家巴塞尔早在 1985 年就提出过这样一个问题："交易费用仅仅是一种简单的费用吗?"[②] 在此之前，威廉姆森、诺斯等制度经济学家就指出机会主义、道德风险、逆向选择等行为引起的内生交易费用与外生交易费用的区别。杨小凯（2003）在阐述内生交易费用与分工演进问题时认为，外生交易费用是指交易过程中直接或间接发生的那些费用，不是决策导致的经济扭曲，人们在做决策之前都能看到它的大小，与决策产生的经济扭曲没有任何关系，如购买商品的交易费用、商品运输费用等就是外生交易费用，而内生交易费用是指决策扭曲带来的损失，或使资源配置背离帕累托最优的扭曲，内生交易费用就是实际均衡同帕累托最优的差额。

根据新兴古典经济学理论，可以认为外生交易费用具有相对可计量性，与交易频次有关，因而是有限的，而内生交易费用本质上是一种扭曲，是由"决策及其选择的制度与合约安排所决定的"（杨小凯，2003），内生交易费用是一种制度运转带来的扭曲——实际制度安排与最优制度安排的差额，具有不可直接计量性。例如，发生在英国以加速分工为特征的工业革命，其部分原因就是因为 1624 年的《专利法》使英国成为世界上第一个保护专利的国家，从而大大减少了导致内生交易费用的偷窃知识产权的行为，又如诺斯和温格斯特指出，英国成功工业化最重要的驱动力是，17 世纪英国国家制度的演进，建立了政府对宪政秩序可信的承诺机制，这大大减少了国家的机会主义行为，从而大大减少了人民的寻租行为和相关的内生交易费用。由此可见，内生交易费用是一种制度费用，可以衡量制度的好坏，好的制度内生交易费用少，坏的制度内生交易费用大，或者说内生交易费用少的制度带来的好处多，而内生交易费用多的制度带来的好处少。因此，如果说外生交易费用是可计量的、可分割的，可以个体来度量进而往

---

① 汪丁丁. 从"交易费用"到博弈均衡［J］. 经济研究，1995（9）.

② 杨小凯，张永生. 新兴古典经济学与超边际分析［M］. 北京：中国社会科学文献出版社，2003.

往具有有限（有界）性的话，那么内生交易费用就是不可计量的、不可分割的，只能依靠整体、总量表现出来，往往具有无限性，正如科斯一再强调的观点：产权制度安排有效性要考量“总产出”、“总价值”、“总效果”、“总成本”。

因此，斯密的分工理论是生产性的，其交易费用也主要是外生性的，科斯关于企业性质的阐述的价格机制成本与组织成本也主要是外生交易费用性质，经济学者樊纲、David N. Hyman对交易费用的解释也主要是基于外生性的含义，而阿罗的制度成本、科斯的社会成本及我国经济学者汪丁丁的机会成本内涵则属于对内生交易费用的理解与阐释。

3. 交易费用对制度分工的影响

通过外生与内生交易费用视角，可以看到，前述亚当·斯密的古典分工理论主要涉及生产性的、技能操作层次上的分工效率与外生交易费用，而财务会计与税务会计分合制度安排则是非生产性的制度分工问题。非生产性制度分工既具有亚当·斯密古典生产性分工的特征，但又无法通过古典生产性分工理论及外生交易费用得到解释，必须结合制度运转费用——内生交易费用理论来进行探讨，既要考虑分工，也要考虑制度运转，把分工与制度、外生交易费用与内生交易费用综合起来。

交易费用与制度分工具有什么内在联系？杨小凯（2003）认为，市场规模大小决定分工精细程度，生产率由分工水平决定，而分工水平又由交易效率（交易费用多少）决定，交易费用对分工演进和经济发展有着极其重要的影响，交易费用系数越低，分工水平越高；反之则越低。不管外生交易费用还是内生交易费用，对分工水平和生产力的发展都有决定性的影响，而如何降低内生交易费用，对分工更是意义重大，因为既然它是内生的，就有可能通过制度创新和改进、习惯的形成加以减少，穷国之所以穷，富国之所以富，其主要根源就是富国有一些好的制度，能有效地减少交易费用，因此，对内生交易费用的研究又与制度密切相关，而且对经济体制改革中的国家有特殊的意义。

经过以上分析，可以得出结论：会计制度安排与会计制度演化作为非生产性的制度安排、财务会计与税务会计分离作为非生产性的会计分工制度更注重对内生交易费用的考量，因为内生交易费用对制度效率的衡量更具有内在性和解释力，更注重“总体效果”的度量而不是局部性、个别性外在交易费用的“计较”，否则，极容易陷入表象上的外在性的理论认知。

4. 交易费用的经济学分析方法

如前所述，如果说外生交易费用是可计量的、可分割的、可以个体度量的话，那么内生交易费用就是不可计量的、不可分割的，只能依靠整体、总量表现出来，因此，虽然科斯一再强调制度安排有效性要考量“总产出”、“总价值”、“总效果”、“总成本”，但科斯并没有把交易费用定义成为可以操作的概念，尤其是衡量制度效率高低的交易费用往往更不具有可计量、可操作性。

现存的制度费用的理论分析方法主要有以下几个：

第一，超边际分析理论。超边际分析是新兴古典经济学对分工制度进行理论分析使用的基本方法，对于分工制度，决策面临的选择在于“是”与“否”，要么“是”，要么“否”，这种选择的决策就是超边际决策，其决策值在零与正值之间非连续地变化。会计分工制度也是如此，财务会计与税务会计“分”还是“合”的制度安排问题，是一个超边际决策问题，相对于“合”而言，选择“分”就为“是”而选择“合”就为“否”，相对“分”而言，选择“合”就为“是”而选择“分”就为“否”，财务会计与税务会计要么分离，要么合一，决策值是非连续的。“是”与“否”的选择为两个角点解，对两个角点解进行“成本—效益”分析，然后进行比较，就可以决定最优选择。因此，可以对财务会计与税务会计分离制度与合一制度进行“成本—效益”分析，做出比较和权衡，完成经济学意义上的评价。

第二，制度均衡的机会成本分析理论。制度的交易费用是一种制度成本，一切成本都是机会成本，任何制度均衡都存在机会成本，即被选择的制度的制度成本可以用没被选择的制度的制度价值进行度量，而这个机会成本就是被选择的制度的交易费用。选择财务会计与税务会计分离制度的制度成本，可以用没被选择的财务会计与税务会计合一制度的制度价值来度量，反之也是如此，从而可以对财务会计与税务会计分合的制度选择做出交易费用的理论评价。

第三，博弈经济学理论与方法。最优制度选择与博弈经济学最优选择具有相同的原理特征，因而可以采用博弈经济学的相关理论与方法来分析制度选择问题。冯·诺依曼和摩根斯坦在《博弈论与经济行为》一书的非合作博弈部分中指出：不管对方采用何种策略，他应该选择能够保证期望支付水平不少于他的保障支付水平的策略。一个人在计算他的保障支付水平时，首先计算他运用每一个策略将得到的最小支付，所有这些最小支付的最大值即为保障支付水平，冯·诺依曼和摩根斯坦用于分析非合作博弈的这种方法被称为“最大最小准则”。[①] 博弈经济学的无名氏定理将保留支付定义为指参与人试图给参与人 i 最大惩罚时参与人 i 能保证自己得到的最大支付，所以又称为参与人的最小最大支付。记作：

$$V_{-i}=\min_{a_{-i}}(\max u_i(a_i,\ a_{i-1}))$$

因此，财务会计与税务会计分合制度安排的选择可以参考“最小最大支付”的决策原则进行，既然所有的分工制度安排都存在不同程度的交易费用，在所有交易费用中选择交易费用最小的那种制度安排，以获得保障支付水平或保留支付，作为财务会计与税务会计分合制度选择的理论依据。

本书将在以下分析中，综合运用以上三种理论方法，对财务会计与税务会计分离的交易费用进行评价。

二、税务会计准则的交易费用性质

（一）现存理论对财务会计与税务会计分离的交易费用表述

对财务会计与税务会计分离的交易费用的阐述，代表性观点有以下几个：

（1）技术操作成本即征收管理成本与会计处理成本。税法与会计的差异是可协调的，不应拉大税法与会计差异，以方便纳税与征管，应当让我们的会计人员把主要精力放在加强管理上，减少不必要的烦琐的核算工作，应当让我们的税务

① (英) 肯·宾默尔. 纳什博弈论论文集 [M]. 北京：首都经济贸易大学出版社，2000.

人员把主要精力放在贯彻税收政策上和加强征收管理上，减少不必要的烦琐的核算工作，财务会计与税务会计分离应当权衡成本与效益，两者分离后必然带来不小的操作成本（黄菊波、杨小舟，1996）。

（2）转换成本。在所得税会计准则建设中，方法的改革不能不考虑改革的成本效益，随着所得税会计方法的演进，会计方法的技术难度不断提高，对会计人员的业务能力提出新的挑战。在我国 1200 万会计人员中，具有高级以上职称的人还不多，对所得税会计方法的理解和掌握并不熟练，这必然加大制度的转换成本，包括设计调研成本、会计人员培训成本、账目调整成本、新准则适用期效率损失等（盖地，2005）。

（3）制度安排协调性与本土化价值观。会计制度的性质是民商法法律制度、财税制度与会计技术的融合（周华、戴德明，2006），会计制度与税收法规应当进一步融合，而不是分离，实现会计制度与税收法律的有效协作，全面采用税收法规决定会计制度的协作方式——税收法规与会计制度同一化模式，不宜提倡税务会计与财务会计相分离（周华、戴德明，2006），会计造假和税收监管的困境与我国会计制度的非适宜相关（周华、戴德明，2006）。

（二）财务会计与税务会计分离的交易费用的深入探讨

以上现存的对财务会计与税务会计分离的交易费用的表述中，技术操作成本即征收管理成本与会计处理成本应该归属于外生交易费用，转换成本也主要应归属于外生交易费用的考量，但制度安排协调性与本土化价值则主要包含制度的内生交易费用权衡。可以说，制度安排协调性与本土化价值的阐述，对我国会计制度安排提出了一个很好的启示与提醒——财务会计与税务会计分合应该重视制度性的内生交易费用视角的研究。

财务会计与税务会计分合的制度费用包括两个视角：从分工角度而言，分工必然产生外生交易费用；从制度运行角度而言，将会产生扭曲或总体上的不良制度后果——内生交易费用。因此，一项被选择的制度安排其产生的总交易费用等于伴随分工的外生交易费用与制度运转带来的扭曲性内生交易费用之和，那么，最优制度选择的理论依据则是总交易费用最小的那个制度安排。

应该区分不同性质的外生交易费用，从成本角度而言，有的外生交易费用是“变动成本”——操作性质的成本，如会计处理、纳税调整；有的外生交易费用是一次性支付的“固定成本”——获得知识与技能的成本，如培训、学习税务会计处理、纳税申报等，知识与技能一旦掌握了，具有重复使用的特征，随着知识与技能的重复使用，这些“固定成本”性质的外生交易费用会被“摊薄”，以至于最终消失；有的外生交易费用从命题角度而言还有待于证实——财务会计与税务会计分离会带来税收监管成本这一命题是否成立，目前证据仍然不足。从财务会计与税务会计分离的外生交易费用来看，也验证了上述关于外生交易费用往往具有有限（界）性进而可以相对计量的结论。

应该注意内生交易费用与内生制度收益的联系，两者可以相互转化，从而表达同一个命题：较多的内生交易费用意味着较少的内生性制度收益，较多的内生性制度收益意味着较少的内生交易费用。制度扭曲与内生性制度收益是对制度运转效率的不同表达方式，但具有相同的效率内涵。与其他制度的内生交易费用相似，财务会计与税务会计分合的内生交易费用往往具有无限性，从而往往不可以直接计量。

财务会计与税务会计分离还是合一的制度扭曲——较多的内生交易费用取决于会计制度安排的性质。如果会计制度安排是一种收益分享规则，那么财务会计与税务会计分离会带来制度扭曲，内生交易费用较大，否则，财务会计与税务会计合一将会产生制度扭曲，带来较大的制度费用，而财务会计与税务会计分离则会产生较少的内生交易费用，或者带来更大的内生性制度收益。

因此，对会计制度本质的理论定位将决定内生交易费用的多寡。如前文所述，本书认为会计制度的本质是经济增长模式的演化与改进，我国会计模式的选择与英美会计模式具有内生对接性，应实行财务会计与税务会计分离的制度安排。

三、税务会计准则的交易费用评价

（一）代表性的准则制定者的评价：FASB 对 SFAS109 的交易费用评价

FASB 针对《SFAS109：所得税的会计处理》这一准则的有关制定问题，在 SFAS109 的《附录 A：结论依据——效益和成本》中，对财务会计与税务会计分离的效益与成本进行了阐述。在 68 段落：委员会遵循某些规则，包括只有在生成信息的效益超过可预见成本时，才公布有关准则的这一规则，委员会致力于确定它提出的准则将满足一个重大的需要，而满足该准则所花费的成本，比较其他备选方案，足以证明与生成信息的总体效益相比是合理的。在 69 段落：所得税会计处理是一个影响大多数企业的普遍话题。对复杂的业务交易，必须在大量的、复杂的和不断变化的税收法律、原则和规定的背景下计算所得税，会计处理的要求增加了额外的复杂性。在 70 段落：意见书第 11 号公布于 1967 年，在会计文献中陈述的批评和关注，以及在写给委员会、要求重新考虑意见书第 11 号的信件中，主要关注的焦点在于会计处理要求的复杂性和采用这些要求产生的结果的相关性上。在 71 段落：另一项批评指出，花费在处理这些要求的复杂性和模糊性上的时间，与随后获得的信息的有用性相比较，不符合成本—效益原则。在 74 段落：委员会认为，本准则的要求会产生具有可理解性和相关性的结果，委员会还确信这些要求比意见书第 11 号或准则第 96 号的要求简单，务实的决策，诸如取消 1991 年 6 月 FASB 征求意见稿的提案，为不属于时间性差异的暂时性差异确认递延所得税，可能会降低许多企业计算递延所得税的成本和复杂性，利用判断去评估递延所得税资产是否需要估价备抵，有时可能会比较复杂，但复杂是一个不可避免的结果，因为需要对企业财务状况和经营成果的所得税影响有一个合理的决策。①

从 FASB 的准则制定观点可以看出，FASB 对所得税会计处理准则的成本效益评价包括两个方面：会计处理成本—操作技术成本与会计信息质量效益—相关性效益。会计处理成本是外生交易费用，而会计信息质量是内生性制度收益——内生交易费用的另一种表达，并且 FASB 坚信财务会计与税务会计分离的内生性制度收益足以抵消制度分工的外生性交易费用，即财税会计分离的制度安排具有内生性制度收益优势。

FASB 对交易费用的评价对会计制度安排有两点重要启示：第一，FASB 在制定财务会计与税务会计分离的准则时，也尽可能最大限度地降低外生性交易费用；第二，会计信息质量的内生性制度收益即内生交易费用是主观评价的结果——FASB 的主观评价。由此可见，内生交易费用的评价往往决定会计制度的最终选择。

作为会计制度效率评价的重要参考变量，会计制度内生交易费用评价及其对会计制度选择的决定作用还可以从另外一个典型事件中得到体现：1997 年 12 月，在美国会计学会与美国 FASB 联合召开的“财务报告问题研讨会”（1997 AAA/FASB Financial Reporting Issues Conference）上，包括美国投资管理研究会、美国管理会计师协会等在内的一些与会团体从多个角度讨论了高质量会计准则的含义及其影响，并评选出美国现有会计准则中 5 份最好的和 5 份最差的准则，而评选依据的标准——高质量会计准则的标准毫无疑问不完全是经过客观经验验证的，1992 年颁布的 SFAS109 理所当然地没有被包括在低质量会计准则之中。

（二）财务会计与税务会计分离的交易费用的经济学评价

如果会计制度的性质是增长模式的演化，则财务会计与税务会计分工同样会产生专业化经济效应，这种分工不只会带来会计信息质量的改进，还会促进包括其他方面的增长，如同前文所得出的结论：会计作为私人经营的资源投入，私人会计产权具有应然优先之序，会计制度从属于生产性结构，代表利益结构的会计

① 王世定. 美国财务会计准则（中册）［M］. 李海军主译. 北京：经济科学出版社，2002.

制度结构以私人利益为导向，会计在履行私人经济职能的前提下承担社会经济职能，即以私人利益为主同时兼顾社会利益，财务会计与税务会计分离对私人最大化价值地利用会计资源具有传导作用，从而有利于提高私人的经营效率、契约效率、市场交易效率，有利于维护市场交易秩序、理性引导社会资源配置，通过增进微观个体的私人利益，达到增加社会整体性的宏观效益。从理论上来讲，只有实现和保证微观个体利益，才能实现和保证宏观整体利益，财务会计与税务会计分离不仅提高了私人效率，也因而改进了社会宏观效率。

因此，定位会计制度为生产性增长模式，就意味着会计分工制度带来了内生性制度收益，而定位会计制度为收益分享规则，实行财务会计与税务会计合一，不具有内生性收益效应。

在超边际分析的经济学意义上，财务会计与税务会计分离还是合一的选择是两个非连续（非线性）的决策，即要么是0，要么是1，选择分离（分工）是一个角点解，选择合一（不分工）也是一个角点解。

从经济学机会成本意义上看，选择分离的制度机会成本是选择合一的制度收益，合一的制度安排不具有内生性制度收益效应，只具有外生交易费用节省优势，因此，选择分离的制度机会成本主要表现为外生交易费用——有限的、有界的、相对可计量成本；选择合一的制度机会成本是选择分离的制度收益，分离的制度安排具有内生性制度收益效应，因此，选择合一的制度成本主要表现为内生交易费用——无限的、无界的、相对不可计量的制度扭曲或制度运转损失。

利用博弈经济学的“最大最小准则”或“最小最大支付”原理进行最终的角点决策：

根据 $V_{-i}=\min\limits_{a_{-i}}(\max\limits_{a_i}\ u_i(a_i,\ a_{-i}))$，将财务会计与税务会计分合决策视为第i个人的对策，将两个机会成本——外生交易费用与内生交易费用视为博弈参与人的惩罚，则可以看到，第i个人选择分离对策还是合一对策取决于第i个人对内生交易费用的评价，既然外生交易费用是相对可计量的、相对确定的，如果第i个人对内生交易费用的评价小于外生交易费用，则合一为最终的角点解，否则，分离为最终的角点解。

本书定位财务会计与税务会计分离从属于生产性会计制度安排，对内生以交易费用的评价高于外生交易费用，因而认为财务会计与税务会计分离制度具有可选择性。

（三）研究结论与财税会计分合的内生交易费用的可检验性

通过上述分析，本书的结论为：第一，对财务会计与税务会计分合制度的选择，首先取决于对会计制度性质的理论定位，然后是对内生交易费用的评价。在理论上，合一制度主要产生内生交易费用，分离制度主要是带来外生交易费用，对内生交易费用的评价往往决定最终的会计制度选择。第二，外生交易费用往往是显性成本，能够引起制度选择者的“评价注意”，而制度扭曲成本即内生交易费用往往表现为隐性成本，容易被制度选择者忽视。因此，理性认识制度的外生交易费用与制度的内生交易费用的特征及其实质，有助于提高会计制度选择效率，避免陷入制度选择的“锁入效应”。

如前所述，内生交易费用本质上是一种制度扭曲、制度后果，往往是不可计量的、不可分割的，只能依靠整体、总量而不是依靠个体表现出来，内生交易费用的特征决定了识别内生交易费用不可避免地具有主观性。经济学者汪丁丁（1995）认为，任何成本都是对于某一个人的主观价值判断而言的成本，但是从经验上看，制度的内生交易费用仍然具有可检验性。

经济学委托—代理关系中的代理费用就是一种典型的内生交易费用，尤金·菲莫（1980）指出，由于存在管理者市场和股票市场，管理者的行为受到了约束，代理费用得以降低，管理者市场通过对管理者的“声誉”的评价而发挥作用，股票市场的存在，使得股东可以用脚投票的方式避免代理人带来的损失，同时引起的股票价格的跌落，又能间接地评价出代理人的绩效。詹森与马克林（1976）证明，公司股票的市场价值，可以反映代理费用的多寡，因此股票市场是约束代理人行为的一种有效的制度安排。

同样，在理论上税收制度、经济制度、国家政策等任何一种制度安排，其内生交易费用最终必定能通过一段适当时期或者较长时间的运行经验——主要是各种总量性的经济指标、经济变量得到验证，从而证明制度安排的实际运转效率。

财务会计与税务会计分合制度安排的内生交易费用或内生性制度收益也是如此，也必定能够通过经验进行检验。从世界范围看，美国的经济总量、私人组织（如公司）效率与竞争力在一定程度上对其已有的会计制度安排具有检验的意义。目前，我国在所得税会计处理上采纳了财务会计与税务会计分离的会计安排，除了理论检验，其最终的制度效率——内生交易费用或内生性制度收益依然需要时间并通过相关经济总量指标及经济变量来验证。

第十四章 后危机时代税务会计准则的会计报告视角研究

税务会计报告与财务会计报告并称私人会计的两大对外会计报告，两者侧重于不同的报告对象，税务会计报告的报告对象是公共征税机构，而财务会计报告的主要使用者则是投资人、债权人等利益相关者。

一、财务会计与税务会计报告目标的比较

从财务会计角度看，一直存在一定程度上的“受托责任”会计目标与“决策有用”会计目标的分歧与矛盾，与此对应的是财务会计侧重报告“历史信息”与侧重报告“未来信息”的不同要求。财务会计报告不仅面对现在的投资人、债权人等利益相关者的信息需求，还要面对潜在的、可能的投资人、债权人等利益相关者的信息需求。也就是说在理论上，财务会计报告目标受不同信息使用要求而被“分区”，信息使用者的不统一导致“受托责任”会计目标与“决策有用”会计目标的不统一。而税务会计报告面对的是现实的、明确的信息需求者——税收征收管理当局，税收征收管理当局不要求私人税务会计报告对潜在的或未来的纳税信息进行预测。因此，从税务会计角度看，不存在“受托责任”会计目标与“决策有用”会计目标的分歧与矛盾，税务会计只提供过去和现在时间的事实性

纳税信息，以供税收征收管理当局认定纳税人履行受托纳税责任及进行征税、减免、处罚等征收管理决策，因而税务会计的“受托责任”会计目标与“决策有用”会计目标是内在统一的。

无论是完成“受托责任”目标还是“决策有用”目标，在财务会计信息质量要求上都包括可靠性与相关性两个关键的质量特征，[①] 而财务会计信息的可靠性与相关性这两个质量特征在一定程度上具有“两难冲突”的经济学特征，税务会计信息的可靠性与相关性则不具有“两难冲突”性。假设不考虑行为因素，如会计道德、会计诚信、会计职业水准等，即假设在同一个行为因素环境条件下，单纯从技术要求角度分析财务会计信息与税务会计信息的可靠性与相关性的“两难冲突”问题，这个问题又涉及两个层面：一个是从经济学角度描述财务会计信息、税务会计信息的可靠性与相关性的替代性问题；另一个是论证财务会计信息、税务会计信息的可靠性与相关性的价值问题。

依据理论现存的具有代表性的理论观点与会计安排，对财务会计信息可靠性与相关性关系的处理可以概括为四种比较典型的经济学价值模式，即相关性对可靠性的有限边际替代模式、可靠性对相关性的有限边际替代模式、相关性对可靠性的无限替代模式、可靠性对相关性的无限替代模式。可以确定的结论是无论相对模式还是绝对模式，其共同追求的理论上的理想价值模式都是既完全相关又完全可靠的会计信息质量，然而现实却是个“两难选择”，每种价值模式都根据自己的价值假定，对相关性与可靠性关系进行权衡处理，以做出最终选择，进而形成不同的价值均衡状态。

① 财务会计信息相关性与可靠性的“冲突”或者“分离”不是由于契约结构、契约性质的不同而造成的，即不是由于“受托责任”与“决策有用”目标的分离而造成的，不是“受托责任”目标对应可靠性、“决策有用”目标对应相关性，完成任何财务会计目标都要求信息质量内涵可靠性与相关性两个特征。

二、税务会计信息假定性的税法规则个案研究

首先，依据税收法律原则认定的纳税法律事实相对于纳税人未来经营事实的假定性，也就是说，纳税人当前的经营事实经过税收法律原则的“假定”成为纳税法律事实。财务会计反映的当前纳税人的经营事实具有可验证性，税务会计认定的纳税法律事实也具有可验证性，但相对于财务会计未来经营事实的可验证性，税务会计纳税法律事实却是一种假定性，因此可以说税务会计信息的可靠性是可验证的假定性。税务会计信息可靠性的相对假定性成为税收与财务会计非协调的典型的经验证据之一，如：我国增值税法的视同销售规则将 8 种非销售行为视为销售并计算缴纳增值税；增值税法规定，兼营非应税劳务如果不能分别核算或者不能准确核算应税货物或劳务和非应税劳务的，税率适用“从高”原则；增值税法规定，纳税人兼营不同税率的货物或应税劳务，未分别核算销售额的，“从高”适用税率；增值税法规定，纳税人为销售货物而出租、出借包装物收取的押金，如不单独记账核算的，并入销售额纳税，实际收取一年以上的包装物押金，无论是否退还均并入销售额纳税，对销售啤酒、黄酒外的其他酒类产品生产企业销售酒类产品而收取的包装物押金，无论押金是否返还以及无论会计上如何核算，均并入酒类产品销售额中纳税；消费税法规定，对已收取一年以上的包装物押金，应并入应税消费品的销售额，按照应税消费品的适用税率缴纳消费税；消费税法规定，对酒类产品生产企业销售酒类产品而收取的包装物押金，无论押金是否返还以及无论会计上如何核算，均并入酒类产品销售额中，依酒类产品适用税率缴纳消费税；等等。除此之外，纳税人非现金的应计收入的“提前纳税”也属于此类证据。视同销售规则是税收法律针对纳税人的经济人理性建立的一种假定——纳税人有实施机会主义偷逃税或避税的可能，视同销售规则便成为一种反机会主义税法规则，从高适用原则及包装物押金规则同样具有反机会主义的假定性，对非现金的应计收入的提前征税则是对纳税人未来真实的现金收入的一种

假定，毫无疑问，之所以说税务会计信息当前的这种可验证的纳税法律事实具有假定性，是因为这种假定性有被未来的财务会计信息证伪的可能，例如：税收法律由于建立了纳税人机会主义可能性而实施了视同销售规则的反机会主义策略，规定视同销售行为为纳税法律事实，但实施视同销售行为的纳税人却存在非机会主义的正常经营安排（正常商业行为）可能，未来的经营事实就会否定税收法律建立的机会主义假定；对于兼营行为的“从高原则”，是税收法律建立的纳税人有“趋低税率”的可能性，这同样可以被证伪；包装物押金是会计账面上的暂收款项，本质上是一种未来的负债，这个负债在未来有可能根据初始契约或者重新契约要求企业如数偿还，那么税收法律对包装物建立的纳税人掩盖包装物押金收入的机会主义假定就会被未来如实偿还的经营事实所证伪；应收款项一旦成为真实坏账，也会证实税收法律对纳税人实际支付能力假定的不成立。税务会计信息的这种相对假定性也反映了税收法律的“过度谨慎”原则，被研究学者（盖地，2004，2006）称为税收法律的实用主义定律。在税收法律的“过度谨慎”原则下，税务会计信息对纳税收入、纳税所得与费用等纳税抵扣事项的确认、计量、记录报告采用“极值原理”，即收入、所得采用极大值，费用等抵扣采用极小值，“极值原理”再次说明财务会计信息当前的可靠性无法验证税务会计信息的可靠性，即使税务会计信息与财务会计信息具有线性关系，税务会计信息也不能对财务会计信息形成有力的解释与预测，两者不能完全相互印证，这也说明税务会计信息与财务会计信息的“异质性”是财务会计与税务会计分离的深层次原因之一。

其次，税务会计信息可靠性的假定性在计量属性上也得到明显体现，可以概括称为财务会计与税务会计的“历史成本—公允价值”的“交叉—对称”特征，如图 14-1 所示。

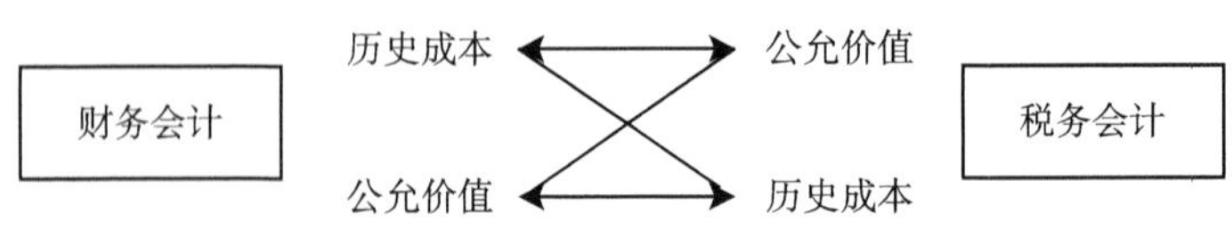

图 14-1　财务会计与税务会计计量属性的“交叉—对称”特征

“历史成本—公允价值”的“交叉—对称”特征源自于税收法律规则与财务会计规则的非协调。

税法个案 1：我国增值税法和消费税法规定，对于销售的商品、货物如果价格明显偏低，税务机关有权进行调整，调整的程序与方法一般为：按纳税人当月同类货物的平均销售价格确定—按纳税人最近时期同类货物的平均销售价格确定—按组成计税价格确定。

FASB 于 2006 年 9 月颁布 SFAS157：公允价值计量，SFAS157 将公允价值定义为“在计量日市场参与者之间的有序交易中，出售一项资产、收到或转让一项债务付出的价格”，把对公允价值进行估价的市场输入信息（Inputs）放在非常重要的位置，要求报告主体对公允价值进行估计之前必须掌握与资产或负债相关的市场信息，信息的可取得性与可靠性直接影响上述估价技术的合理选择，而且特别指出在对公允价值层次进行选择时，应优先考虑估价技术所依据的输入信息而不是估价技术本身，即要根据所掌握信息的不同来判断公允价值层次。准则认为估价技术依据的输入信息（Inputsto Valuation Techniques）可以是可观察的输入信息，也可以是不可观察的输入信息，而在估计公允价值时应当尽可能多利用可观察的输入信息，而少利用不可观察的输入信息。公允价值的估计被分为三个层次，即公允价值层次（Fair Value Hierarchy）：第一层次（Level1），指在活跃市场上存在相同的资产或负债报价（Quotedprices）时，使用该报价（不做任何调整）对公允价值进行的估计，本层次所提供的对公允价值估计是优先度最高的，为活跃市场中资产或负债进行频繁和大数量的交易提供了持续的价格信息，被参考的价格是公允价值最可靠证据。第二层次（Level2），指活跃市场上虽然没有相同但有相似资产或负债的价格信息（或者是在不活跃市场有相同或相似的资产或负债的参考价格），在利用相似信息估计公允价值时，应当调整与相同信息之间的差异，且所进行的调整必须是能客观确定的，否则降为第三层次估计。第三层次（Level3），指市场上不存在关于资产或负债可观察到的输入信息，即进行第一、第二层次的估计不可能时则应用本层次的估计。SFAS157 用来作为第三层次计量公允价值的估值技术包括市场法、收益法、成本法。市场法指主要基于市场价格信息估计公允价值，市场价格信息指在市场真实交易中可观察到的相同、相似或可比的资产或负债的价格，如果在活跃市场上能够观察到这类信息，应尽可能用它进行估计；收益法是未来投资（比如现金流量或盈利）通过折现转化为现值的方法，此类方法包括现值技术、期权定价模型等，如 Black-Scholes 模型和二项期权定价模型等；成本法一般指以一项资产的重置成本或以现行成本为基础，作必要的调整（如使用中的资产已发生了物理、自然损耗和精神损耗，即应予以调整）估计公允价值。

由此可见，税务机关调整后作为税务会计计税的价格，在计量上更多地是依靠“市场输入信息”，因此，对于纳税人而言，已经实施的偏低的交易价格属于财务会计的历史成本计量，而税务机关调整后的计税价格则是税务会计的公允价值计量，依据 SFAS157 的要求，税务会计的公允价值计量来源于相对“可靠的证据”——可观察的市场信息。

税法个案 2：我国《税法》规定，在计税基础上，财务会计在企业购并或资产重估时使用公允价值，但《税法》规定并购或资产重估时的公允价值不能作为计税价值，计税时仍然以历史成本作为计税基础，且相对可靠。

个案 1 中财务会计以历史成本计量、税务会计以公允价值计量；个案 2 中财务会计以公允价值计量、税务会计以历史成本计量，由此构成了“历史成本—公允价值”的“交叉—对称”特征。

从经济学意义上，税法个案 1 与个案 2 本质上是一种反机会主义规则，同样是建立了纳税人的机会主义假定，尽管税务会计采用的公允价值与历史成本具有可靠性，但这种机会主义假定依然会产生逆向选择和溢出效应，可以被证伪，因而是一种具有假定性的可靠性。但值得引起思考的一个理论问题是，同为反机会主义规则，个案 1 与个案 2 却具有不同的会计后果，如同增值税视同销售规则等反机会主义规则，个案 1 计量属性的“交叉—对称”对会计产生了制约性，但又不同于增值税视同销售规则等反机会主义规则，个案 1 的“交叉—对称”对市场交易也具有价值性，而个案 2 的“交叉—对称”既不对会计产生制约性，又对市场交易具有价值性。个案 1 与个案 2 不同的会计后果具体分析如下。

个案 1 的“历史成本—公允价值”计量对会计信息质量产生了制约性，表现为对会计信息质量的干扰与破坏。设 TAI 为税务会计以公允价值计量的税收金额，FAI 为财务会计以历史成本计量的财务会计信息——偏低的销售价格，TR 为税率，则税务会计的税收金额与财务会计信息的关系为：

$$TAI_i = f_{(FAI_i)} = FAI_i \times TR_i + \Delta tb_i \times TR_i$$

式中，i 代表被观察的第 i 种税，Δtb_i 为按税法规定，将财务会计以历史成本计量的销售价格调整为以公允价值计量的销售价格时，所调整的那部分销售额。可见，税务会计信息 $FAI_i + \Delta tb_i$ 和 TAI_i 是一个以财务会计信息为自变量的因变量，是被财务会计信息解释的被解释变量，是一个内生变量，而不是外生变量。税务会计信息的内生变量性质，是税务会计产生的内在要求，是税务会计与财务会计分离的理论依据之一。由于财务会计并不将 Δtb_i 作为销售价格确认、计量为财务会计信息，从 $TAI_i = f_{(FAI_i)} = FAI_i \times TR_i + \Delta tb_i \times TR_i$ 公式可以看出，如果不存在 $\Delta tb_i \times TR_i$，则税务会计信息和财务会计信息完全呈函数关系，即因果关系，因此，税收会计信息不干扰整体会计信息，整体会计信息质量完全由财务会计信息质量决定，税务会计和财务会计合二为一，没有分离的必要，不产生分离价值——会计信息质量价值。实际上，即使是法德会计模式下，也存在税法和财务会计的差异，在存在差异的情况下，便出现了干扰项 $\Delta tb_i \times TR_i$，由于 $\Delta tb_i \times TR_i$ 与 $FAI_i \times TR_i$ 不存在函数关系，完全由税法规定调整，$\Delta tb_i \times TR_i$ 便成为一个随机游走因素，所以，$TAI_i = f_{(FAI_i)} = FAI_i \times TR_i + \Delta tb_i \times TR_i$ 则可以视为税务会计信息和财务会计信息的一种统计关系，即便财务会计信息与税务会计信息具有线性关系，由于 Δtb_i 不被确认、计量为财务会计信息，财务会计信息无法对 Δtb_i 产生预期，因此，干扰项 Δtb_i 只能由税务会计信息来解释和预测。在存在干扰情况下，整体会计信息质量则由财务会计与税务会计共同决定，由此决定了财务会计与税务会计分离的必要性，但从我国目前的增值税会计实务惯例来看，仍然属于财税合一模式。

个案 2 的“历史成本—公允价值”计量之所以没有对会计信息质量产生制约性，是因为所得税实行了财税分离的会计处理模式，财务会计对所得税费用的计量仍然采用财务会计规则，所得税费用完全依据财务会计在权责发生制会计基础上配比出来的利润总额计算，所得税费用与财务会计的税前利润总额呈现完全相关关系，即函数关系和因果关系，从而使得所得税费用与财务会计利润形成完全配比，而计税基础的历史成本与并购及资产重估增值产生的公允价值之差，则作为暂时性差异，形成递延所得税。我国新《企业会计准则》（2006）与国际趋同，对所得税采纳资产负债表债务法进行会计处理，实行财务会计与税务会计分离，有利于减弱税收法律对会计的制约性，提高会计信息质量。

个案1与个案2的“历史成本—公允价值”的“交叉—对称”对市场交易信息具有纠正与补救价值。个案1与个案2的税法规则作为反机会主义规则，实质上是对纳税人机会主义的一种惩罚，对纳税人而言产生了惩罚成本，为纳税人的机会主义决策实施了成本约束，纳税人理性要求机会主义决策收益必须不小于因实施机会主义而发生的成本，如果由于税法规则的惩罚成本而使纳税人机会主义的全部成本大于机会主义收益，那么纳税人最终的行为将会均衡收敛乃至停止机会主义行为，从而使市场交易归于正常的交易秩序。个案1中纳税人以明显偏低的价格销售，存在以“转移价格”达到税收或利润调控目的的可能。财务会计以“明显偏低价格”计量销售收入，向市场释放的会计信号有可能掩盖信息披露主体真实的经营目的或企图，妨碍市场对会计信息的提炼，进而产生市场交易、契约的误导；而税务会计以公允价值计量则会对同一信息披露主体的会计信息产生纠正与补救作用，因此，从实证角度看，当一个信息披露主体按照财务会计计量负担的税收与税务会计计量负担的税收发生错位时，市场有可能对这一“信息错位”进行提炼，借以推断信息披露主体的实质性交易情况及其目的。因此，当信息披露主体因税法规则约束成本或信息披露带来的损失改变机会主义决策时，信息披露主体便恢复以公允价值计量财务会计信息，此时税务会计计量与财务会计计量便达到了统一。个案2中，税务会计以历史成本计量，对财务会计以公允价值计量同样会产生纠正与补救功能。尤其在我国现阶段，产权及价值评估制度和市场不成熟、不完善，税务会计的历史成本计量更凸显重要性，由此可见，税务会计信息对于财务会计信息的纠正与补救价值、原理机制及其可实现性，应该引起理论研究的注意。

此外，对“历史成本—公允价值”的“交叉—对称”特征应该给予关注的另一问题是，现存的理论研究过多集中于税务会计的历史成本计量及其会计后果，没有探究税务会计的公允价值计量及其会计后果的理论价值与现实应用价值。例如，我国《企业会计准则（2006）第 14 号——收入》规定，合同或协议价款的收取采用递延方式，实质上是具有融资性质的，应当按照应收的合同或协议价款的公允价值确定销售商品收入金额，应收的合同或协议价款与其公允价值之间的差额，应当在合同或协议期内采用实际利率法进行摊销，计入当期损益。财务会计在诸如分期付款的商品销售事项中，按现值估值技术确定商品销售收入，以公允价值入账，而税务会计则依据《税法》，在收入实现时以历史成本计税，由此造成财务会计与税务会计计量差异，对会计信息产生干扰。如果税务会计与财务会计共同采用公允价值计量，也不会减少税收价值、造成税收损失，因为分期计税的现值与采用公允价值计税的税收价值是一致的，而且还会消除财税会计差异，实现对会计信息的整合，有利于税务会计信息与财务会计信息的相互可印证性，排除财税差异对会计信息带来的“噪声”。因此，税务会计公允价值的适当运用，有利于实现税收法律与会计的软协调，强化税务会计独特的协调机制与作用。

综合以上分析，财务会计信息的相关性与可靠性具有“两难冲突”的经济学特征，税务会计信息的相关性与可靠性是内在统一的质量特征，财务会计信息的可靠性具有确定性价值、相关性具有假定性价值，而税务会计的相关性具有确定性价值、可靠性却具有相对假定性。税务会计信息的相关性与可靠性关系如图 14-2 所示。

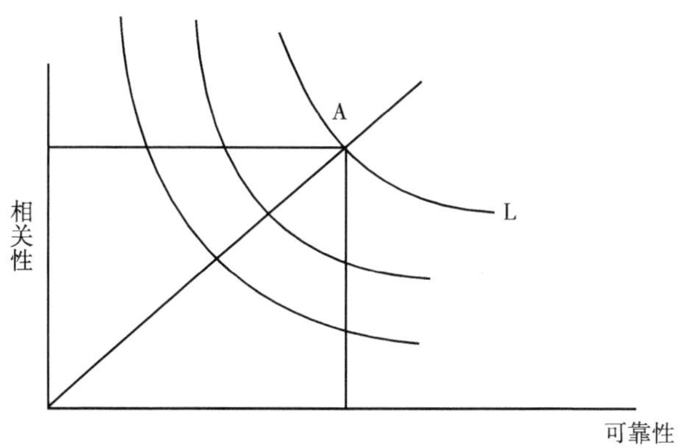

图 14-2　税务会计信息相关性与可靠性关系图示

可以看出，税务会计信息的相关性与可靠性是内在统一的质量特征，相关性增加，可靠性同比例增加，可靠性增加，相关性也同比例增加。相关性与可靠性约束曲线是开放区间的互为单调增函数曲线，约束曲线与坐标轴的夹角为 45 度，曲线斜率为 1。如前所述，税收征收管理当局的货币税收效用是有界的。也就是说，由于社会生产总收入在一定时期是有限的，税收也是有限的，因此存在税收征收管理当局货币效用的最大无差异曲线 L。相关性与可靠性的大小要求取决于税务会计信息需求者——税收征收管理当局偏好的无差异曲线的位置。理论上，税务会计信息相关性与可靠性的最终均衡应该是增加相关性与可靠性所带来的税收货币效用——边际税收货币效用为 0 时，最终的均衡点在最大的那条无差异曲线 L 与约束曲线相交的 A 点。

三、财务会计与税务会计报告比较的两个案例研究

案例 1：新会计准则现利润操纵漏洞，财政部将出新解释[①]

和国际接轨的新会计准则已经实施一周年，成效究竟如何？9 月 10 日，财政部会计司司长刘玉廷、证监会首席会计师周忠惠、上海证券交易所副总经理周勤业齐聚上海国家会计学院 CFO 论坛，他们此行的目的是细论新会计准则实施一周年得失，以望兴利除弊。

从 2007 年报开始，1570 家上市公司必须依据新会计准则提供年度财务报表，这一制度转换给资本市场带来的影响巨大。按照新会计准则，2007 年初反映的股东权益为 45625.29 亿元，比按旧会计准则计算净增加了 1002 亿元（不包括少数股东权益）。净资产增加则更多，2007 年净资产合计为 68389 亿元，同比增长 30.96%，一个重要原因是新会计准则将成本计量改为公允价值计量，从而

① 搜狐财经，http：//business.sohu.com/20080911/n259500392.shtml，2008-09-11.

导致可供出售金融资产大幅增加达到3625亿元，占净资产增加额的2.42%。与股东权益和净资产的增加相反，少数上市公司利用新会计准则操纵利润。2007年，大量上市公司利用债务重组准则创造收益，在沪市中，债务重组收益绝对数前10位的公司全部为ST公司，10家公司中，扣除债务重组收益后仍盈利的公司仅有1家。“任由这种状况持续下去，从2001年起实施的亏损上市公司退市制度将形同虚设。”周勤业表示。此外，还有大量上市公司利用同一控制人下的企业而增加子公司在合并前利润，在沪市的800多家公司中，仅通过该项手法涉及金额合计即达50.5亿元。“通过这种手法，表面上看利润增加，但实际上资本公积减少，公司质地并未改变，年报却变得很好看。”资深财务专家表示。

债务重组魔方豁免ST公司退市，根据上海证券交易所的研究，2007年年报中，沪市842家上市公司中，共有150家披露了债务重组的数据，蹊跷的是，其中2/3以上公司均获得重组收益，仅1/3企业受损。数据显示，108家上市公司存在债务重组收益，且债务重组收益的平均值达到6464亿元，只有42家存在债务重组损失，损失平均额仅173万元。债务重组一般有大股东豁免债务、延缓债务清偿期、以股抵债等很多手法，“自从郑百文事件后，我国就规定债务重组收益不能计入当期损益”，资深财务专家表示。而新旧会计准则的区别则在于，旧准则只允许将获益计入资本公积，新准则则允许获益直接计入收益。“2007年，竟然有上市公司直接以大股东注入现金的方式，使亏损上市公司直接获得盈利，但是，这样的手法，对上市公司的质地有什么改善?”周忠惠质问说。现金被ST公司拿到，可能直接就拿去偿债，或者不可能在未来持续产生现金流。对ST公司来说，新会计准则对债务重组计量方式的变化成了2007年挽救它们命运的稻草。据上海证券交易所统计，债务重组收益绝对数前十位的公司全部是ST公司。这期间，包括2008年首家恢复上市的公司ST中福，也包括创造了沪深两市每股收益最高值的公司ST长控（现浪莎袜业）。2008年3月，ST中福通过非公开发行股票方式以资抵债，向山田林业开发（福建）有限公司定向增发2.58亿股，以购买山田林业相关资产，年报显示，公司2007年度营业收入18.93万元，为房地产租赁业务收入和物业管理收入，净利润却达3.78亿元，每股收益1.29元，净利润的主要来源就是债务重组。“这样的交易公允性存在一定问题，操纵利润变得直接和容易。”周勤业分析说。“如果允许这样操纵利润，将来还有什么亏损企业?”周忠惠说。

目前，证监会和财政部在此问题上已经达成共识，要制止这种操纵利润的情况继续存在，财政部正在制定即将出台的《企业会计准则解释第 2 号》中，将对债务重组做出新的补充规定。合并报表虚增利润——新会计准则中，另外一项对上市公司报表产生重大影响的准则是同一控制人下的企业合并准则，通过这一方式，大量的上市公司增加了净利润。在旧的会计准则中，只有持股达 50%以上的子母公司才能合并报表，而根据新的会计准则，依据实际控制原则，在多种情况下，母公司均可合并报表，包括取得一半以上表决权，依章程或协议取得控制权，有权任免董事会或类似机构半数以上成员，以及拥有董事会多数表决权等。这四种情况中，前两种情况须有法律文件作为依据，而后两种情况则很容易有漏洞可钻。“2007 年年报中，我们发现有上市公司依据后两条，把仅有百分之十几股权的子公司纳入合并报表，虚增利润。”周忠惠表示，“如果继续允许这种情况存在，新会计准则的执行就会走向歧路。”数据显示，合并报表增加利润的情况普遍存在，并不止上面极端的一例。在沪市，有 97 家公司列示了因同一控制人下的企业合并增加的子公司合并前的净利润，金额合计达到 50.5 亿元，这就意味着，平均每家金额达到了 5000 万元，其中，68 家该项金额为正。此外，还有同一控制人下的上市公司通过关联交易的方式产生利润。“这种手法通俗来说就是天价收购，低价入账。”资深财务专家表示。这期间最典型的例子就是 ST 东盛。ST 东盛大股东以 8.3 亿元价格以资抵债，而其账面价值仅 1.3 亿元，这其中，差额 7 亿元计入了资本公积，因此，只要这笔资产卖出 1.3 亿元以上的价格，从报表看，就产生了利润，同时资本公积项减少，但实际上，只有卖出 8.3 亿元以上，才能产生利润。“资本公积减少，就是净资产减少。这损害所有资产所有人的利益。”上述财务专家表示。“如果是第三方交易，按照新会计准则，就会以公允价值入账，但同一控制人下的关联方交易，则为了回避关联交易的可能性，以账面价值入账，这实际上给上市公司钻空子带来了新的空间。”一位资深审计师表示。对于 2007 年按照新会计准则所做报表反映出的相关问题，财政部会计司刘玉廷司长表示，已经将发现问题公司的清单提交给检查组。

案例 2：中兴财务报表存在问题，被财政部罚款 16 万元[①]

中兴通讯发布公告称，由于财务报表存在问题等原因，公司被财政部罚款 16 万元，并补交企业所得税 380 万元。中兴通讯称，2008 年 4 月 22 日至 7 月 11 日，财政部驻深圳市财政监察专员办事处对公司及 4 家子公司——深圳市中兴康讯电子有限公司、深圳市中兴软件有限责任公司、深圳市中兴通讯技术服务有限公司、深圳市中兴移动通信有限公司 2007 年度会计信息质量进行例行检查时，发现公司在 6 个方面存在问题，并于近日送达《行政处罚决定书》。公告称，中兴通讯主要存在以下几个方面的问题：①财务报表编制方面，主要存在集团内部往来未完全合并抵消以及报表科目重分类列报的问题；②营业收入核算方面，主要存在建造合同预算总成本不能可靠确定情况下需按成本补偿法结转收入的问题；③个税返还手续费核算方面，主要存在未按相关规定确认为营业外收入的问题；④成本费用核算方面，主要存在研发费用预提不当，预提促销费结余未作调整的问题；⑤国债专项资金核算方面，主要存在未及时向有关部门书面请示以明确项目建设的国家资本金账务处理问题；⑥企业所得税汇算清缴方面，主要存在部分应纳税所得额调整的准确性以及及时性的问题。针对上述问题，财政部驻深圳市财政监察专员办事处对中兴通讯做出行政处罚，罚款 16 万元，并补交企业所得税 380 万元。

从案例 1 可以看出，2007 年我国上市公司财务报告的主要问题涉及三个方面：公允价值运用、债务重组合损益、合并会计报表。公允价值运用问题依然验证了本书前述的结论：在价值估计与计量上无法体现财务会计独特的、不可替代的价值与优势。财务会计报告人利用公允价值、债务重组合、合并会计报表事项对财务会计信息的操纵，说明财务会计规则对会计信息质量的制度驱动力较弱，作为市场理性人的财务会计信息披露人，不同程度地都存在操控问题。但正如本书前述，财务会计规则是一种相对柔性的规则，财务会计信息是一种相对柔性的

① 搜狐 IT，http：//it.sohu.com/20081006/n259890205.shtml，2008-10-06.

信息，财务会计信息的效用是无法精确验证的，即便披露人违规披露，其是否产生损害、产生多大损害，也无法准确地进行对象化或者无法准确计量，因而财务会计信息披露责任也具有模糊性，以至于无法认定，除非存在某个特殊“事件”使得财务会计信息披露问题“引人注目”，否则财务会计信息披露责任往往“不了了之”。

案例 2 充分表明了财务会计信息与税务会计信息的本质性差异，虽然在案例 2 中表面上中兴通讯由于财务会计信息披露问题受到了行政处罚，但应该看到处罚背后的关键因素是税务会计问题，在中兴通讯会计信息披露的 6 个事项中，至少营业收入、营业外收入、成本费用、应税调整 4 个事项明显地应当归属于税务会计信息责任，中兴通讯补交企业所得税 380 万元是相对精确的税务会计责任认定，这也与本书前述的结论是一致的，即税务会计规则是刚性规则、税务会计信息为刚性信息、税务会计信息的效用具有精确性，而中兴通讯由于信息披露责任被罚款 16 万元则应该从两个方面分析其实质性：一是罚款 16 万元是一种非精确的责任认定，而且有可能包含税收处罚；二是罚款 16 万元的主要原因在于中兴通讯的税务问题，即主要原因在于税务会计信息披露责任。换句话说，如果不存在税务问题，也许就不会有 16 万元的处罚，或者处罚更轻，但总的来看，即便不考虑税务问题，16 万元的处罚，象征意义也大于实际意义。

第十五章　后危机时代税务会计准则的所得税处理研究

从应付税款法到资产负债表法，所得税会计处理实行了财务会计与税务会计完全分离的会计安排，本章以所得税处理为例，从计量属性视角探讨财务会计与税务会计从合到分所引起的所得税会计信息质量变化及其层次性，以会计概念框架的逻辑构建所得税会计，并提出基于会计分工视角的会计信息报告产权理论观点。

计量是会计信息系统的核心环节，计量观的回归为会计信息质量的改进提供了强有力的支持，公允价值计量使更多的会计信息进入资产负债表，"资产负债观"被奉为目前准则制定最合适的基础。我国新颁布的《企业会计准则 18：所得税》，采纳资产负债表债务法，体现了"资产负债观"。FASB 在第 6 份财务会计概念公告后，时隔 16 年颁布了第 7 份财务会计概念公告：在会计计量中利用现值技术。现值技术可以用来搜寻公允价值，利用现值对于所得税会计处理中的"递延所得税"进行计量属性搜寻，可以发现不同的所得税会计处理方法在计量属性上细微的差异。因此，适度引入公允价值计量属性，不仅是财务会计的现实要求，也为税务会计协同财务会计优化整体会计信息提供了新的路径。在信息质量层次上，探讨、界定税务会计和财务会计产权尤其显得必要。

一、所得税会计处理中计量观的演化

在所得税会计方法的选择上，我国经历了从应付税款法、递延法、利润表债务法（实施新准则前的债务法实质上是利润表债务法）并存备选到单独采纳资产负债表债务法的过程。美国准则制定较早，APB11 前后为多种方法备选、债务法反复时期，SFAS109 使资产负债表债务法成为唯一选择。国际会计准则经历了从纳税影响法备选，到 2000 年修订后只适用资产负债表债务法的历程。回顾我国和国际上对处理方法的采纳过程，不难发现，虽然起点不同，但终点趋同，尽管英国一直“抱守”利润表债务法（英国认为暂时性差异的前提假设不成立，因而不采纳资产负债表债务法），然而会计处理方法的演化轨迹却反映了一种共同的会计理念——会计方法决定会计质量，会计质量拉动会计方法。FASB（1991）在《所得税会计》准则上关于“复杂方法”取舍的依据与其说是一个“辩解理由”，不如说是一种坚决的“高质量导向”——信息质量压倒一切，在 FASB（1991）看来，方法的复杂性成本远远无法与会计信息质量重要性相比，不同的方法会产生不同的信息质量，而计量属性又成为其中决定性因素，“会计就是一个计量过程”（葛家澍、刘峰，2002）。所得税会计方法不同，所蕴含的计量观也有所差别，所得税会计计量观的演化在层次上显示了一种递进的关系。

（1）税法观。当期计列法（应付税款法）将永久性差异和时间性差异一并调整处理为本期的所得税费用，本期的所得税费用与应交所得税一致，“费用”服从“负债”，不产生递延税项，体现了历史成本计量属性，是一种“税法观”的表现。

（2）会计观。递延法将时间性差异单独处理，使本期所得税费用与本期会计利润遵循或者靠近（因为有永久性差异的存在）权责发生制基础，是一种“会计观”的表现，但是在时间性差异的处理上，采用不变税率，因此，仍然体现了历史成本计量属性（盖地，2005）。

（3）质量观。债务法下，不仅将差异单独处理，而且税率变化和差异调整同步，明显不同于递延法，计量观也产生了“跳跃”，其采纳了公允价值计量属性，并由此提升了生成的会计信息质量，在递延法“会计观”基础上又上升到“质量观”。

本书用图示解释不同的所得税会计处理方法对所得税费用和递延税款的影响。

所得税会计条件假设如下：

（1）会计利润假设：每年会计利润相同。

（2）会计与税法差异性质假设：无永久性差异，所有差异为时间性差异。

（3）期限假设：计税期限为 10 期，前 5 期为暂时性差异的产生期，从第 6~10 期为差异的转回期。

（4）差异事项假设：该差异由某项设备折旧方法引起，会计折旧 10 期，税法允许折旧 5 期，均采用直线法计算折旧，且每期差异金额相同，即每个转回期与相应被转回的发生期的差异金额相同。

（5）税率假设：前两期税率相同，从第 3 期税率发生变化且税率降低，第 3~10 期税率不变。

令 ap 为会计利润，D 为时间性差异，TR_h 为第 1 期、第 2 期的税率，TR_r 为第 3~10 期税率，根据假设条件，$TR_h > TR_r$，不考虑永久性差异，可以得到以下结果。

应付税款法下：

第 1~2 期的所得税费用 $=(ap - D) \times TR_h$

第 3~5 期的所得税费用 $=(ap - D) \times TR_r$

第 6~10 期的所得税费用 $=(ap + D) \times TR_r$

递延法下：

第 1~2 期所得税费用 $= ap \times TR_h$，递延税款 $= D \times TR_h$

第 3~5 期所得税费用 $= ap \times TR_r$，递延税款 $= D \times TR_r$

第 6~7 期依次转回第 1~2 期差异，所以所得税费用为：

$(ap + D) \times TR_r - D \times TR_h = ap \times TR_r - D \times (TR_h - TR_r) \approx ap \times TR_r$

第 6~7 期递延税款 $= D \times TR_h$

第 8~10 期依次转回第 3~5 期差异，所以所得税费用为：

$(ap + D) \times TR_r - D \times TR_r = ap \times TR_r$

第 8~10 期递延税款 $= D \times TR_r$

债务法下：

第 1~2 期所得税费用 $= ap \times TR_h$，递延税款 $= D \times TR_h$

第 3 期所得税费用 $= ap \times TR_r - 2D \times (TR_h - TR_r)$

第 3 期递延税款 $= D \times TR_r - 2D \times (TR_h - TR_r)$

第 4~5 期所得税费用 $= ap \times TR_r$，递延税款 $= D \times TR_r$

第 6~10 期所得税费用 $= ap \times TR_r$，递延税款 $= D \times TR_r$

可以得到如图 15-1 所示：

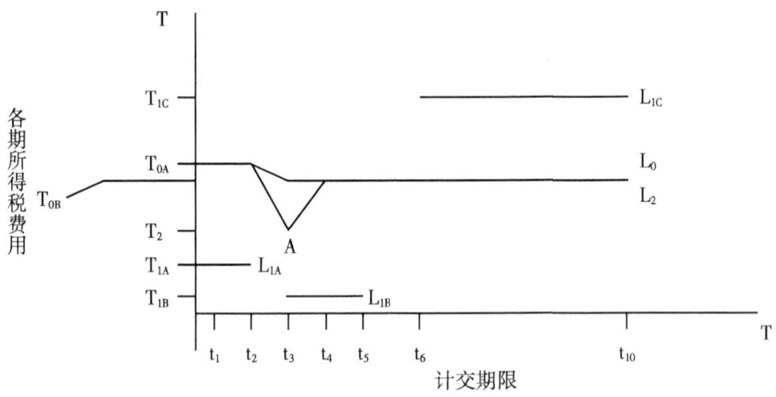

图 15-1　不同所得税会计处理方法中各期所得税费用描述

图 15-1 中，L_{1A}、L_{1B}、L_{1C} 为应付税款法下的所得税费用，由第 1~2 期、第 3~5 期、第 6~10 期三段间断性曲线组成，表明所得税费用起伏波动大；L_0 为递延法下的所得税费用，假定无永久性差异，将第 1~2 期直线、3~10 期直线相连，则近似为水平曲线（第 3 期、第 8 期、第 9 期、第 10 期所得税费用相等，第 6 期、第 7 期税率变化，所得税费用为近似值，近似等于第 3 期、第 8 期、第 9 期、第 10 期所得税费用）；L_2 为债务法下的所得税费用，由于税率变化，在第 3 期对第 1 期、第 2 期的累计递延税款在本期做税率调整，因此，第 3 期所得税费用不仅比第 1 期、第 2 期低，而且也低于以后各期，如图中 A 点所示，这样将第

1~2 期、第 3 期、第 4~10 期直线连起，便形成一条转折两次的曲线。L_0、L_2 在第 1 期、第 2 期及第 4 期后重合，虽然递延法下的 L_0 比债务法下的 L_2 显得更平滑，但如前所述，递延法不具有递延税款的可预期性，因此，这种平滑只具有相对应付税款法的起伏而言的会计质量优势，况且对 L_2 运用统计手段进行统计描述，也会得到一个拟合得很好的回归直线，因此，债务法较强地体现了统计意义上的预测能力。

为了分析应付税款法产生的所得税费用起伏和波动，假定各期税率相同，则应付税款法下的所得税费用均值为：

$$ET=\sum_{i=1}^{10}T_i\times\frac{1}{10}=\frac{1}{10}\times[5(ap-D)+5(ap+D)]=\frac{1}{10}\times10ap=ap$$

方差为：

$$\delta^2=\sum_{i=1}^{10}(T_i-ap)^2\times\frac{1}{10}=D^2$$

标准差为：

$$\delta=\sqrt{\sum_{i=1}^{10}(T_i-ap)^2\times\frac{1}{10}}=D$$

由于税率各期相同，各期所得税费用均为 ap，因此，在递延法和债务法下：

均值为：

$$ET=\sum_{i=1}^{10}T_i\times\frac{1}{10}=\frac{1}{10}\times10ap=ap$$

方差为：

$$\delta^2=\sum_{i=1}^{10}(T_i-ap)^2\times\frac{1}{10}=0$$

标准差为：

$$\delta=\sqrt{\sum_{i=1}^{10}(T_i-ap)^2\times\frac{1}{10}}=0$$

图 15-2 中的 L_1 为递延法下的递延税款，是由第 1~2 期、第 3~5 期、第 6~7 期、第 8~10 期四条直线连接而成的曲线，L_2 为债务法下的递延税款，L_1、L_2

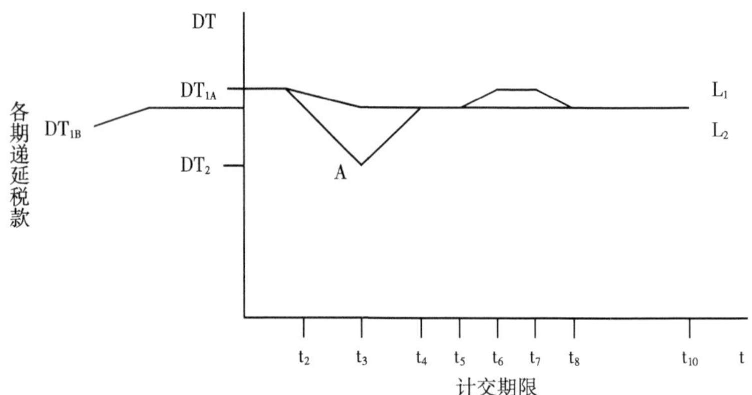

图 15-2　递延法和债务法下各期递延税款描述

在第 4 期、第 5 期、第 8 期、第 9 期、第 10 期重合。由于在计量上，递延法不反映税率变化，因此，没有可预期性。如前所述，税率调整在 A 点形成折线并具有统计意义上的预测能力。

为分析债务法下递延税款的实际意义和会计质量优势，应用本例假设的税率变化，即 $TR_h > TR_r$，因本例期限有限，作递延税款分析时，可以直接计算离差来替代标准差。

债务法下，递延税款的均值为：

$EDT = D \times TR_r$

离差为：

$$\sum_{i=1}^{10} |DT_i - EDT| = 2D \times (TR_h - TR_r) + 2D \times (TR_h - TR_r) = 4D \times (TR_h - TR_r)$$

即第 1 期、第 2 期与均值的离差，加上第 3 期对第 1 期、第 2 期的税率调整所形成的对均值的离差，这也可以通过分析图 15-2 得出。

递延法下，递延税款的均值为：

$$EDT = \frac{1}{10}\sum_{i=1}^{10} DT_i = \frac{1}{10} \times (4D \times TR_h + 6D \times TR_r)$$

离差为：

$$\sum_{i=1}^{10} |DT_i - EDT| = 4\left|\frac{6D \times TR_h - 6D \times TR_r}{10}\right| + 6\left|\frac{4D \times TR_r - 4D \times TR_h}{10}\right|$$

$$= 4 \times \frac{6(D \times TR_h - D \times TR_r)}{10} + 6 \times \frac{4(D \times TR_h - D \times TR_r)}{10}$$

$$= 4 \times 8D(TR_h - TR_r)$$

二、递延税款的计量属性及所得税会计信息质量的探讨

（一）递延税款计量属性的探讨

在递延税款的列报上，只有美国会计准则要求“流动性”和“非流动性”区分，而我国新颁布的会计准则、国际会计准则以及英国会计准则将递延税款作为“非流动性”资产。“非流动性”不意味着递延税款为“弱现金流量”，实际上无论是发生还是转回，递延税款都表现为现实的现金流量，只是期限和流量具有不确定性。正如 FASB（1991）认为的，之所以实行全面分摊是因为“终究会导致利益的放弃”。在计量上，我国会计准则、国际会计准则和美国会计准则不允许将递延税款折现，英国会计准则允许但不要求折现以反映货币时间价值。笔者认为，现行各国准则都是有限而不是无限引入“公允价值”，因此，尽管现在的资产和负债将来都会得到实现和清偿，但以此理由将所有资产和负债都进行折现计量、无限使用公允价值是不可行的。然而，在未来税率发生变化且可以预期的情况下，盖地（2005）认为债务法体现税务会计的“可预知性原则”，笔者同意这个结论。不允许折现不意味着不能折现，无论允许还是不允许折现只是递延税款确认计量后在后续计量上的调整，而不是会计处理方法本身所体现的计量属性，后者将是本书所要探讨的问题。

设 D 为暂时性差异，TR 为税率，0 为差异发生期、K 为税率变化期、N 为转回期。递延法下递延税款的计量：产生期税率和转销期税率一致，$TR_0 = TR_k$，因此，$D_0 \times TR_0 = D_0 \times TR_k$。递延法会计处理方法体现了“确定性原则”，体现了

历史成本计量属性。债务法下递延税款的计量：税率变化，调整递延项目金额。设第 K 期税率发生变化，且 K < N，K 及以后各期税率一致，即 $TR_k = TR_n$，则税率变化调整金额为 $D_0 \times (TR_k - TR_0)$，第 K 期调整后金额为 $D_0 \times TR_0 + D_0 \times (TR_k - TR_0) = D_0 \times TR_k$。设变化系数为 A，则得公式 $D_0 \times TR_0 \times A = D_0 \times TR_k$，$A = TR_k/TR_0$，因为从第 0 期到第 K 期，经过了 K 期，A 可以用一个期限和变化比率公式来表示，$A = (1+i)^k = TR_k/TR_0$，$i = \sqrt[k]{TR_k/TR_0} - 1$。若 $TR_k > TR_0$，则 i 大于 0，如果此时 i 与市场折现率一致，则 $D_0 \times TR_0$ 为 $D_0 \times TR_k$ 的现值，$D_0 \times TR_k$ 为 $D_0 \times TR_0$ 的终值，否则，视 i 为价值调整比率；若 $TR_k < TR_0$，则 $i = \sqrt[k]{TR_k/TR_0} - 1$，小于 0，i 只作为价值调整比率，因为通常情况下，货币时间价值必须是增量，贴现率不能小于 0。无论哪种情况，从 $D_0 \times TR_0$ 到 $D_0 \times TR_k$ 的变化，都意味着在计量上具有公允价值属性。因为 K 期税率与 N 期税率一致，第 N 期转回的实际金额为 $D_0 \times TR_k$，若 K = N，即转回期正好是税率变化期，则调整期和转回期为同一期限。$D_0 \times TR_0$ 意味可能收回的资产或需要偿还的债务为发生时的入账价值，$D_0 \times TR_k$（$D_0 \times TR_n$）为实际可以收回的资产或偿还的债务。

（二）公允价值计量属性下债务法的信息质量差异及选择

尽管债务法下递延税款具有公允价值的计量属性，但由于技术导向差异，利润表债务法和资产负债表法却呈现不同的质量特征。利润表债务法侧重对收益信息质量的改善，而资产负债表债务法则是资产负债表信息质量的优化，前者靠近决策有用的信息观，而后者符合决策有用的资产负债观。因此，递延税款的公允计量属性与现代会计发展理念趋于一致，强化了现金流量的可预期性，增加了会计信息的预测质量。准则趋同是一个过程，尽管资产负债表法更完美，但是盖地（2005）认为，我国所得税会计准则“必须综合考虑各个因素谨慎确定”，因此，其建议应用利润表债务法，这个立场作为准则制定的推荐意见被认为具有合理性（戴德明、周华，2006）。

（三）计量分化、所得税会计信息质量层次及所得税会计构建

所得税会计处理方法分化为两种计量属性，即历史成本属性和公允价值属性，

在不同的计量属性基础上，又表现为不同的会计信息质量层次，即可靠性、弱式相关、次强式相关、强式相关，本书以图 15–3 对这种分化和层次进行了描述。

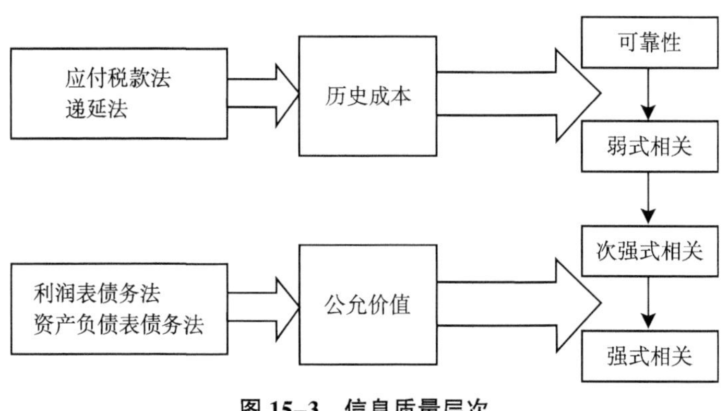

图 15–3　信息质量层次

在图 15–3 的基础上，采用会计概念框架的逻辑，本文的所得税会计构建如图 15–4 所示。

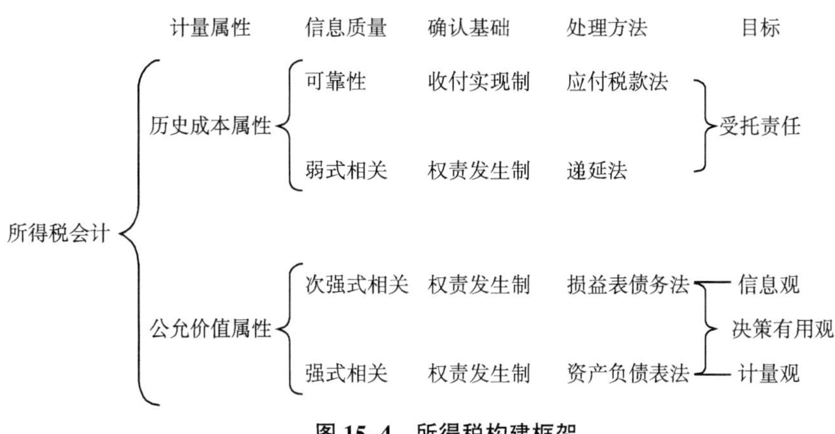

图 15–4　所得税构建框架

三、所得税会计质量层次框架下税务会计产权

（一）产权逻辑的明确性

所得税会计处理中，税务会计和财务会计作为“合规会计”体现不同的标准体系。税务会计“合规”表现为在会计准则体系外部的规范——税法标准体系下，计算“应交所得税”，其实质是确认计量企业的确定性税金流出；财务会计“合规”则表现在会计准则体系下，计算收入、收益和成本费用及损失在权责发生制基础上配比的所得税费用，其实质不是为确认计量确定性税金，而是确认计量一种假设性的现金流量。税务会计对外报告企业当期确定性国家负债的形成过程及结果，财务会计对外报告企业当期所得税费用配比过程及结果。因此，税务会计和财务会计在两个不同的确认计量环境下，建立了两种不同的现金流量假设，即财务会计的无干扰、无差异环境下的假设性现金流量和税务会计的法定环境下的确定性现金流量。因此，在所得税会计处理上，税务会计和财务会计在对外报告中享有不同的会计信息产权，税务会计享有报告确定性税金——应交所得税的信息产权，财务会计享有报告假设性现金流量——所得税费用的信息产权。

（二）产权逻辑的模糊性

然而，在所得税会计处理中，如果说将“所得税费用”和“应交所得税”分配给财务会计和税务会计是一种明确的产权配置，那么“递延所得税”则是财务会计和税务会计的“公共产权”。“递延所得税”报告在财务会计的资产负债表中，归属财务会计对外报告信息。但是，如果说“应交所得税”是确定性国家负债，“递延所得税”则是一种可能性的国家负债或税金资产，并且预期确定可以转回的情况下，“递延所得税”即成为未来须偿还的确定性的国家负债或确定性可收回的税金资产。因此，“递延所得税”和未来的“应交所得税”相关，并且

在所得税高质量层次即债务法下，由于转回的“递延所得税”的税率和计税税率一致，“递延所得税”与未来“应交所得税”应该完全相关，“递延所得税”作为财务会计信息对外报告的同时，又隐含着税务会计的对外报告信息——未来所得税现金流量。

（三）产权逻辑衍生的逻辑

德姆塞茨（Harold Demsetz，1967）认为，“产权意味着对所有者自己或他人有益或有害”。财务会计和税务会计在加工、提供会计信息上各有分工，被赋予不同的信息产权，不同所得税会计处理，生成不同的会计信息质量，在高质量的所得税会计信息层次上，财务会计和税务会计的产权关系会出现“产权渗透”，即财务会计和税务会计在明确划分产权的同时，由于计量属性的“介入效应”，使两者之间出现“公共领域”——产权无法界定的地带。在经济学意义上，这种状况将导致“外部性”。但是，正是由于财务会计和税务会计分离以及由此带来的“外部性”，才使得提高会计整体信息质量的“协同效应”产生，而“外部性”不仅不会导致“低效率”，而且还会达到一个经济学意义上的“帕累托最优”，因为作为企业会计中两大对外报告型会计，在报告型会计整体信息质量要求下，这种“外部性”被“内部化”了，正如德姆塞茨（1967）所言，“对世界来说，没有任何有害或有益的效应是外部性的”。因此，税务会计和财务会计的分离，带来了德姆塞茨（1967）论证的“内部化收益比内部化成本大”的结果，杨小凯（2003）的观点“生产率是由分工水平决定，而分工水平又由交易效率决定”，是对两大对外报告型会计的分离恰当合理而又科学精确的表述。

第十六章　后危机时代税务会计准则的增值税处理研究

对增值税会计的研究，现存理论的局限在于仅从会计视角探讨会计问题，与之相比，经济学视角的分析会更加深刻地阐述增值税与会计这两种制度安排的关系。增值税作为我国第一大税种引发了大面积的会计处理效应，使得税收与会计的不协调更具实质性。增值税聚焦了多种契约关系，增值税会计既要反映这些契约的经济内容，又要遵循会计效率原则而不损害会计信息质量。从创新的角度看，经济学研究方法的应用带来了更为深刻的研究结论。

特殊税法规则产生特殊的规则运行成本，强化了税法与会计的非协调。本书以增值税视同销售规则作为研究个案，从经济学视角提出反机会主义假设，认为其作为基础性安排的同时也具有契约性质，在博弈层面上其表现为一个规则性的对策，并由此产生经济学意义上的逆向选择与溢出效应；从会计视角看，受反机会主义规则制约，会计数据也体现出交易与契约的效率损失。我国现行会计处理与信息披露又暗示，降低会计成本、改变非适宜性的会计安排与满足更深刻意义的会计信息需求依然值得期待。

一、反机会主义税法规则的经济学释义

新制度经济学家罗纳德·科斯在 1991 年诺贝尔经济学奖颁奖仪式上发表演讲时强调，他真正要表达的是科斯第二定理，即交易成本为正时，制度是重要的，不同的制度安排会导致不同的效率，制度是决定效率的内生变量。经济学家阿罗把交易成本定义为制度运行的成本，杨小凯（2003）则把制度与合约安排决定的交易费用划分为内生交易费用与外生交易费用。经济学研究观点认为，制度安排是管束特定行动模型和关系的一套行为规则，可以是正式的，也可以是非正式的（林毅夫，1989），包括法律、规章、政府政策及习惯、习俗等。按照经济学观点，增值税法不仅是制度，而且是制度中管束增值税纳税行为和关系的正式规则，是道格拉斯·诺斯（1971）所定义的一种基础性安排。

公共选择经济学理论认为，国家经济中存在的利益集团（压力集团）——政策需求者，会通过游说、行贿等各种活动，对政府——政策供给者施加影响和压力，以获得对自己有利的法律、政策，因此优势强大的压力集团在规则的制定中往往会实现自己的意志，从而寻到预期的租金，在同一制度下不同的人或人群所获得的往往是各异的东西，而那些从某种制度安排中获益的个人或集团会为之奋斗，便是制度非中性和利益集团的精神实质（张宇燕，1990）。我国现行增值税法包括国务院颁布的《增值税暂行条例》（行政法规）、财政部制定的《增值税条例实施细则》（部门规章）、国务院颁布的《增值税执行条例实施细则》（行政法规）、国家税务总局《增值税若干问题的规定》（部门规章）和《增值税若干征收问题的通知》（部门规章）等，在这些法律中，视同销售规则本身及实施执行并不存在歧视性或者例外。视同销售规则是一个对任何利益集团都不利的纳税规则，“利益集团寻找负租金”不符合寻租的经济学条件，利益集团寻租假设不成立，在制度层次上，我国增值税视同销售规则显示制度中性。

(一) 机会主义与反机会主义

作为基础性安排的增值税税法同时也具有契约性质。汪丁丁（1992）在论述制度时认为，对契约关系必须充分理解，契约是对制度最一般的描述；盛洪（1992）在评论科斯《社会成本问题》时认为，法律和契约在本质上是一样的，法律是以契约为基础的，契约和法律之间并不像表面看起来的那样截然不同；从公共选择观点看，增值税法是公共选择的结果，是国家与纳税人之间的公共契约，是宪法契约（Constitutional Contract），增值税法在制度层面下又表述为一种契约关系。

在契约关系中，按经济学理性人假设，增值税纳税人应尽量降低税收支付，保证成本最小化（税收负担最小），增值税征税人则尽量保证应该获得的预期税收以期达到最小化税收损失，纳税人和征税人的自利行为之间直接交互作用，因而呈现对策行为特征，因此，自利假设使双方在契约成立的同时又建立起博弈关系。[①] 信息经济学认为，缔约后的一种特殊成本是防机会主义成本，纳税人和征税人在博弈中的对策又依赖于契约后机会主义行为的可能性（Possibility of Post-conteactual Opportunistic Behavior），即“事后少数人的机会主义”。引入反机会主义假定会有力地解释增值税视同销售规则作为博弈对策的动因——防止纳税人实施机会主义、假借这些特殊经营行为偷逃税金。可以用另外一个假设验证反机会主义假定是否成立，即：如果增值税法不设置视同销售规则，一方面，纳税人出于交易成本[②]考虑实施这些经营行为，由于没有相应的税法规定，不纳税至少不违法；另一方面，对于征税人来说损失最大的是，如果纳税人实施机会主义，假借这些经营行为变相销售以至于偷税得逞，那么征税人便损失了应得的预期税金。

---

① 本书的博弈关系仅仅限制在制度层次上，即税法针对纳税人策略的博弈，征税人代表抽象的国家或者税法。征税机关与纳税人的博弈关系又是一个层次的博弈关系，往往用混合战略博弈、动态博弈来分析。

② 对外销售后再进行对外投资、发放福利、分配股利等，需要支付信息、谈判、签约、执行等交易费用。

（二）博弈的理论模型与规则成本分析

理性人假设固然可以推断增值税纳税人有最小化税负动机，但理性人假设也不排除纳税人因畏惧法律惩罚从而遵从税法，因为违法一旦败露遭到的惩罚也是一种成本。增值税纳税人是否利用视同销售规则约束的特殊行为达到偷税目的，与纳税人的风险偏好即对违法败露的概率预期相关。

采用一个简单的经济模型分析风险偏好与纳税人行为的相关性，令纳税人预期违法行为败露的概率为 q，偷税成功的收益为 t（应纳税款），惩罚成本为 t（补交税款）+f（罚款），则纳税人行为取决于 $t(1-q)$ 与 $(t+f)q$ 的比较。若 $t(1-q)>(t+f)q$，则 $q<\frac{t}{2t+f}$，意味着预期 q 越小，纳税人作为风险偏好者（冒险者）实施机会主义的可能性越大；反之，若 $(t+f)q>t(1-q)$，则 $q>\frac{t}{2t+f}$，意味着预期 q 越大，纳税人作为风险规避者实施机会主义行为的可能性越小。纳税人的预期总收益 $=t(1-q)-(t+f)q=t-(2t+f)q$，特别是，当 $q=1$ 时，纳税人预期总收益 $=-t-f$，恰好为现实中的惩罚成本，当 $q=0$ 时，纳税人预期总收益 $=t$，也恰好是现实的偷税收益。

依据上述分析，增值税纳税人实施视同销售的行为可以分为机会主义行为与非机会主义行为两类。机会主义行为的目的是偷税；非机会主义行为则是正常经营安排，目的不是偷税，而是处于交易成本考量。视同销售规则的设置应该是针对机会主义偷税行为而不是非机会主义行为，但我国增值税法对所有实施视同销售的行为均规定征收增值税，也就说非机会主义行为在博弈中受到了“无辜”的“牵连”，即主博弈在征税人与机会主义纳税人之间展开，非机会主义纳税人为“无辜”的“牵连者”，由此产生“牵连效应”。

建立征税人与机会主义纳税人的静态博弈模型：征税人博弈策略选择为设置视同销售规则，或者不设置视同销售规则；机会主义纳税人博弈策略选择为实施机会主义偷税，或者正常销售、依法纳税。则博弈收益支付组合与“牵连”效应如表 16-1 所示。

表 16-1　征税人与机会主义纳税人的静态博弈模型

纳税人及行为 \ 征税人及策略		征税人	
		设置视同销售规则	不设置视同销售规则
纳税人	机会主义行为者为偷税而实施视同销售行为	t–掩盖费用，0	–掩盖费用，t
	机会主义者不实施机会主义行为，而是正常销售货物、依法纳税	0，t	0，t
	非机会主义行为者不为偷税而实施视同销售行为，即正常经营安排	0，0	–t，t

博弈模型、博弈结果的组合及“牵连”效应分析：

第一，征税人不设置视同销售规则。那么机会主义行为者因为变相销售且行使“代理权”从下游收取销项税额，从而得到偷税税款 t，但要支付为偷税支出的掩盖费用，收益为 t–掩盖费用，而征税人没有得到预期税金，收益为 0，表现为组合（t–掩盖费用，0）；如果机会主义者不以视同销售行为为名变相销售，而是正常销售、依法纳税，那么行使“代理权”从下游收取的销项税额就上缴国家，其收益为 0，征税人收益为 t，表现为组合（0，t）；非机会主义行为因为没有销售而无须纳税，征税人收益也为 0，表现为组合（0，0）。

第二，征税人设置视同销售规则。那么由于税款上缴，机会主义行为者因为支付掩盖费用而得到负收益，即–掩盖费用，征税人得到收益 t，这表现为组合（–掩盖费用，t）；如果机会主义者不实施视同销售行为来偷税，而是正常销售、依法纳税，其收益为 0，征税人收益为 t，表现为组合（0，t）；非机会主义行为者的视同销售行为虽然没有销售但也要纳税，因为不销售而纳税是非机会主义者自己支付税款，因此收益为–t，征税人收益为 t，表现为组合（–t，t），为博弈的“牵连”效应。

从博弈结果组合看，征税人与机会主义者在博弈中均有各自的占优策略。征税人占优策略为“设置视同销售规则”，即不论纳税人出于什么动机，设置视同销售规则可以保证收取 t；机会主义者占优策略为“正常销售、依法纳税”，因为针对征税人设置视同销售规则机会主义者如果选择偷税，不但得不到 t，还要支付掩盖成本，该博弈的解（0，t）为纳什均衡。

在反机会主义行为的意义上，纳什均衡成为最有力的解释和预期，但对非机会主义行为却是不利的结果，因为非机会主义实施的视同销售行为是正常经营安排，没有变相销售，却承担了与机会主义行为相同的税款。问题的关键在于，征税人要分清机会主义行为和非机会主义行为是不可能的，或者说成本十分高昂，非机会主义行为实施者也无法释放取信于征税人的信号，因为动机在于一颗“看不见的心”！信息不对称（Asymmetric Information）迫使征税人“无奈”实施了视同销售规则这一博弈对策，从而导致逆向选择（Adverse Selection），在逆向选择条件下，博弈整体均衡的实质为不完全信息的贝叶斯均衡。

公共选择经济学观点认为，制度成本不仅包括决策成本，还包括外部成本——因制度的非适宜性（非理性）而承担的成本。我国增值税视同销售规则的逆向选择带来了“溢出效应”（Spillover Effect），即外部性，在这个意义上，视同销售规则显示非中性。如果以博弈收益支付的权衡进行预期，那么行为均衡①的最终结果是，机会主义行为全部消失，只剩下非机会主义行为，即那些在设置视同销售规则后受非税成本②约束仍然实施视同销售行为的正常经营安排，也就是说，视同销售规则实施的结果是，正常经营行为承担了规则的全部税款。

（三）问题的另一面

杨小凯（2003）认为，人类行为可以分为三种：非对策自利行为、非机会主义对策行为、机会主义对策行为，而机会主义对策行为是内生交易费用产生的根源。制度经济学研究也认为，由于契约并不总是被遵守的，对于机会主义所花费的代价是极其昂贵的（本杰明·克莱茵等，1978）。按上述经济学观点，增值税视同销售规则产生的逆向选择，以及随之而来的内生交易费用，其根本问题在于机会主义行为的存在以及识别非机会主义行为高昂的信息成本。视同销售规则的制度成本表现为非机会主义行为不但要承担税款，还要承担税金支付带来的财务及经营上的机会成本，对整个社会生产的影响是不言而喻的。如果取消该规则的设置，机会主义行为将泛滥成灾，征税人不仅损失预期税金，还会造成整个社会交

① 在博弈经济学里，战略和行为是严格区别的，战略是行动的规则，而不是行动本身。本文前述分析的是战略均衡，即博弈均衡，故本文将战略均衡与行为均衡分开。

② 实证研究显示，如果非税成本（如改变投资方式、分配方式、发放福利方式等契约条款会增加契约成本）大于税收成本，企业经营行为不会改变。迈伦·斯科尔斯等. 税收与企业战略［M］. 北京：中国劳动出版社，2004.

易与经营的混乱，带来不可估量的社会性损失。取消还是设置视同销售规则，取决于对设置产生的制度成本与不设置带来的社会性损失的权衡。科斯（1960）在评价庇古解决外在性方法时认为，比较互替的社会安排时，适当的做法是比较社会总产品，而不是私人产品与社会总产品的比较。就反机会主义偷税行为而言，如果信息完全对称，或者分清机会主义行为与非机会主义行为成本大于因此带来的效益，那么视同销售规则是一个最有效的制度安排，否则只是次优选择，因为增值税视同销售规则产生的制度成本即内生交易费用恰好是实际均衡同帕累托最优之间的差别。

二、反机会主义税法规则的会计视角研究

实证会计学者瓦茨、齐默尔曼（1986）在论证资本资产计价模型与会计数据的关系时认为，会计数据的价值在于“信息潜力”。视同销售规则生成的会计数据不仅体现了规则制约下的交易与契约问题，也反映了会计成本、会计安排及会计信息需求问题。

（一）会计数据的含义——反机会主义规则制约下交易及契约问题

不存在反机会主义规则的制约，纳税人处于非机会主义目的对税法约束的交易行为的选择会产生交易效率，显而易见，将货物销售后用于投资、分配、福利等会产生较高的外部交易费用，不对外销售直接将货物用于投资、分配、福利等无须纳税，则具有较低的交易费用优势；存在反机会主义规则的制约，节省的对外交易费用的利益会被支付的增值税金抵消。也就是说，对于非机会主义者来说，在增值税法设置与不设置视同销售规则两种情况下，存在三种交易形式：①对外销售后用于对外投资、分配利润、发放福利等，依法纳税；②不对外销售直接用于对外投资、分配利润、发放福利等，不纳税；③不对外销售直接用于对外投资、分配利润、发放福利等，纳税。三种交易的会计数据则显示了被交易外

表掩盖的财务意义，分析如下：

形式①中总交易成本 = r × 销售额 - i × 销售额 × 增值税税率

形式②中总交易成本 = r_I × 销售额

形式③中总交易成本 = r_I × 销售额 + 销售额 × 增值税税率

式中，r 为对外销售的交易费率，r × 销售额为对外销售的交易费用，i 为一个纳税期间的平均市场利率，i × 销售额 × 增值税税率为行使“代理权”收取税金所产生的时间价值，是总交易成本的减项；r_I 为不对外销售的交易费率，r_I × 销售额为不对外销售的交易费用；“销售额 × 增值税税率”为纳税人实施非机会主义行为自己负担的税金；r_I × 销售额 + 销售额 × 增值税率 - r × 销售额 + i × 销售额 × 增值税税率 = 销售额［增值税税率(1 + i) + r_I - R］，很显然，结果应为正值，除非市场交易主体对外销售的交易费率高得出奇，[①] 否则意味着受规则的制约，交易形式③的总交易成本大于交易形式①。

同时，会计数据也显示出，在反机会主义规则制约下，“强加”于非机会主义行为的税金有被转嫁的可能。将税金计入“应付职工薪酬”、“长期股权投资”、“应付股利”，意味着至少在会计数据中，通过清偿负债、取得投资权利等交易，纳税人可以将这些税金作为交易价值的组成部分，转嫁给员工、被投资方、股东等相关的契约方，而实际上这些价值根本不存在，转嫁一旦实现，相关契约方的真实福利将少于契约中约定的名义福利。反机会主义税法规则的这种传播效应，存在增加后续契约成本，进而影响后续交易效率的可能，从而产生循环反应，形成对交易的破坏机制。

反机会主义税法规则引发的交易与契约效应可以表述为：反机会主义税法规则提高了非机会主义纳税人的交易成本，以此为基础的非机会主义纳税人的会计数据制约着契约的履行，从而侵蚀相关契约方的福利，而这又会降低契约的可能性，最终损害总体交易效率。

---

① 根据实际税率和日常交易经验估计来说明为什么应该为正值：增值税基本税率为 17%，保守估计市场平均利率假定为 5%，内部交易费率保守估计为 0，那么该值为 17%(1 + 5%) = 17.85%，r 即一个交易主体的谈判、签约等外部交易费率达到 17.85%是难以想象的，况且内部交易费用是真实存在的，即内部交易费率是大于 0 的。

（二）反机会主义规则制约下会计安排的非适宜性及改进路径

1. 增值税会计的弱效率

按我国现行会计处理，在会计数据中，这些源于逆向选择的税金，被计入纳税人的固定资产投资成本等，会计数据与资产的真实价值发生错位，导致资产价值软化，使企业部分地丧失安全交易与真实交易的基础。斯科特（2003）研究指出，决策有用性越来越向计量观的方向发展，越来越多的人接受了以会计变量表示公司价值的方法。视同销售税金的会计处理使得资产价值显失公允，未来现金流量的预测假设也丧失了应有的基础和前提，因为按 FASB（1984）第 6 号财务会计概念公告定义的资产，意味着资产账面价值表示了资产将来产生的最少的现金流量，英国 ASB 在 FRS19（递延税款）中不采纳资产负债表债务法，也是出于谨慎性不同意这个假设。而我国增值税视同销售的会计处理则更加不利于这个假设，从而有悖于通过提高资产负债表质量改善会计收益信息质量的现代会计发展理念，这不仅会抵消计量改善带来的好处，也会因为会计数据向市场释放的不适当信号产生后续市场交易的高成本与高风险。

逆向选择产生的税金作为纳税人的会计数据，导致部分会计信息出现模糊性，是我国现行增值税会计弱效率的主要表征之一。英国增值税会计准则要求会计处理反映经营者自行负担的增值税并计入成本（SSAP5，1974），同样是税务会计弱效率的表现。我国增值税会计价外处理具有交易成本（会计成本）优势，但对于不可抵扣、视同销售、小规模纳税人的会计处理也降低了会计信息质量，其后续成本的无限量无疑会造成综合成本较高。因此，从相对成本（收益）来考量，现行增值税会计处理绝对不是经济学意义上的最优选择。

2. 税法规则与会计安排变迁的成本权衡

改变规则还是改变会计？诺斯（1971）认为，如果改变基础性安排的成本远大于因此带来的收益，变迁往往从次级安排开始。针对机会主义行为，目前我国还无法设置比视同销售更理想的税法规则，取消视同销售规则也许会产生更大的社会性成本。因此，相对于作为基础性安排的税法规则，改变次级安排——增值税会计安排应该是一个效率性选择。

3. 改变增值税会计效率的路径选择

首先是增值税会计处理问题。增值税费用化观点只是解决了会计政策和会计信息可比性，但依然没有排除税金信息对财务会计要素确认计量的干扰，而且费用化处理带来更普遍的“噪声”，会计信息模糊性不但没有减弱反而增强。德姆塞茨认为，产权意味着对所有者自己或他人有益或有害，会计信息产权界定的完善与否同样产生有益或有害的结果。造成我国增值税会计弱效率的根源在于产权界定，即税务会计与财务会计的信息分工问题。威廉姆斯等认为，税务会计信息来自不同于财务会计、管理会计的系统，引入税务会计信息观念的目的是与财务会计及管理会计信息相对比。以收付实现制为基础的税务会计确认计量确定性现金流量，以权责发生制为基础的财务会计确认计量假设性现金流量，费用化及价税合一观点将两种不同性质的现金流量混合计算，丧失了税务会计和财务会计各自的信息属性。财税不仅没有分流，反而制约并束缚了整体会计信息质量的优化，属于无效率选择。以所得税费用属性来推演增值税的费用化归属会出现逻辑悖论，增值税费用化不能否定“代理说”在现金流量会计披露方面的优势，这种推演也会导致制度悖论，次级的制度安排是在基础性制度安排的产权内发展起来的，税法制度安排的交易（征管）效率并不抵消税务会计效率，增值税进入会计损益并不比价外处理更具相关性。本书认为，税金作为确定性现金流量会更加深刻地揭示税务会计信息属性，因为无论是否成为费用，税金都将构成企业无法忽视的硬现金流量。在增值税的处理上，税务会计效率弱化的原因在于刚性税务会计信息干预柔性财务会计信息，因此，价外处理比价税合一、费用化更能实现税务会计与财务会计的分离，如果纳税人（一般纳税人和小规模纳税人）将产生的税金单独记录成税务会计信息，那么，在增值税上，税务会计则完全实现了无干预的效率预期。价外处理具有处理成本优势，将增值税金单独处理即剥离处理会产生会计信息优化，这两者的结合为效率性选择。

其次是会计披露的缺位及改进问题。一个是内生交易费用的披露问题，杨小凯（2003）将外生交易费用定义为交易过程中直接或间接发生的费用，内生交易费用是所有博弈参与者都做出了决策后才能确定的交易费用。外生交易费用与内生交易费用经济学意义上的本质区别在于，内生交易费用是由于决策者的利益冲突导致经济扭曲的结果，是自利决策之间交互作用的结果，与显性的、可计量的外生交易费用相比，内生交易费用多为隐性的、无法准确计量的。毫无疑问，揭示经济学意义上的内生交易费用对于会计来说依然是个弱点。目前还不能说披露制度成本对于会计信息来说是个苛刻的要求。一个有趣的现象是，增值税纳税报表将视同销售行为产生的税金单项列报，[①] 本书认为这是我国增值税信息披露最值得注意的技术细节之一。如前述分析，视同销售规则运行的最终结果是正常经营行为承担了规则的全部税款，会计数据显示的所有视同销售税款都表现为制度成本。这意义难道不重大吗？尽管视同销售单独列报并不意味着将规则的逆向选择及外部性这些经济学意义上的信息完全加以深刻揭示，但仍然可以视为经济学意义上的效率改善，面对更深刻的会计披露，在某种程度上有借鉴的意义。另一个是信息列报改进的"非帕累托"问题。许多变革问题，不属于帕累托改进，而是一种非帕累托改进，新《企业会计准则》(2006) 取消了财务会计报表附表——应交增值税明细表是会计信息披露的明智举措之一，原因在于作为会计附表的增值税明细表无法涵盖所有税务会计信息。更大的局限在于，它只是一个特定期间的税务会计确认、计量、记录的汇总表，而非信息披露表，同增值税纳税报表的信息披露相比较，信息披露的质量低、细节少，与财务会计信息的协同效应不强，不能体现税务会计对整体会计信息的优化效果。

新准则的缺憾是取消了应交增值税明细附表，却未能根据我国增值税的主体税种性质设置一个仿照增值税纳税报表信息披露的增值税会计报表。因为，如果没有增值税信息披露，资产负债表中的"应交税金"则是一个经不起验证的假设——无尚未抵扣的增值税进项税额的假设，这种假设将导致对未来现金流量的错误预测。[②] 然而，可以对新准则的选择建立一个效率的假设，并不意味着同样

① 从 1994 年起，我国增值税纳税申报表中将"视同销售"单独列报，遗憾的是我国现行，即修改后的增值税纳税申报表将"视同销售"并入"应税货物销售额"，不单独列报。

② 现行增值税会计处理下，留待下期继续抵扣的进项税额在资产负债上会抵消其他应交税金，实际的未来税金负债却大于抵消后的数字。笔者认为，进项税额同所得税处理中递延所得税资产在性质上是一致的，本质上是一种预付的未来资产，我国最新会计准则解释已经采纳了这一观点。

可以假设一个经济学意义上的信息披露的预期实现，但是税务会计报告——增值税纳税报表对于视同销售的单独列报作为技术上的亮点，不能不引起对税务会计更深刻的、对信息对称的期待。

参考文献

[1]（美）彼得·德鲁克. 卓有成效的管理者［M］. 许是祥译. 北京：机械工业出版社，2010.

[2] 曹伟. 论财务会计概念结构［M］. 北京：中国财政经济出版社，2004.

[3] 陈端洪. 政治法的平衡结构——卢梭《社会契约论》中人民主权的构建原理［J］. 政法论坛（中国政法大学学报），2006（5）.

[4] 陈云震. 西方财务会计［M］. 北京：中国人民大学出版社，1992.

[5] 戴德明，张妍，何玉润. 我国会计制度与税收法规的协作研究——基于税会关系模式与两者差异的分析［J］. 会计研究，2005（1）.

[6] 戴德明，周华. 会计制度与税收法规的协作［J］. 经济研究，2002（3）.

[7] 丁松权. 启迪人们思索的史学遗产——顾准历史思想述评［J］. 浙江学刊，1998（1）.

[8] 董盈厚. FASB 回避会计信息相关性与可靠性矛盾浅析［J］. 财会通讯，2008（4）.

[9] 董盈厚. 财务会计与税务会计分离的交易费用：原理、性质与评价［J］. 郑州大学学报（哲学社会科学版），2015（3）.

[10] 董盈厚. 反机会主义规则及其对会计的制约性［J］. 审计与经济研究，2008（5）.

[11] 董盈厚，盖地. 经济学与会计视角的反机会主义规则——我国增值税视

同销售业务的个案研究［J］. 中南财经政法大学学报，2008（2）.

［12］董盈厚，盖地，杨华. 会计信息相关性与可靠性的逻辑关系——基于思想实验的验证［J］. 郑州大学学报（哲学社会科学版），2008（5）.

［13］董盈厚，侯铁建. 基于 IASB 概念框架的可靠性质量特征之认识理性—— 一个经济学视角的分析与讨论［J］. 会计研究，2011（1）.

［14］董盈厚. 计量属性选择与所得税会计信息质量［J］. 财会月刊（理论），2007（9）.

［15］董盈厚. 价值效应、价格效应与现金流量效应——基于资本结构与实证会计理论的税收效应综述及其扩展研究［J］. 财会通讯（综合），2009（6）.

［16］董盈厚. 中美税务会计理论的典型化事实——基于比较视角的理论假说［J］. 云南财经大学学报，2010（2）.

［17］董盈厚. 会计准则国际趋同背景下典型会计模式的制度解析与启示［J］. 郑州大学学报（哲学社会科学版），2012（3）.

［18］董盈厚. 可靠性与相关性的经济学特征：从替代均衡到非替代均衡——后危机时代会计准则变革路径［J］. 学海，2015（4）.

［19］董盈厚. 信息报告、成本约束与存货计价的会计准则安排——基于循环效应的 FIFO 与 LIFO 的一项实验逻辑［J］. 财经理论与实践，2013（2）.

［20］董盈厚. 准则变革背景下财务会计有效边界的反思与构建——基于财务会计信息与税务会计信息比较的启示［J］. 郑州大学学报（哲学社会科学版），2010（5）.

［21］董盈厚. 会计准则、金融监管与顺周期性矫正［J］. 江淮论坛，2014（2）.

［22］樊纲. 公共选择与改革过程［J］. 经济体制比较，1993（1）.

［23］樊纲. 有关交易成本的几个理论问题［J］. 经济学动态，1992（5）.

［24］方福前. 公共选择理论——政治的经济学［M］. 北京：中国人民大学出版社，2000.

［25］盖地. 大同小异：中国企业会计标准与国际会计准则［J］. 会计研究，2001（7）.

［26］ 盖地. 论增值税税务筹划［J］. 税务与经济，1999（6）.

［27］ 盖地. 企业所得税会计处理方法探讨［J］. 财务与会计，2005（1）.

［28］ 盖地. 试论税务会计的基本前提与一般原则［J］. 财会月刊，2002（4）.

［29］ 盖地. 试论增值税改革及其会计处理［J］. 财会通讯，1994（2）.

［30］ 盖地. 税收：会计永远摆脱不了的“当事人”［J］. 会计师，2004（9）.

［31］ 盖地. 税务筹划的行为动因及制度分析［J］. 财务与会计，2004（1）.

［32］ 盖地. 税务筹划的主体、目标及学科定位［J］. 郑州航空工业管理学院院报，2006（5）.

［33］ 盖地. 税务会计独立成科是必然趋势［J］. 会计研究，1998（9）.

［34］ 盖地. 税务会计研究［M］. 北京：中国金融出版社，2005.

［35］ 盖地. 税务会计要素探微［J］. 财会月刊，2003（1）.

［36］ 盖地. 税务会计与纳税筹划［M］. 天津：南开大学出版社，2004.

［37］ 盖地. 税务会计原则、财务会计原则的比较与思考［J］. 会计研究，2006(2).

［38］ 盖地. 增值税会计：税法导向还是财税分离［J］. 会计研究，2008（6）.

［39］ 盖地. 税务会计［M］. 上海：立信会计出版社，2007.

［40］ 盖地. 税务筹划［M］. 北京：高等教育出版社，2006.

［41］ 盖地. 税务会计与税务筹划（第 3 版）［M］. 北京：中国人民大学出版社，2007.

［42］ 葛家澍，林志军. 西方财务会计理论［M］. 厦门：厦门大学出版社，1990.

［43］ 葛家澍，刘峰. 会计理论——关于财务会计概念结构的研究［M］. 北京：中国财政经济出版社，2003.

［44］ 葛家澍. 未来财务会计和财务报告的模式——兼论会计信息的可靠性与相关性［J］. 财务与会计，1999（2）.

［45］ 葛家澍，杜兴强. 财务会计概念框架与会计准则研究［M］. 北京：中国财政经济出版社，2003.

［46］ 顾准. 希腊思想、基督教和中国的史官文化［EB/OL］. 天益网，http：//

www.tecn.cn/data/detail.php? id=4412.

[47] 罕尼·梵·格鲁宁，马休·科恩. 国际会计准则实用指南 [M]. 北京：中国财政经济出版社，2001.

[48] 何道宽. 论美国文化的显著特征 [J]. 深圳大学学报（人文社会科学版），1994 (2).

[49] 胡浩志. 交易费用计量研究述评[J]. 中南财经政法大学学报，2007(4).

[50] 胡寄窗. 西方经济学说史 [M]. 上海：立信会计出版社，1991.

[51] 胡建华. 逆周期资本缓冲能否消除我国商业银行顺周期行为？[J]. 财经问题研究，2013 (11).

[52] 胡萍，邵年新，李莉，周杰. 个人投资者对上市公司会计信息需求的调查情况分析 [J]. 中国科技信息，2010 (2).

[53] 黄静如，黄世忠. 资产负债表视角下的公允价值会计顺周期效应研究 [J]. 会计研究，2013 (4).

[54] 黄菊波，杨小舟. 评财务会计与税务会计分离的问题 [J]. 会计研究，1996 (4).

[55] 黄世忠. 公允价值会计的顺周期效应及其应对策略 [J]. 会计研究，2009 (11).

[56] 吉余峰，缪龙娇. 中国商业银行资本缓冲的周期性分析 [J]. 经济研究导刊，2013 (1).

[57] （美）简·R.威廉姆斯，苏姗·F.哈卡，马克·S.贝特纳. 会计学：企业决策的基础 [M]. 冯正权译. 北京：机械工业出版社，2007.

[58] 金雯雯，杜亚斌. 我国信贷是持续顺周期的吗——基于期限结构视角的时变参数研究 [J]. 当代经济科学，2013 (5).

[59] （英）肯·宾默尔. 纳什博弈论论文集 [M]. 北京：首都经济贸易大学出版社，2000.

[60] 林毅夫. 诱致性制度变迁与强制性制度变迁 [J]. 卡托杂志（美），1989年春季号.

[61] 刘灿辉，周晖，曾繁华，李章祥. 中国上市银行缓冲资本的顺周期实证

研究［J］. 管理世界，2012（3）.

［62］刘星，杜勇. 预期损失模型分析及其对我国银行业的影响［J］. 中央财经大学学报，2011（4）.

［63］刘玉廷. 会计规定与监管规定分离是国际趋势［J］. 中国农业会计，2010（2）.

［64］刘玉廷. 金融危机后国际财务报告准则的重大修改及对我国的影响［J］. 财务与会计，2011（12）.

［65］刘玉廷. 世界银行充分肯定我国会计审计准则改革成就［J］. 会计研究，2009（12）.

［66］刘玉廷. 中国企业会计准则体系：架构、趋同与等效［J］. 会计研究，2007（3）.

［67］鹿波，李昌琼. 资本充足率对我国商业银行贷款损失准备金计提行为的影响——顺周期效应与熨平收入效应的考察［J］. 武汉金融，2009（6）.

［68］鹿坪. FASB/IASB 联合概念框架会计信息质量特征研究［D］. 辽宁大学博士学位论文，2012.

［69］鹿坪. FASB/IASB 联合概念框架中相关性与可靠性的逻辑顺序——基于经济学和统计学视角的分析［J］. 商场现代化，2011（4）.

［70］马希希，彭钰. 三大报表列报结构变革及其利弊分析［J］. 财会通讯，2012（5）.

［71］（美）莫迪利亚尼，米勒. 莫迪利亚尼文萃［M］. 北京：首都经济贸易大学出版社，2001.

［72］（美）普雷维茨，莫里诺. 美国会计史［M］. 杜兴强等译. 北京：中国人民大学出版社，2006.

［73］盛洪.《社会成本问题》的问题［J］. 经济学动态，1992（10）.

［74］盛洪. 生产性努力的增长——论近代经济发展的一个原因［J］. 改革、开放与增长，1991.

［75］盛洪. 现代制度经济学（上卷）［M］. 北京：北京大学出版社，2003.

［76］（美）斯蒂格利茨. 公共部门经济学（第三版）［M］. 北京：中国人民大

学出版社，2005.

[77] (美) 斯科尔斯，沃尔夫森. 税收与企业战略 [M]. 张雁翎译. 北京：中国劳动社会保障出版社，2004.

[78] 谭楚玲. 所得税重复征税的理论界定与规避策略——以新《企业所得税法》为例 [J]. 中南财经政法大学学报，2008 (6).

[79] 汤唯. 中外视角：社会契约与宪政精神——再读卢梭的《社会契约论》[J]. 华东政法学院学报，2004 (3).

[80] 唐梅，林友绪. 后危机时代公允价值会计顺周期效应研究：中国的经验数据 [J]. 财会通讯，2011 (11).

[81] (美) 瓦茨，齐默尔曼. 实证会计理论 [M]. 陈少华等译. 大连：东北财经大学出版社，1999.

[82] 汪丁丁. 制度，个性与传统 [J]. IT 经理世界，2008 (14).

[83] 汪丁丁. 从"交易费用"到博弈均衡 [J]. 经济研究，1995 (9).

[84] 汪丁丁. 制度创新的一般理论 [J]. 经济研究，1992 (5).

[85] 王军. 高科技产品品牌垄断与价格优势探析 [J]. 价格理论与实践，2010 (3).

[86] 美国财务会计准则 (第 1—137 号) (中册) [M]. 王世定，李海军主译. 北京：经济科学出版社，2002.

[87] 王松年. 国际会计前沿 [M]. 上海：上海财经大学出版社，2005.

[88] 王元晓. 简述培根的实用观 [J]. 理论学习，2008 (6).

[89] (美) 威廉·H.比弗. 财务呈报：会计革命 [M]. 大连：东北财经大学出版社，1999.

[90] (加) 威廉·R.斯科特. 财务会计理论 [M]. 陈汉文等译. 北京：机械工业出版社，2006.

[91] (英) 希克斯. 经济史理论 [M]. 上海：商务印书馆，1987.

[92] 夏冬林. 财务会计：基于价值还是基于交易 [J]. 会计研究，2006 (8).

[93] 许家林. 西方会计学名著导读 [M]. 北京：中国财政经济出版社，2004.

[94] (英) 亚当·斯密. 国富论 (第一版) [M]. 北京：华夏出版社，2005.

［95］杨小凯，张永生. 新兴古典经济学与超边际分析［M］. 北京：中国社会科学文献出版社，2003.

［96］姚明德. 对会计准则与监管规则下预期损失模型的比较研究［J］. 金融会计，2012（3）.

［97］于长春. 关于我国财政税收体系环境的研究［J］. 财金贸易，1999（2）.

［98］于长春. 关于制定《增值税会计准则》的探讨［J］. 税务与经济，2000（5）.

［99］于长春. 税务会计研究［M］. 大连：东北财经大学出版社，2001.

［100］（美）约瑟夫·斯蒂格利茨. 信息经济学：基本原理［M］. 纪沫等译.北京：中国金融出版社，2009.

［101］张俊瑞，李婉丽，王小荣. 中美会计学博士论文选题的比较研究［J］. 会计论坛（中南财经政法大学内部期刊），2003（2）.

［102］张宇燕. 利益集团与制度非中性［J］. 改革，1994（2）.

［103］赵爱玲，韩文静，于瑶. 我国商业银行顺周期经营问题研究［J］. 宏观经济研究，2013（6）.

［104］郑伟. 预期损失模型缺陷与会计监管独立性问题研究［J］. 会计研究，2010（5）.

［105］中华人民共和国财政部. 企业会计准则（2006）（第 1 版）［M］. 北京：经济科学出版社，2006.

［106］周华，戴德明. 会计制度与经济发展［M］. 北京：中国人民大学出版社，2006.

［107］周继华，高庆华. 知识经济环境下的会计创新［J］. 商业研究，2000（12）.

［108］朱宇. 银行资本监管标准与信贷顺周期波动研究［J］. 金融理论与实践，2013（8）.

［109］Andrea Enria et al.. Fair Value Accounting and Financial Stability［J］. European Central Bank Occasional Paper Series，2004，4（13）：14–21.

［110］Andrea Enria et al.. Fair Value Accounting and Financial Stability［J］.

European Central Bank Occasional Paper Series，2004，4（13）：7-14.

［111］ Atwood Tammy Jean. Taxtion and Income Smooting：Evidence from Accruals（Earnings Management）［M］. Dissertation Abstracts International，1995.

［112］ Barth，Beaver and Landsman. Value-relevance of Banks Fair Value Disclosures under SFAS107［J］. The Accounting and Review，2004（71）：513-537.

［113］ Barth，Beaver and Landsman.Value-relevance of Banks Fair Value Disclosures under SFAS107［J］. The Accounting and Review，2004（71）：3-21.

［114］ Bernanke M.，Gertler S. and Gilchrist. The Financail Accelerator in a Quantitative Business Cycle Framework［M］. National Bureau of Economic Research Ma：Cambridge，2011.

［115］ Bill Wilson，Larry Walter. Is the Average Cost Method a Permissible Inventory Method for Federal Income Tax Purposes in the Oil and Gas Industry［J］. Petroleum Accounting and Financial Management Journal，2003，22（1）：7-14.

［116］ Bouges Janie Casello. Tax Efficient Investing［M］. Dissertation Abstracts International，2005.

［117］ Brown Darryl Lee. The Persistence and Value Relevance of Earnings from Tax Savings［M］. Dissertation Abstracts International，2006.

［118］ Christopher Nobes，Robert Park. Comparative International Accounting［M］. 大连：东北财经大学出版社，2005.

［119］ Claudio Borio，Craig Furfine and Philip Lowe. Procyclicality of the Financial System and Financial Stability：Issues and Policy Options［R］. BIS Working Paper，2011.

［120］ David N. Hyman. Modern Microeconomics［M］. Times Mirror/mosby College Publishing，1986.

［121］ Deskins John Allen. Essays on the Behavioral Effects of Tax Policy［M］. Dissertation Abstracts International，2005.

［122］ Edwards Courtney H.. Do Employee Stock Options Encourage Corporate Tax Shelters［M］. Dissertation Abstracts International，2005.

[123] Eva Catarineu-Rabell, Patricia Jackson and Dimitrios Tsomocos. Procyclicality and the New Basel Accord-banks' Choice of Loan Rating System[J]. Economic Theory, Springer, 2012, 26 (3): 537-557.

[124] FASB. Original Pronouncement (volume Ⅰ): Accounting Standards As of June 1 [M]. John Wiley & Sons., 2003/2004.

[125] FASB. Original Pronouncement (volume Ⅱ): Accounting Standards As of June 1 [M]. John Wiley & Sons., 2003/2004.

[126] FASB Original Pronouncement (volume Ⅲ): Accounting Standards As of June 1 [M]. John Wiley & Sons., 2003/2004.

[127] Fisher. The Debt-deflation Theory of Great Depressions [J]. Journal of the Econometric Society, 1933 (3): 337-357.

[128] Gary Robert Frank. The Effects of Capital Gains Taxes on CEO Stock Ownership and Subsequent Firm Performance [M]. Dissertation Abstracts International, 2005.

[129] Heltzer Wendy. Conservatism and Book-tax Differences [M]. Dissertation Abstracts International, 2006.

[130] Henrik Andersen. Procyclical Implications of Basel II: Can the Cyclicality of Capital Requirements be Contained? [J]. Journal of Financial Stability, 2013 (7):138-154.

[131] Horngren, Charles. Accounting, Upper Saddle River, Prentice Hall [R]. 1999.

[132] http: //business.sohu.com/20080911/n259500392.shtml.

[133] http: //it.sohu.com/20081006/n259890205.shtml.

[134] http: //www.ccer.edu.cn/cn/review.asp? NewsID=1819&page=2.

[135] Ingram Robert. Accounting Information for Decision [M]. South-western College Publishing, 1999.

[136] International Monetary Fund: Global Financial Stability Report [R]. 2010.

[137] Izhar, Raid, Janet Hontoir. Accounting, Costing, Management [M]. Oxford University Press, 2001.

[138] Jacob Bikker and Paul Metzemakers. Bank Provisioning Behaviour and Procyclicality [J]. Journal of International Financial Markets, Institutions and Money, Elsevier, 2005 (5): 141-157.

[139] Kelley Stacie Olivia. Taxes, Conservatism in Financial Reporting, and the Value Relevance of Accounting Data [M]. Dissertation Abstracts International, 2005.

[140] Leauby Bruce Alan. Determinants of Corporate Tax Avoidance Strategy: An Emperical Analysis (Tax Avoidance) [M]. Dissertation Abstracts International, 1990.

[141] Matherat S.. Fair Value Accounting and Financial Stability: Challenges and Dynamics [J]. Financial Stability Review, Special Issue on Valuation, 2008 (12): 45-51.

[142] Meigs Robert. Financial Accounting [M]. McGraw-Hill Inc., 1995.

[143] Meigs Robert. Accounting: The Basis for Business Decisions [M]. China Machine Press, 1999.

[144] Moore Jared Allen. Do Board and Audit Committee Independence Affect Tax Reporting Aggressiveness [M]. Dissertation Abstracts International, 2006.

[145] Moser William Joseph. The Effect of Shareholder Taxes on Corporate Pay-out Choice [M]. Dissertation Abstracts International, 2005.

[146] Myron S. Scholes. Taxes and Business Strategy: A Planing Approach [M]. Prentice Hall Inc., 1992.

[147] Plantin G., Sapra H. and Shin H.. Marking-to-market: Panacea or Pandoras' Box? [J]. Journal of Accounting Research, 2008 (1): 7-14.

[148] Plantin G., Sapra H.and Shin H.. Marking-to-market: Panacea or Pandoras' Box [J]. Journal of Accounting Research, 2008 (11): 27-40.

[149] Rufus Robert J.. An Analysis of the Effects of Decision-aid Use and Reli-

ability on Jurors' Evaluations of Tax Practitioner Liability [M]. Dissertation Abstracts International, 2007.

[150] Shahrokh M. Sansagran. International Accounting: A User Perspective [M]. South Western, 2004.

[151] Shirley Dennis Escoffier. Taxation for Decision Makers [M]. Pearson Education Inc., 2006.

[152] Smith Steven Howard. Tax Accounting Choice: The Costs of Corporate Tax Aggressiveness [M]. Dissertation Abstracts International, 2000.

[153] Smith, Jack. Accounting Principles [M]. McGraw-Hill, 1993.

[154] W. Steve Albrecht, Stice, Skoousen, Swain. Accounting: Concepts & Application [M]. 北京：北京大学出版社，2003.

[155] Wallison. The Crisis of Fair-value Accounting Making Sense of the Recent Debate [J]. The Accounting and Review, 2008 (20): 25-37.

[156] Wallison. The Crisis of Fair-value Accounting Making Sense of the Recent Debate [R]. 2008: 3-21.

[157] Warman, Alison, Jeff Davies. Accounting: A Systems Approach [M]. International Thomson Business Press, 1999.

[158] Weber David P.. Book-tax Differences, Analysts' Forecast Errors, and Stock Returns [M]. Dissertation Abstracts International, 2005.